中国
注释法学
文库

刑事诉讼法通义

徐朝阳 著

2016年·北京

广州大学公法研究中心合作项目

主持人　董　皞

顾问　李步云　应松年

广州大学社科专项资助

商务印书馆图书馆提供版本

徐朝阳
(1905—1979)

总　　序

　　一个时代法学的昌明，总开始于注释法学；一个民族法学的复兴，须开始于历史法学。

　　虽然清朝帝制的陨落也正式宣告了中华法系生命的终结，但历史的延续中，文明的生命并不只在纸面上流动。在中华民族近现代法治文明孕育的肇端，中华法制传统转向以潜移默化地形式继续生息，西学东渐中舶来的西方法学固然是塑造中国作为现代民族国家法学的模型，但内里涌动的中国法文化传统却是造就当代中国法学的基因——这正是梅因要从古代法中去寻找英国法渊源的原因，也是萨维尼在德国法体系发展伊始即提出的："在人类信史展开的最为古老的时代，可以看出，法律已然秉有自身的特性，其为一定民族所特有，如同其语言、行为方式和基本的社会组织特征。"[①]

　　有鉴于此，从历史溯源来探索独特中华法治文明，重塑中华法系，是当代中华民族追求伟大复兴的必由之路。所以，当历史的沧桑和尘埃终于在半个多世纪的岁月里缓缓落定的时候，我们应在此刻再度回眸那个东西文明撞击的年代，会发现，在孜孜探求中国现代民族国家法学发展之路的民国，近代法学的先驱们尝试将曾经推动西方现代法学兴起的注释法学引入中国。孟森、张君劢、郑兢毅、汪文玑、

---

　　① ［德］萨维尼：《论立法与法学的当代使命》，许章润译，中国法制出版社2001年版，第7页。

秦瑞玠、谢霖、徐朝阳……这些人既是中国传统文化滋养下成长的精英，又是怀有开放心态虚心学习世界先进文化的智者，可以说，他们以自觉的时代精神和历史责任感担负起构建民族法学、追求民族复兴的使命，而又不自觉地传递着中华法系传统的理念和逻辑。细细研读他们的作品，不但是对近代民国注释法学派理论研究的梳理，更能对近代以降，现代民族国家觉醒过程中，中国法学建立的历史源流进行深入和系统的把握。

近年来，多部近代法学著作重新被整理推出，其中不乏当时大家的经典之作，然而，从注释法学的角度，系统梳理中国当代法学的理论发展史，尚无显著进展或相关成果问世。由此，余欣闻商务印书馆和广州大学法学学科的教学、科研单位，现合作计划对这批民国时期注释法学的研究成果进行勘校整理，并重新让民国法注释学的经典著作问世，我深感振奋。这套丛书比较全面地覆盖了现代法体系中各个法律部门，能够为展现中国近代法治文明转型和现代民族法学发生、发展史建立起完备的框架，无论对于法制史学，还是对于当代中国部门法的理论研究与制度探索，乃至整个当代民族法学文化的发展而言，都具有极其关键的意义。毕竟，受到法文化传统影响，中国政治对法学和法制的压抑使传统的法文明散落在经典知识体系的各个"角落"而未能独立，虽然有律学这支奇葩，但法独立性的文化基础仍然稀薄。进入近代，在西方法治文明模式的冲击下，虽然屡有"立宪救国"的政治运动以及社会思潮，然而，尝试用最"纯粹"的路径去构建民族法学和部门法制度，还当属这些学术先驱们拟采用的"罗马法复兴"之路径，即用注释法学来为中国民族法学奠基。可以说，勘校和整理这一系列丛书，是法学研究中对注释法学和历史法学的大胆结合，既是对文献研究的贡献，也是突破既定法学研究范式，打通部门法、法理学和法制史学研究的方法创新。

是以，余诚挚期盼该丛书经过勘校整理，能够为中国法制史和部门法学基础理论研究，提供一条贯通历史与现实的"生命线"，望能促进当代中国法学的理论和制度，均能一据历史法学而内蕴传统之民族精神，又外依注释法学而具精进之现实理性，故此为序。

张晋藩

2013 年 3 月 15 日于北京

凡 例

一、"中国注释法学文库"多收录1949年以前法律学术体系中注释法学的重点著作，尤以部门法释义居多。

二、入选著作内容、编次一仍其旧，唯各书卷首冠以作者照片、手迹等。卷末附作者学术年表和题解文章，诚邀专家学者撰写而成，意在介绍作者学术成就、著作成书背景、学术价值及版本流变等情况。

三、入选著作率以原刊或作者修订、校阅本为底本，参校他本，正其讹误。前人引书，时有省略更改，倘不失原意，则不以原书文字改动引文；如确需校改，则出脚注说明版本依据，以"编者注"或"校者注"形式说明。

四、作者自有其文字风格，各时代均有其语言习惯，故不按现行用法、写法及表现手法改动原文；原书专名（人名、地名、术语）及译名与今不统一者，亦不作改动。如确系作者笔误、排印舛误、数据计算与外文拼写错误等，则予径改。

五、原书为直排繁体，均改作横排简体。其中原书无标点或仅有简单断句者，一律改为新式标点，专名号从略。

六、原书篇后注原则上移作脚注，双行夹注改为单行夹注。文献著录则从其原貌，稍加统一。

七、原书因年代久远而字迹模糊或纸页残缺者，据所缺字数用"□"表示；字难以确定者，则用"（下缺）"表示。

八、入选著作外国人名保持原译名，唯便今天读者，在正文后酌附新旧译名对照表。

目　　录

绪　　论

第一章　刑事诉讼法之意义 ··· 3
　　第一　实质之意义 ·· 3
　　第二　形式之意义 ·· 3

第二章　刑事诉讼法之主义 ··· 4
　　第一　弹劾主义与纠问主义 ·· 4
　　第二　合法主义与便宜主义 ·· 4
　　第三　职权主义与处分主义 ·· 5
　　第四　实体真实发见主义与形式真实发见主义 ······················ 5
　　第五　直接审理主义与间接审理主义 ··································· 6
　　第六　言词审理主义与书状审理主义 ··································· 7
　　第七　自由心证主义与法定证据主义 ··································· 8
　　第八　公开审理主义与秘密审理主义 ··································· 9

第三章　刑事诉讼法之地位 ··· 10
　　第一　刑事诉讼法为公法 ·· 10
　　第二　刑事诉讼法为程序法 ··· 10
　　第三　刑事诉讼法与其他公法之关系 ·································· 10

第四章　刑事诉讼法之效力 ··· 12
　　第一　关于时之效力 ·· 12

  第二 关于地之效力 …………………………………… 12

  第三 关于人之效力 …………………………………… 12

  第四 关于事物之效力 ………………………………… 13

第五章 刑事诉讼法之解释 …………………………………… 14

  第一 解释之标的 …………………………………… 14

  第二 解释之方法 …………………………………… 14

本 论

第一编 总则

第一章 法例（第1—4条）………………………………… 19

第二章 法院之管辖（第5—23条）……………………… 24

第三章 法院职员之回避（第24—34条）……………… 49

第四章 被告之传唤及拘提（第35—58条）…………… 63

第五章 被告之讯问（第59—65条）…………………… 76

第六章 被告之羁押（第66—86条）…………………… 82

第七章 证人（第87—116条）…………………………… 99

第八章 鉴定人（第117—126条）……………………… 116

第九章 扣押及搜索（第127—155条）………………… 125

第十章 勘验（第156—164条）………………………… 138

第十一章 辩护（第165—178条）……………………… 143

第十二章 裁判（第179—187条）……………………… 152

第十三章 文件（第188—193条）……………………… 161

第十四章 送达（第194—203条）……………………… 165

第十五章 期限（第204—212条）……………………… 173

第二编　第一审

第一章　公诉 ··· 183
    第一节　侦查（第 213—257 条） ··············· 185
    第二节　起诉（第 258—264 条） ··············· 230
    第三节　审判（第 265—336 条） ··············· 239
第二章　自诉（第 337—357 条） ················· 302

第三编　上诉

第一章　通则（第 358—374 条） ················· 319
第二章　第二审（第 375—385 条） ············· 347
第三章　第三审（第 386—413 条） ············· 370

第四编　抗告

（第 414—432 条） ································· 397

第五编　非常上诉

（第 433—440 条） ································· 423

第六编　再审

（第 441—460 条） ································· 431

第七编　简易程序

（第 461—475 条） ································· 453

第八编　执行

（第 476—505 条） ································· 465

第九编　附带民事诉讼

（第 506—513 条） …………………………………………… 487

徐朝阳先生学术年表 …………………………………………… 500
法制现代化初期的刑事诉讼
　　——《刑事诉讼法通义》导读 …………… 段陆平　502
《中国注释法学文库》编后记 ………………………………… 509

绪 论

第一章 刑事诉讼法之意义

第一 实质之意义 实质刑事诉讼法，指规定刑事诉讼程序之全体法规而言。即不问有无刑事诉讼法之名称，如法规之内容，苟有关于刑事诉讼程序者，则得称为刑事诉讼法，例如法院编制法及监狱规则等，皆属实质意义之刑事诉讼法。

第二 形式之意义 形式刑事诉讼法，指有刑事诉讼法名称之法典而言，即民国十七年（1928年）七月二十八日公布，同年九月一日施行之刑事诉讼法是也。凡单称刑事诉讼法者，通常指此形式意义之法典。

第二章　刑事诉讼法之主义

刑事诉讼法之主义者，谓刑事诉讼之原则，即关于刑事诉讼如何开始，诉讼资料如何提出，审判程序如何履行等问题之原则也。兹举其要，胪列于下：

第一　弹劾主义与纠问主义　弹劾主义者，谓认有原告被告及法院之三个诉讼主体，原告握诉追之权，被告亦有防御之权，与原告对立，法院则于其间而审理裁判之主义也。纠问主义者，谓惟以法院为诉讼主体，不认其他为诉讼之当事人，法院并行诉追及审判之作用之主义也。纠问主义无诉追犯罪之原告，诉追审判均由法院全负其责，易陷独断擅行之弊，难期裁判之公平。在弹劾主义，则分任诉追及审判之作用，各有掌辖之机关，足以匡正纠问主义之流弊，而得求公平之裁判，此其优点，所不待言；且纠问主义仅认被告为诉讼之目的物，并不赋与防御之权利，亦非所以尊重人权而保护被告之利益，亦不若认被告为诉讼当事人使拥护其权利之弹劾主义为胜也。

第二　合法主义与便宜主义　合法主义，又称励行主义，或法定主义，即检察官如认犯罪具备起诉之要件时，应须行使诉权之主义也。与此对立者，为便宜主义，又称任意主义，即虽对于完备诉追要件之犯罪，检察官仍得斟酌刑事政策上之利害，任意决定起诉或不起诉之主义也。此二主义得失互见，学者间议论亦不一。国家既制定刑罚法令，对于犯罪之发生，直得适用刑罚法令而科犯人以刑罚，坐视犯罪不与诉追，实非妥善，故以合法主义为正当。虽然，刑罚目的在使犯人改过迁善，不在报应，苟在一定情形之下，不无以不起诉为有利益，故便宜主义，亦自有存在之理由。现行刑事诉讼法第二百五十三条第一项规定云：检察官依侦查所得之证据，足认被告有犯罪嫌疑者，应向该管法院起诉，而标明采用合法主义。但于第二百四十五条又规定：轻微案件及被害人不希望处罚之案件，检察官得不起诉，是又采用便宜主义之明证也。

第三　职权主义与处分主义　职权主义云者，谓关于诉讼事件不认当事人有诉讼物体及诉讼材料并诉讼进行之处分权，法院应以职权为之审判之主义也。在此主义，诉讼如经系属于法院，则须待法院处断，不容当事人变更或消灭诉讼物体，故又称为不变更主义。处分权主义云者，谓当事人对于诉讼物体、诉讼材料及诉讼进行有处分之权，法院受当事人处分之拘束之主义也。在此主义、当事人之进行，法院曾受其羁束，故又称曰当事人进行主义。

民事诉讼之物体为私法上之法律关系，故民事诉讼之目的在保护私权，而私权当事人得任意处分为原则，是以在民事诉讼，关于诉讼物体及诉讼材料等，一任当事人任意处分。即舍弃、认诺、和解、减缩，均无不可，采用处分主义固未见其不当也。刑事诉讼之物体为国家之科刑权，事关公益自不许当事人任意处分，法院不受当事人行为之拘束，应依职权进行审判，采用职权主义，亦势所当然。但亦有例外采用处分主义者，如第二百十九条之规定，告诉乃论之罪，告诉人于第一审辩论终结前，得撤回其告诉。第二百六十四条，起诉于第一审审判开始前得撤回之。第三百四十七条，自诉得于第一审辩论终结前撤回，以及上诉权之舍弃及撤回（第三百六十六条、第三百六十七条）等规定是。

第四　实体真实发见[①]主义与形式真实发见主义　实体真实发见

---

① "见"通假"现"。

主义云者，谓法院对于诉追事件，自进而探明事实之真相以为适合真实之裁判之主义也。在此主义，法院（一）得用必要之方式，即法院得依认为发见事实真相所必要之方式，调查证据，例如因有必要命被告退廷①而讯问证人，及发掘坟墓或解剖尸体是。（二）不受当事人主张之拘束，无论当事人主张之事实对于其事实有无争论及其所提出之证据如何，法院均不受其拘束，务须自行发见事实之真相，例如被告即自白犯罪事实，仍须依职权探查事实之真相，而认定其可为证据与否。（三）依自由心证判断证据，即证据之证明力，依法院之自由心证行之，不因于当事人所提出之证据。与此实体真实发见主义对立者，为形式真实发见主义。形式真实发见主义云者，谓法院应依形式上之真实，以为裁判，即法院对于有争事实，须依当事人所提出之证据决之，苟为无争事实，即应认为真实，基之而为裁判之主义也，故在此主义，法院之认实事实，仅止于当事人所主张之事实，及举证之范围以内，而不得自进探查实体之真相。例如法院虽信被告之自白为非实体的真实，然仍须据其自白为有罪之判决是。

形式真实发见主义为民事诉讼所采用，盖民事诉讼乃以保护私权为目的之诉讼，而私权又以当事人任意处分为原则，法院无于当事人所主张及举证范围而外，更进而采求事实之必要。但在刑事诉讼，则以确定国家科刑权之存否及其范围为目的，事关公益，自不能认当事人有处分之权，故法院不受当事人主张及举证之拘束，须探求实体的真实，以为裁判，始可成信谳，而免枉纵焉。

第五　直接审理主义与间接审理主义　直接审理主义云者，谓法院就得为裁判材料之事物应为直接实验之主义也。直接事物之作用，有主观的直接及客观的直接之二种。主观的直接，谓为裁判之法院自

---

① "廷"与"庭"通假。

身直接事物,故如依受命推事或受托推事所调查搜集之证据,非主观的直接。客观的直接,谓直接于所欲实验事物自体之根源,故如审问间接之证人,实验文书之写本,即非客观的直接。兹所云实验,谓凡依吾人五官之作用,以调查事物也,如阅览文书,听证人之陈述,检查证据物件,皆属之。与直接审理主义对立者,为间接审理主义。间接审理主义云者,谓法院对于裁判材料之事物无须直接实验之主义也。按吾人对于事物之认识作用,以直接接触所欲认识之事物,始能真确,故欲探求事实,判断真相,则对于判断基础材料之事物,自以直接实验为必要,刑事诉讼既采用实体真实发见主义,自以采直接审理主义为宜。刑事诉讼法因有如此之规定,如审判日期,非当事人出庭,不得审判(第二百七十条、第二百七十一条)。审判时应讯问被告并调查证据(第二百七十七条至第二百八十一条),以及审判开始后,推事有更易者,应更新审判之程序(第二百七十六条)等规定是。然欲绝对贯澈①此项原则,实际不无困难,故有例外,如审判长得于庭员中指定受命推事,命其讯问被告,或调查证据之全部或一部(第二百九十七条);被告拒绝陈述者,得不待其陈述,径行判决(第三百十条);以及最重本刑为拘役或专科罚金之案件,被告得委任代理人出庭(第二百七十二条)等规定是。

第六 言词审理主义与书状审理主义 言词审理主义云者,谓法院及当事人间诉讼上之审理行为,须以言词为之,即当事人之主张辩解,及法院搜集裁判材料之各行为,均须以言词为之之主义也。故在此主义,仅以言词所得之材料为裁判之基础。与此主义对立者,为书状审理主义。书状审理主义云者,谓为裁判基础之诉讼行为,须以书状为之之主义,故当事人之主张辩论,法院之调查等,苟不

---

① "澈"与"彻"通假。

以书状为之，如提出书面或记明笔录，不生其效力，即不得为裁判之基础也。

言词审理主义与书状审理主义，各有短长，刑事诉讼法以言词审理主义为原则，采用书状审理主义者，不过少数例外，如第三审之判决及非常上诉之判决，均不经辩论（第四百零一条、第四百三十六条）。至于法院之裁定，多与实体之刑罚权无关，为便宜计，采用书状审理，自无不可，刑事诉讼法虽于此无明文规定，而参照第一百八十条第二项之规定，亦可推见也。

第七　自由心证主义与法定证据主义　自由心证主义云者，谓对于事实认定的基础之证据，取舍判断，委诸法院之自由心证，不与以何等拘束也。与此对立者，为法定证据主义。法定证据主义云者，谓证据之种类及其证明力，以法律规定，法院之判断应受其拘束也。

法定证据主义，以法律规定证据之种类及其证明力，得以防止法官之专横，且使法官对于证据之判断，知所依据，故得免认定事实之错误，或纷歧不一之弊，例如法官于公正证书所记载之事实，不得否定之，犯罪事实，非有被告之自白，不得认定，皆法定证据主义之适用也。虽然，社会情形，极为复杂，苟以一般抽象之标准，而欲支配万千之事情，究难探明事实之真相，可知依法定证据主义难于发见实体真实，不若自由心证主义为优。此主义信任法官证据之价值判断，概委其自由确信，故法官须得其人，所不俟论，而证据价值之判断概任法官云者，亦非法官可得感情用事随意妄断之谓，必须依经验上之法则，否则其判断即为违法，可为上诉之理由。

刑事诉讼法第二百八十三条规定云，证据由法院自由判断之，是即宣明采用自由心证主义。但不无例外，如第三百三十四条审判中之诉讼程序，专以审判笔录为证之规定是。

第八 公开审理主义与秘密审理主义　公开审理主义云者，谓法院公开其审判之处所，容许他人到场傍①听也。公开审理主义有二种，即当事者公开及公众公开是。前者谓仅许当事人及其他诉讼关系人在场，而后者即公开审判之处所，许一般公众傍听之谓。通常所谓公开，即指公众公开。如已公开法庭，许公众傍听，设事实上无人傍听，或禁止特定之人傍听。仍不失为公开。与公开审理主义对立者，为秘密审理主义。秘密审理主义云者，谓秘密诉讼之审判，不许一般公众到场傍听之主义也。审判公开与秘密，各有流弊，惟公开审理足以防止法官之专横，促进裁判之公平，益增公众之信仰，自较秘密审理为胜，故刑事诉讼法采用公开审理主义，惟于有某种特别情形时，许停止公开而已。（参照，法院编制法，第五八条）

---

① "傍"与"旁"通假。

第三章　刑事诉讼法之地位

第一　刑事诉讼法为公法　法律大别为公法与私法，刑事诉讼法属于公法。刑事诉讼一方以确定国家之刑罚权为目的，一方则以维持违反刑法之法律上秩序为目的。而维持此等法律上之秩序，依国家之权力作用，其作用即为国家机关与私人间之法律关系。故于刑事诉讼之法律关系，为公法关系，规定公法关系之刑事诉讼法，自属公法无疑。

第二　刑事诉讼法为程序法　法律分为实体法与程序法。实体法者，规定实体上权利义务之关系之法律也。程序法者，规定关于实体法之运用方法之法律也。刑事诉讼法为规定刑法及其他刑罚法令之运用法规，其为程序法，亦所不待言也。

第三　刑事诉讼法与其他公法之关系　于此问题，胪述于下：

刑法为实体法，刑事诉讼法为程序法，无刑法则无刑事诉讼法之必要；仅有刑法而无刑事诉讼法，则刑法所规定国家之刑罚权不能确定与实行。故得谓刑事诉讼，乃行使刑罚权法律上所不可缺之条件。是即刑事诉讼法与刑法有如何密切之关系，至为明了，所不待述。但实际于诸种法规有时发生属于刑法抑属于刑事诉讼之疑问。故应说明此两者之区别。即刑法为关于国家刑罚权之存在，种类，范围及消灭之规定，而刑事诉讼法，则系规定关于国家刑罚权之确定及实行之程序者也。

刑事诉讼与民事诉讼分别规定，已久为一般立法例所采用，而在沿革上无论何国固皆以民事及刑事之诉讼法规定于同一法典也。两者之目的各异，性质自殊，但关于程序之规定，亦有可以类推适用者，如第五百零七条第二项之规定，附带民事诉讼之诉讼程序，准用刑事诉讼法，刑事诉讼法无规定者，准用民事诉讼法，是即特以明文，许准用民事诉讼法之例。至其他程序，苟刑事诉讼法无明文规定并于其目的可许之范围内，亦可准用民事诉讼法之规定。

警察法规，系规定行政权之作用而刑事诉讼法系规定司法之作用。但如所谓司法警察者，则属于司法行政权之作用，如司法警察官或其补助警察官之搜查犯罪，执行裁判是。规定此等程序之法律，属于实质之刑事诉讼法。

刑事诉讼法系规定刑事诉讼之程序，司法行政法规，则系为刑事诉讼之程序使无障碍之规定。换言之，司法行政法规云者，谓规定司法行政权实施之法规也。二者之作用虽不同，但有密切之关系。现行法关于司法行政之基本规定，规定于法院编制法中。

第四章　刑事诉讼法之效力

刑事诉讼在如何之范围内而有效力，此问题得分时、地、人及事物四款说明之。

第一　关于时之效力　刑事诉讼法亦与其他法律同，自实施至废止之期间而有其效力。新法既经施行，发生效力，则凡一切诉讼程序应依新法之规定，即在旧法时代所着手之事件，于新法发生效力后，概应依新法为之。刑事诉讼法亦如刑法不溯既往，故于旧法时代所为之程序，虽于新法施行后亦完全适法有效。

第二　关于地之效力　刑事诉讼法之效力，普及我中国全部领域，领域云者，谓依国际公法上之原则，我国领域主权所及范围。中国之地理上之领土，其为领域，所不待言，领海、领空亦属之。即在领域外之民国船舶，亦以民国领域论。盖刑事诉讼法为我国行使刑罚权之程序，故应依属地主义也。但有例外，即刑法所定领域外之犯罪（刑法第五条至第七条），仍得依刑事诉讼法诉追，而在领域内未设法院之处，亦无从适用也。

第三　关于人之效力　刑事诉讼法对如何之人而得适用，亦与刑法同，凡应受刑法之人，皆适用刑事诉讼法，其人是否为本国人抑为外国人，所不必问。至为刑法效力所不及之人，刑事诉讼法之效力，亦所不及。例如治外法权之人，及有领事裁判权之外国人，均不能适用。此等人不得以为被告，固不待论，即为第三人时，亦不受刑事诉讼法之适用。兹所谓第三人，即指应为证人、鉴定人及应受搜索扣押之人而言。又凡海陆空之军人，应归军事法院管辖，不受通常法院审判，故亦不得依刑事诉讼法，以为被告，但关于第三人之效力，则与通常人同，而与有治外法权者异。

第四　关于事物之效力　刑事诉讼法固得适用于刑事事件，然非一切刑事事件，均得适用，须在通常法院审判之刑事事件，始为其效力所及。刑事事件者，谓对于犯罪科以刑罚为目的之事件。故对于以保护私权为目的之民事事件，无刑事诉讼法之适用，固不待论；即行政官署处分之行政事件，如关于惩戒罚、秩序罚及执行罚之事件，不以处刑为目的者，亦不能适用刑事诉讼法。惟附带刑事事件之民事诉讼，其性质虽为民事事件，但为审判之便利计，故使受刑事诉讼法之支配。反之，虽系刑事事件，如由特别法院或行政官署处理者，各应适用其特别法，除该法有明文外，不得准用刑事诉讼法之规定。

第五章　刑事诉讼法之解释

第一　解释之标的　法律之解释,有以法律之用语而确定立法者之意思为目的者,有以探求立法者之意思而明确法律之用语为目的者,立法者之意思,不过为法律之渊源,法律之制定,虽基于立法者之意思,但立法者意思与法律之精神,完全独立。盖法律之用语,随时间之迁移,而扩张其意义,每有为立法者所不能豫①定之事项,故解释应以研求法律本身所有之精神而明确之为目的。

第二　解释之方法　刑事诉讼法,亦如他法之解释方法,应并用文理解释与论理解释。文理解释者,谓从法律用语探求法律精神之方法。论理解释者,谓从法律理论探求法律精神之方法。文理与论理相反者,应用论理为扩张解释或缩小解释。前者谓扩张文字之意义以解释之,后者即指缩小文字之意义以为解释而言。

类推解释,谓法规有所欠缺时,援用类似之其他法规,以为解释之方法。类推解释,若无条件,恐生新制法规之弊,故以不违背刑事诉讼法固有之性质为要件。

---

①　"豫"与"预"通假。

本 论

现行刑事诉讼法,系于中华民国十七年(1928年)七月二十八日公布,同年九月一日施行,共九编,都五百十有三条。第一编总则,规定全编通用法则,计十有五章。第二编第一审,规定侦查、起诉审判及自诉之程序,凡二章。第三编上诉,规定上诉通则及上诉程序,共三章。第四编抗告。第五编非常上诉。第六编再审。第七编简易程序。第八编执行。最末第九编,规定附带民事诉讼之程序。

第一编 总则

总则云者,即适用刑事诉讼法全体之法则之谓也。故本编之规定,不外关于本法之效力及各种刑事诉讼共同之行为,凡十有五章,除有特别规定,及性质所不容者而外,以后各编规定之诉讼程序,均无不可得而适用也。

第一章 法例

（第 1—4 条）

法例之名，沿于晋律，[①] 现行刑法第一章，即为法例之规定。其在诉讼法，征之前刑事诉讼律，并无法例专章。本法以实施刑事诉讼程序，应注意人民权利之保障及其利益，而当事人及其亲属之明文，在本编及各编中屡见不鲜，则其意义，亦应首先明了，故本法开宗明义，规定本章，以为适用刑法、诉讼法之总纲。

第一条 犯罪非依本法及其他关于刑事诉讼之特别法，不得追诉及处罚。

文　义

犯罪云者，谓列举于法规以刑罚为制裁之有责违法行为也。关于刑事诉讼之特别法者，系指普通法院所适用之特别法而言，如覆[②]判暂行条例，审理烟案简易程序之类是。至为特别法院所适用之海陆空军审判法，则非本条所称之特别法。追诉云者，谓有追诉权者对犯人向有审判权者，请求科罚。追诉程序属于检察方面，如侦查为准备追诉之程序，而起诉即为实施追诉之程序。处罚云者，谓对于犯人科以

[①] 沈家本：《历代刑法考》下册，商务印书馆 2011 年，第 122 页。——勘校
[②] "覆"与"复"通假。

一定之刑罚。如审判中对于被告之传唤、拘提以及讯问、羁押、搜索等类皆为处罚之准备程序，如谕知①科刑之判决，为处罚之宣告程序，而执行为处罚之实施程序。

理　　由

本条规定，盖为保障人权而设。诚以国家对于犯罪，固已明定刑罚，自得追诉处罚，无有疑义。惟犯罪之追诉，刑罚之科处，均须依法定程序，以证明有无犯罪嫌疑与刑罚权之根据，法律用特规定本法及其他特别法，自应依据办理，不失准绳。若于法律规定范围外，擅自行动，非法所许。否则，任意处理，蹂躏人权，国家社会，必趋纷乱，故特开宗明义，规定本条。

第二条　实施刑事诉讼程序之公务员，就该管事项，应于被告有利不利之情形，一律注意。

文　　义

公务员依广义解释，谓职官吏员及其他依法令从事于公务之议员及职员。实施刑事诉讼程序之公务员，即指法院审判长、受命推事、受托推事及检察官、司法警察官、司法警察而言。被告为诉讼当事人之一，兼指侦查中之犯罪嫌疑人而言。

理　　由

本条规定适用本法应注意之点。刑事诉讼以确定科刑权之有无及其范围为目的，其最要原则，即在实体真实之发见。凡实施刑事诉讼

---

①　谕知：告诉。

程序之公务员于被告有利或不利之情形,均应注意。法恐实施刑事诉讼程序之公务员,故事苛刻,或曲为宽大,有违毋枉毋纵之精神,未符真实发见之原则,用特揭明,以促注意,因订本条。

判　例

查刑事诉讼,关于有利于被告或不利之情形生有疑问时,除特别事实,如正当防卫、精神病之类外,凡不利于被告者,须待证明,而不能为不利益之证明时,恒得为有利之认定,此观于认定犯罪事实,则须依证据,而认为犯罪嫌疑不能证明,即应为无罪判决之立法意,可得当然之结果。[前大理院一一年(1922年)上字第九一零号]

原审于被告不利及有利两方情形,未经一律注意,因之于应行调查之证据,多未调查,即行定谳,致上诉人等上诉要旨,各就采证上为攻击,均不能谓无理由。[前大理院,一五年(1926年)上字第六一六号]

第三条　本法称当事人者,谓检察官、自诉人及被告。

文　义

当事人谓与其事有直接关系之人也。检察官为代表国家为原告诉追犯罪之一种行政官吏。自诉人即得自向法院追诉之人,与告诉人有别,告诉人不得为当事人。

理　由

本条规定当事人之范围。刑事诉讼既废纠举主义而采弹劾主义。在弹劾主义诉讼关系之成立,必有三个诉讼主体,即原告被告及法院是,法院审理判断,原被告则各尽其攻击防御之能事,此对峙之诉讼主体,即为当事人。在公讼案件与被告对峙之原为检察官,故检察官与被告均为公诉案件之当事人。在自诉案件与被告对峙之原告为自诉人,故在自诉案件之当事人为自诉人与被告,而检察官不与焉。法以本法各条所称当事人甚多,应示范围以明其规,故设本条。

判　例

现行刑事案件,采用国家诉追主义,故除私人告诉为法律所许外,均由检察官代表公益为原告以诉追。[前大理院三年(1914年)上字第九六号]

解　释

关于公诉,检察官以外,无所谓原告,被害人不得列于当事人之内。检察官采用被害人之意见,以为上诉,虽非法律所禁止,然法律上仍认为检察官之意见。检察官上诉之见诸语言文字者,亦只能称为自己之意见。故检察官不能因系采用被害者之意见,而可以不拘定上诉期间及为声请回复原状之理由。[三年(1914年)统字第一〇四号]

修正刑事诉讼律(已失效)自指十年(1921年)三月二日军政府所颁布者而言。该律第三十九条第三项,刑事原告人依各级审判厅试办章程办理一语,无论诉讼律颁布后该章程当然废止,而原告职务由检察官执行,告诉人不得独立上诉,又为民国以来判决之所承认,即如县知事审理诉讼章程,虽许告诉人呈诉不服,而上诉名义,则仍属检察官,是该条第三项虽属有效法律,然因所援引之试办章程自身已不存在,故该规定实等于空文。至第二章当事人如认告诉人亦包括在内,即与检察制度,不免直接冲突,则该标目所谓原告人,自不得不解为单为检察官而言。除将来新律另有规定外,斟酌现行制度,权衡检察官职权,不能不作此系统解释。[最高法院十七年(1928年)

解字第二七号]

刑事诉讼法第三百三十七条规定被害人对于下列各款之罪，得自向该管法院起诉。此种起诉权之行使与否，除第三百四十一条之限制外，纯出于被害人之自诉，倘被害人不行自诉，而向检察官告诉者，依法仍应着手侦查。[最高法院十七年（1928年）解字第一六九号]

第四条 本法称亲属者，依刑法第十一条之规定。

理　由

本条规定亲属范围适用之根据，依刑法第十一条之规定，所谓亲属，以（一）夫妻，（二）四亲等内之宗亲，（三）三亲等内之外亲，（四）二亲等内之妻亲为限，此外，法律上不认为有亲属之关系。刑事诉讼法各编中称亲属者不鲜，故须定明其范围，用设本条之规定。

第二章　法院之管辖

（第 5—23 条）

　　法院云者，通常有二种意义，依广义，系谓审判机关职员之集合体，依狭义系谓实际行使审判权之机关。本法所谓法院，大多数皆指狭义而言，故合议制之合议庭与独任制之独任推事，均有法院之观念。

　　法院之管辖云者，谓法院对于被分配范围内之案件得为审判之具体的权限也。法院对于事件分配之标准，有因于职务之种类者，称之为职务管辖；有因于案件之种类者，称之为事务管辖；有因于土地之关系者，谓之土地管辖。以上三种管辖，皆依法律规定定之，故得总称曰法定管辖。其依裁判而定管辖之标准者，称曰裁定管辖。裁定管辖，更得分别为二：一为法院之指定管辖；二为法院之移转管辖。

　　所谓管辖，得称为法院之权限，又得称为审判之义务。违背管辖规定，进行诉讼手续，则非适法，而无效力，理论上似属正当。虽然，管辖权与裁判权实异其性质。盖法院之管辖权，原有广狭二义，依广义，乃指法院对于某种事件有得为裁判之权限而他种无裁判权限而言。例如对于司法事项有裁判权而行政事项则无之。依狭义，则指法院于一定之范围内行使裁判权而言。例如依案件之性质种类及土地之区域，得执行职务是。更详言之，前者系法院对于案件有无裁判权限之问题，后者系法院对于案件裁判权之行使是否适合法定制限之问题。本法所谓管辖，系从狭义解释。故于前项情形无裁判权时，应谕知不受理之判决，于后项情形无管辖权时，应为谕知管辖错误之判决。

一国之诉讼，其数必繁，国家所以设多数之法院以审理之。对于特定犯罪事件，多数法院皆得受理。如二以上法院均欲受理，则起积极的权限争议，否则任何法院皆不受理；则起消极的权限争议。无论其为积极的权限争议。抑为消极的权限争议，皆足为刑事裁判之障碍，而法院及被告亦蒙不利，故应于审判权范围之中，割分其行使之界限，以免纷纭错杂，而专责成，此本章所出设也。

第五条　法院之管辖，应依职权调查之。

文　义

职权指法院之权限而言。

理　由

本条规定管辖认定之根据。法院管辖权之认定，系采职权调查主义，故无论诉讼之进行程度如何与当事人主张何若，均应依职权调查管辖权之有无，以期无管辖错误之判决，而维划一行使审判权之精神，本条之设以此。

第六条　诉讼程序，不因法院无管辖权而失其效力。

文　义

诉讼程序指法律规定诉讼进行之手续而言。

理　由

本条规定无管辖权法院所为诉讼程序之效力。法院管辖诉讼案件，法律既明定其规，自不容逾越职权，紊乱程序。是以无管辖权之法院，对于案件不得行使审判权。如检察官对于案件起诉于无管辖权之法院，则受诉法院应为管辖错误之宣告，不得不因违法起诉，而使诉讼关系终了。故无管辖权法院已为之诉讼程序，概无效力，管辖法院须再进行诉讼程序。虽然，如此进行，未免徒偏理论。盖为二重诉讼程序，匪特徒多劳费，且调查证据，尤感困难。例如于无管辖权法院调查之有力证人等，倘已死亡，管辖法院无从再讯，取证綦难，影响于裁判者至大，故法律顾全实际，因设本条。

第七条　法院虽无管辖权，若在急迫之际，应于其管辖区域内为必要之处分。

文　义

急迫之际，例如濒死之证人稍迟即无讯问之机会是。管辖区域内云者，谓有土地之关系而有管辖权者是。为必要之处分，例如讯问垂死之人之证言是。

理　由

本条规定无管辖权之法院为紧急处分之权义。法院对于无管辖权之案件，不得为实体之处分，是为原则，惟是绝对遵守此原则，则时机坐失，证据资料之搜集等，必多阻碍，难达真实发见之目的，法律因此势不能无特别规定，故设本条。

解　释

查特种刑事地方临时法庭管辖区域涉于全省各县，反革命及土豪劣绅案件，应于收受后移送该庭或分庭审判，如有必要情形，并可施行急速处分。［最高法院十七年（1928年）解字第六四号］

第八条　初级法院于下列案件，有第一审管辖权。

一　最重本刑为三年以下有期徒刑、拘役，或专科罚金之罪。但刑法第一百三十五条至第一百三十七条之渎职罪，第一百五十条至第一百五十二条之妨害选举罪，第一百六十一条及第一百六十四条之妨害秩序罪，第二百零一条之公共危险罪，第二百八十三条第四项，及第二百九十一条之杀人罪，第三百条之伤害罪，不在此限。

二　刑法第二百零二条之公共危险罪。

三　刑法第二百七十一条及第二百七十三条之鸦片罪。

四　刑法第二百九十三条第一项之伤害罪。

五　刑法第三百三十七条之窃盗罪。

六　刑法第三百五十六条之侵占罪。

七　刑法第三百六十三条之诈欺及背信罪。

八　刑法第三百七十六条第二项之赃物罪。

文　义

初级法院，在法院阶级中之最低者。最重本刑，以法定刑为标准，非以宣告刑为标准。有期徒刑，即于一定期间内剥夺自由之刑罚，依刑法第四十九条第三款，为二月以上十五年以下，但遇有加减时，得减至二月未满，或加至二十年。拘役，依刑法同条第四款为一日以上，二月未满，但遇有加重时，得加至二月以上。罚金，即剥夺财产之刑罚。专科对并科而言，即止科罚金一刑也。渎职罪，谓公务员对于公务上关系之犯罪。第一百五十条之妨害选举罪，即贿赂选举之罪。第一百五十一条之妨害选举罪，即不法诱惑选举之罪。第一百五十二条之妨害选举罪，即妨害选举确实之罪。第一百六十一条之妨害秩序罪，即参与以犯罪为宗旨之结社罪。第一百六十四条之妨害秩序罪，即未受允准招集军队及发结军需之罪。第二百零一条之公共危险罪，即违禁制造持有输入危险物之罪。第二百八十三条第四项之杀人罪，即预备杀直系尊亲属罪。第二百九十一条之杀人罪，即过失致人死罪。第三百条之伤害罪，即伤害助势罪。第二百零二条公共危险罪，即妨害铁路邮务电报电话之业务之罪。第二百七十一条之鸦片罪，即制造鸦片、吗啡、高根安洛因或贩卖、持有、贩运之罪。第二百七十三条之鸦片罪，即以馆舍供人吸食鸦片或其化合质料之罪。第二百九十三条第一项之伤害罪，即无杀人故意之伤害人身体或健康之罪。第三百三十七条之窃盗罪，即窃取他人所有物罪。第三百五十六条之侵占罪，即通常之侵占罪。第三百六十三条之诈欺及背信罪，即通常之诈欺罪。第三百七十六条第二项之赃物罪，即搬运、寄藏、故买、牙保赃物罪。

理　　由

本条规定初级法院之事务管辖。初级法院由独任推事一人行之，诉讼程序，自较简捷，故诉讼案之轻微简单或应速办结者，以由初级法院管辖第一审为妥，故本法列举各项案件，定于本条。

判　　例

按刑事诉讼法第八条规定最重本刑为三年以下有期徒刑之罪，第一审属初级法院管辖。其第一审不属初级法院而属地方法院者，第二审应属高等法院管辖。同法第三百七十五条，亦有明文规定。本业被告人如果系触犯刑法第三百十五条第一项之略诱罪，查该条最重主刑为七年以下有期徒刑，显非初级法院管辖，无论第一审依据刑律何条论科，第二审应由原法院审理。［最高法院十七年（1928年）上字第五百三十四号］

解　释

查刑法分则第二十一章以下所列举各罪，应属初级管辖案件，除其中有侵害社会或国家法益之特别条文外，如依刑诉法第八条第一款及五款至第八款所列举者，均为刑法第三百三十七条第一款所谓直接侵害个人法益之罪。［最高法院十七年（1928年）解字第二二二号］

刑事诉讼法第八条于第二条以下皆以条文为列举规定，其第七款既定明刑法第三百六十三条，则依该款属于初级管辖者，自以第三百六十三条之犯罪为限。乃所揭罪名于诈欺之外，又及于背信者，在立法之初，亦不过因刑法第三十一章系以诈欺及背信罪标目，故以为言，实则并无深意。［司法院十八年（1929年）院字第一二七号］

第九条　地方法院于不属初级法院或高等法院管辖之案件，有第一审管辖权。

理　由

本条规定地方法院之事务管辖。地方法院之管辖，对于不属初级及高等法院管辖之案件，均应归其管辖，不复有刑之轻重及犯罪性质之区别。

解释诬告罪之管辖标准，第一审应由地方法院受理。［司法院十八年（1929年）院字第一八五号］

禁烟法第六条之犯罪，应由地方法院管辖。[司法院十九年（1930年）院字第二一四号]

犯暂行特种刑事诬告治罪法第一条之罪者，依刑事诉讼法第九条之规定，应由地方法院管辖。[司法院十九年（1930年）院字第二二一号]

关于特种刑事诬告案件，依刑事诉讼法第九条之规定，应由地方法院管辖。[司法院十九年（1930年）院字第二四四号]

犯禁烟法第六、第八、第十等条之罪，应由地方法院管辖[司法院十九年（1930年）院字第二四六号]

第十条 高等法院于下列案件有第一审管辖权。
一 内乱罪。
二 外患罪。
三 妨害国交罪。

文 义

内乱罪云者，即意图以非法之方法，颠覆政府，僭窃土地，或紊乱国宪之行为也。外患罪，即潜通外国实施不利于国家之行为，或潜通外国，而其行为之性质，足以利他国而有损于民国，因以破坏国家外部之组织，影响于国家之独立者皆是。妨害国交罪，即破坏国际之亲善，妨害邦交之行为也。凡侵犯外国元首罪，侵犯外国代表罪，私与外国战斗罪，侮辱外国罪，皆属之。

理 由

本条规定高等法院之特别管辖。高等法院之管辖，专以犯罪之性质为标准。而区别犯罪之性质，则又以该案件是否繁难，且是否为日常所发生者为标准。内乱外患，妨害国交各罪，皆非日常所发生，于国家安危，关系重大，而其案件又属繁难，行使审判，允宜慎重，故第一审管辖权，属诸高等法院。

第十一条 犯罪依最重本刑，定法院之管辖。

文　义

最重本刑，例如刑法第三百五十六条规定之侵占罪，其所定刑罚，为处五年以下有期徒刑、拘役，得并科或易科一千元以下罚金。其最轻本刑即为罚金，最重本刑即为五年有期徒刑，故不能依据罚金刑，由初级法院管辖，须依五年徒刑，由地方法院管辖第一审。又最重本刑，以刑罚法令所定刑为标准，非以法院谕知之宣告刑为标准，于第八条文义，亦既言之。

理　由

本条规定管辖以最重本刑为标准。刑法采相对法定主义，除少数犯罪外，率定刑罚范围，以便法院裁量，轻重既有不同，管辖据何而定，若无明文，疑义不免，故设本条，以杜纠纷。

第十二条 犯罪依刑法应加重或减轻本刑者，仍依本刑定法院之管辖。

文　义

加重及减轻有一般的与特别的之区别，一般的，如累犯并合论罪，皆属于加重之类，未遂犯从犯自首，皆属于减轻之类。至于特别的加重或减轻，则规定于刑法分别各本条。例如犯刑法第三百十六条私禁或以其他非法方法剥夺人之行动自由罪，应处五年以下有期徒刑、拘役或三百元以下罚金，而对于直系尊亲属犯之者，依第三百十七条，应加重本刑二分之一，法院管辖问题，则依第三百十六条最重之本刑为断，而不依加重之刑，定其管辖之所属。减轻之例，可以类推。

理　由

本条规定管辖以原定本刑为标准。刑法所定刑罚，因犯罪状况而有加重或减轻，法院之管辖，是否应就加重减轻之刑，抑仍依本刑为断，苟法无明文，易滋疑义，故设本条。

解　释

对于直系尊亲属犯刑法第二百九十三条第一项之罪者，依刑法第二百九十八条第一项前段之规定，仍系刑法第二百九十三条第一项之罪名，自应仍以罪为标准，定法院之管辖。〔司法院十九年（1930年）院字第二四一号〕

刑事诉讼法第十二条之规定，并未分别刑法总则或分则，当然包括总分则而言。至刑法第二百九十八条第一项前段，所谓本刑者，即第二百九十三条第一项、第二百九十四条、第二百九十五条所规定之刑，但对于直系尊亲属犯第二百九十四条及第二百九十五条之罪者，因以刑为标准，定法院之管辖，而犯第二百九十三条第一项之罪者，则以罪为标准，定法院之管辖。〔司法院十九年（1930年）院字第二四二号〕

第十三条　法院之土地管辖，依犯罪地或被告之住所、居所或所在地定之。

在民国领域外之民国船舰内犯罪者，船舰之本籍地，或犯罪后停泊地之法院，亦有管辖权。

文　义

土地管辖者，盖就均有事务管辖权之法院间以各法院之区域界限定审判之权利义务也。犯罪地，指犯罪行为地、中间影响地及结果地而言。住所云者，谓以久住之意思住于一定之地域，而以为生活之本据也。居所云者，谓不以为生活之本据，但因特定行为之继续期内，继续居住于一定之处所之谓。所在地者，即其人现时身体所在之地，非以犯罪时为标准，而以提起公诉时为标准。至其现在是否出于任意或强制，则非所问。民国领域，即民国国权所及之区域，包括领土、领水、领空三者。民国领域外，即民国主权之区域外也。民国船舰，凡属于民国国籍之船舰，无论为公有私有，均包括在内。船舰之本籍地者，指船舰于不行驶时一定系着之地而言。停泊地，指犯罪后船舰停泊之场所而言。

理　由

本条规定法院之土地管辖。盖法院之位置及其管辖区域，既由法律规定，则法院之间不能无一定之标准，以定其管辖之范围。

土地管辖，立法上纯以搜集证据之便宜，及易于逮捕被告为理由，诚以实行诉讼程序，有于犯罪地为便利者，有于被告之住所、居所或所在地为便利者，法院于便宜上均得定其管辖之所属。此本条有第一项之设也。

在民国领域之民国船舰内犯罪，以船港所在地之管辖区域或行驶中经由地之管辖区域，定其土地管辖，所不待论。惟在民国领域外之民国船舰内者，与在领域内之民国船舰内犯罪有殊，其管辖自不能无特别规定，此本条所以有第二项之规定。

判　例

犯人所在地之规定，非仅指管其地而言。凡犯人现时身体所在之地皆是，并不以逮捕地为限。[前大理院五年（1916年）抗字第一号]

解释中国人犯罪，虽犯罪系在租界，而其应由中国法院审判，则无疑问。至其管辖法院，刑事诉讼条例（已失效），亦有详细规定，查照办理可也。[前大理院十四年（1925年）统字第一九二四号]

第十四条　犯罪有下列情形之一者，为牵连案件：
一　一人犯数罪者；
二　数人共同犯罪者；
三　数人同谋犯罪者；
四　数人同时在同一处所，各别犯罪者；
五　犯与本罪有关系之藏匿犯人及湮灭证据罪、伪证罪、赃物罪者。

文　义

一人犯数罪者，即一个人格而触犯数个之法益是。如一人而犯强盗罪、内乱罪是，至其犯罪之种类，时期等，无复区别。数人共同犯罪者，即数人共犯一罪或数人共犯数罪之谓，包括正犯、从犯、教唆犯而言。数人同谋犯罪者，即数人通有意思之联络而为犯罪行为之谓。例如子丑寅三人同谋，子在上海掳人，丑在宝山放火，寅在苏州杀人是。数人同时在同一处所各别犯罪者，即数人无共犯关系，而偶然同时在同一处所，各自个别犯罪之谓，学说上称曰：同时犯。与本罪有关，即因本罪而发生其他犯罪行为也。藏匿犯人罪，即藏匿犯人，使难以发见，致为逮捕拘提之障碍之行为也。湮灭证据罪，即伪造、变造或湮灭关系人刑事被告案件之证据者是。伪证罪，即证人于案情有重要关系之事项供前或供后具结①而为不实之证言者是。赃物罪，即收受关于财产犯罪所得之物之行为。

理　由

本条规定牵连案件之意义。一人犯数罪，因数罪而生牵连关系，例如一人而犯窃盗罪及内乱罪，一为地方法院案件，一为高等法院案件，以案件牵连致不能同在一法院管辖者是。数人共同犯罪，因数人而生牵连之关系，数人同谋犯罪，因分担而生牵连之关系，数人同时在同一处各别犯罪，因犯情各别而生牵连之关系，犯与本罪有关系之藏匿犯及湮灭证据罪、伪证罪、赃物罪者，因本罪而生牵连之关系。法律对于法院事务管辖、土地管辖，已厘定明文，然对于牵连之案件，仍依照适用，则诉讼程序，滋感不便，故不得不有特别规定，而如何之情形为牵连案件，此又应先明定其范围，庶免纷歧，此本条所由设也。

解　释

查刑事诉讼条例（已失效）第二二条（同本条）第二款数人共同犯罪，系指刑律（已失效）第二九条第一项以下之各种共犯而言，即刑律第三一六条之以共同正犯论者，亦包含在内。第四款数人同时在同一处所，各别犯罪，系附带犯罪之一种，即本院三年（1914年）上字第二九六号判例所举附带犯罪第二种之未通谋者。至第三款数人同谋犯罪，系与本院统字第一二三八号、第一二四五号解释文所举情形相符，在现行法令之下，只可谓为一种注意的规定。［前大理院十一年（1922年）统字第一六九九号］

---

① 具结：向官府提出表示负责的文件。——勘校

地方法院受理特种刑事地方临时法庭移交案件，其被告人数应以该法庭所移交者为限。设有共同被告中之数人已经该法院讯无关系，免予置议。并未移交法院，该法院即不能并案审理；但发现新事实或新证据者，得再行起诉。[司法院十九年（1930年）院字第二三六号]

第十五条　牵连案件，属于二以上之不同级法院管辖者，得由上级法院，并案受理之。

二以上之不同级法院，已各别受理者，上级法院得命管辖内之下级法院，将案件移送该上级法院并案受理，其下级法院不在管辖内，而经各该法院及检察官之同意者，亦得由上级法院并案受理，有不同意者，得由共同之上级法院，命将案件移送上级法院，并案受理。

经并案受理之案件，得依前项规定，仍由各该法院分别受理。

文　义

二以上之不同级法院管辖云者，如某甲犯普通窃盗罪，属于初级法院管辖，又犯情重强盗罪，属于地方法院管辖者是。并案受理云者，即将同级或不同级法院分别管辖之案件，合并于其中一法院受理之谓。同级法院云者，谓同阶级之法院，如初级法院与初级法院，或地方法院与地方法院是。共同之上级法院云者，即对于关系法院同居直接上级之法院是。

理　由

本条为关于事务管辖不同之牵连案件规定，并案、分离及移送之程序。第一项规定合并受理之程序，各种牵连案件管辖，如上述甲犯普通窃盗罪，应归初级法院管辖，又犯强盗罪应归地方法院管辖，同一犯人使之先受初级法院审判，再受地方法审判，匪特劳力时间经费，徒多劳费，就一人犯罪言之，且不合于刑法并合论罪之适用，就数人犯或与本罪有关系之罪，抑亦非合并受理，不易得事实真相，裁判难期适当，此本条所以有并案受理之规定。

本项系规定管辖法则，并非对于不告不理之原则，特设例外，故上级法院不得自行受理牵连案件，须经检察官起诉，始得并案受理，所不待论。而上级法院虽有合并管辖权，但下级法院之固有管辖权，非归于消灭，故在牵连案件，上级法院及下级法院皆有管辖权，检察官得视实际事情之必要，向下级法院起诉，或向上级法院起诉，均无不可。

第二项规定合并移送之程序。事务管辖不同之牵连案件，得由上级法院并案受理，但下级法院之固有管辖权并不因此消长，既如前述。故受理公诉各法院，各得独立审判之。然上级法院认为合并审理为适当时，则得命管辖内之下级法院将案件移送该上级法院，并案受理。其下级法院，不以在该上级法院之管辖内为限，故本条之规定，既为事务管辖之变例，且为土地管辖之变例。惟对于不在管辖内之下级法院，由上级法院并案受理者，须经各法院及检察官之同意。如不同意，则得由共同之上级法院，命将案件，移送上级法院，并案受理。

第三项规定分离移送之程序。就事务不同之案件，规定为并案受理，原出于节省劳力时间及经费之旨。但虽经并案受理后，如于劳力时间及经费，并无何等实益，或且反生窒碍者，自不妨仍分别受理。上级法院除继续审理其固有管辖权案件外，得将下级法院管辖案件移送该下级法院受理，其下级法院不在管辖内者，须经各该法院及检察官之同意。如不同意，得由共同之上级法院，命将案件移送下级法院并案受理。

解　　释

犯反革命治罪法第七条之罪，又牵连犯刑法之罪者，得由高等法院依刑事诉讼法第十五条规定,并案受理。如就该部分(刑法上之犯罪)。误为无管辖权之判决,检察官自可依法上诉,以资救济。[司法院十九年(1930年)院字第二五七号]

共产党徒如于暂行反革命治罪法所规定之反革命行为外利用共党势力掳人勒赎,系属于二以上不同级法院管辖之牵连案件,依刑事诉讼法第十五条第一项规定,得由高等法院并案受理,检察官自得并案起诉于高等法院。[司法院十九年(1930年)院字第三一〇号]

第十六条 由上级法院并案受理之案件,适用该上级法院之诉讼程序。

理 由

本条规定事务合并管辖案件之诉讼程序。上级法院与下级法院组织不同,其所践程序,自有迥异,由上级法院并案受理下级法院管辖之案件,如不适用该上级法院之程序,而适用下级法院之程序,于审理必多困难,有戾并案制度之本旨,故诉讼程序之适用,自应明示其规,因设本条。

第十七条 牵连案件,属于二以上之同级法院管辖者,得由其中一法院并案受理之。

二以上之同级法院,已各别受理者,经各该法院及检察官之同意,得由其中一法院并案受理,有不同意者,得由共同之上级法院,命将案件移送其中一法院并案受理。

经并案受理之案件,得依前项规定,仍由各该法院分别受理。

文 义

二以上之同级法院管辖云者,如某甲在上海区域内犯罪,属于上海地方法院管辖，又在南京区域内犯罪，属于江宁地方法院管辖者是。

理　由

本条规定土地管辖不同之牵连案件，并案分离移送之程序。第一项规定合并审理之程序，即于同级法院同一法院对于其他法院土地管辖之牵连案件，亦有管辖权。全基于审理便宜之主旨，与第十六条第一项之理由同，惟土地管辖不同牵连案件之并合审理。限于事务管辖相同之法院始得适用，即地方法院与地方法院之间或初级法院与初级法院之间，得适用本条规定。在上级法院与下级法院之间，不生因牵连之土地管辖。又因牵连之土地管辖，他法院固有之管辖权，毫无影响，亦非对于不告不理之原则，特设例外。

第二项规定合并移送之程序。同级法院间之牵连案件，各有独立之管辖权，不因合并审理，而使一方之管辖权归于消灭。故检察官自得以数个牵连案件，分别向有管辖权之法院起诉。其各法院已各别受理者，亦应各别独立审判。但认为合并审理于劳力时间及经费等项可得节省之实益时，得经各该法院及检察官之同意，由其中一法院并案受理，如有不同意者，得由共同之上级法院命将案件移送其中一法院并案受理。

第三项规定分离移送之程序。依前项规定土地管辖不同之数个牵连案件，对于一个案件管辖法院，于本无管辖权之案件，亦得并合管辖。然并合管辖，于案件性质及时期等之关系，实际上反不如各管辖法院独立审理为便利者，即经并案受理之案件，亦得经各该法院及检察官之同意，将原不属其管辖案件，移送各该管法院受理，如有不同意者，并得由共同之上级，命将案件移送各该法院，分别受理。

第十八条 同一案件，经二以上之不同级法院受理者，由上级法院继续受理之。

文　义

同一案件者，谓同一犯人及同一犯罪事实之案件。

理　由

本条规定同一案件系属于上下级法院生审判竞合之处置方法。同一案件，经二以上之不同级法院受理，应由上级法院继续，取其便利也。至受理之先后，既所不问。而下级法院，是否在该上级法院管辖内，亦非所计。

第十九条 同一案件，经二以上之同级法院受理者，由最初受理之法院继续受理；但共同之上级法院，得命其中之他法院继续受理之。

理　由

本条规定同一案件系属二以上之同级法院发生审判竞合之处置。被告之审判籍，为数甚多，依本刑第十三条规定，即有犯罪地之审判籍，住所之审判籍，居所之审判籍，所在地之审判籍。在民国领域外之民国船舰内犯罪者，更有船舰本籍地之审判籍，及犯罪后停泊地之审判籍。同一案件，各地法院均有土地之管辖权，如果各别审判，不特实际上多有不便，且恐生不当之结果，故由最初受理法院继续受理，以既先受理，于诉讼程序之进行，自必较多也。若诉讼程序之进行，以后受理之法院为多，或认为后受理法院审理为便者，则于受理时期标准，势不能无例外，故共同之上级法院，得命其中之他法院，继续受理之。

解　释

甲乙各向其所在地审判衙门告诉时，依刑事诉讼律草案（已失效）管辖章第十五条规定，应以先受公诉之审判衙门为管辖审判衙门。[前大理院四年（1915年）统字第二一九号]

本案情形：某甲在子县被人具状告诉，逃至丑县，发觉被获，业已开始审理，子丑两县，均为兼理司法县知事，又如子县为兼理司法县知事，丑县为已设审检厅地方，发觉某甲犯罪，业已提起公诉，是否仍以子县先受告诉为先受公诉。如县知事先有受诉之意思表示者，如批准之类，自可认为先受公诉。[前大理院五年（1916年）统字第四四八号]

查甲县纵系犯罪行为地，并系犯人所在地，但既经警队将案解送乙县，则乙县亦不能谓非犯人所在地，是甲乙两县，对于本案实均有土地管辖权，应以先受公诉者为管辖衙门，本不得谓变更管辖。[前大理院九年（1920年）统字第一三九三号]

同一案件而有二以上之同级法院有管辖权者，自应依刑诉法第十九条、第二十条办理。[最高法院一七年（1928年）解字第二二八号]

第二十条　二以上之同级法院于管辖权有争议者，由共同之上级法院，指定其管辖。

二以上之同级法院中一法院有管辖权者，而依确定判决，均认为无管辖权者，亦同。

文　义

争议：不以积极的争议为限，消极的争议亦属之。确定判决，指本案辩论前之判决而言。

理　由

本条管辖法院指定之原因。指定管辖之原因有二：一为，二以上之同级法院管辖权有争议时，此项管辖权之争议，包含事务管辖及土地管辖，而在实际上要以因管辖区域不明发生争议者为多。如数处同级法院之管辖区域，互相毗连，分界不明，在深山幽谷之地，或湖川海上，尤难明其界线之所在，因此而生管辖之争议，若不由共同之上级法院，指定管辖，则此项冲突，莫由救济。二为，二以上之同级法院中，一法院有管辖权而依确定判决，均认为无管辖权时，即同一案件，经一本无管辖权法院宣告管辖错误后，由其他管辖法院裁判，但确定判决，又认为无管辖权者，若不由共同之上级法院，指定其管辖法院，必致无管辖之法院。

判　例

应归通常第一审管辖之件，而第一审管辖审判衙门，又经裁判确定，认为无管辖权，自应指定管辖。[前大理院五年（1916年）声字第一号]

解释刑事诉讼律草案（已失效）第十八条第二款规定，系指二处以上审判衙门为有管辖权之裁判，其裁判已确定者而言。例如河南高等审判厅及安徽高等审判厅，均有此项确定裁判，则自应以本院为直接上级审判衙门。[前大理院四年（1915年）统字第二一九号]

刑诉律草案（已失效）管辖章第十八条第二款规定，系因两处以上之审判衙门，有积极争议者，始得适用。该条所谓确定判决，乃指本案辩论前之判决而言。若已适用实体法为本案判决后，自不能再行援引该条款请求指定管辖。[前大理院四年（1915年）统字第二七〇号]

查该案虽经乙县查明，甲县有管辖权，而乙县是否果无管辖，尚属疑问，如果甲县有管辖权，而乙县亦有管辖权，则以甲县判决在前，应仍由乙县受理否则应依刑事诉讼条例（已失效）第二十八条第二项，由甲县以检察职权向甲乙两县共同之上级法院，声请指定其管辖。[前大理院十五年（1926年）统字第一九六八号]

查某甲既经县署依地方案件之法条为判决，地方法院审理终结，又认其所犯者确系地方管辖之罪，认地方法院自无第二审管辖权，而其受上级法院判决之拘束者，亦至此时为止，对该案应为管辖错误之判决。[司法院十八年（1929年）院字第一一二号]

查高等法院及其分院关于案件之土地管辖，各有范围，不相统属。高等法院土地管辖范围内地方法院之案件，如欲指定或移转于分院土地管辖范围内地方法院或兼理司法之县政府管辖，依刑事诉讼法第二十条、第二十一条，应由最高法院裁定。[司法院一九年（1930年）院字第二〇三号]

第二十一条 法院因法律或事实不能行使审判权，或因特别情形，恐审判妨害公安，或有不公平之虞者，直接上级法院，应对该案件移转于其管辖内与原法院同级之他法院。

遇有必要情形，再上级法院，得将该案件移转于其管辖内与原法院同级之他法院。

文　义

因法律不能行使审判权者，例如初级法院只有推事一人，该推事因第二十四条之规定，不得执行职务之类是。因事实不能行使审判权者，例如因天灾、地变、兵乱或推事死亡、疾病而不能行使审判权是。恐审判妨害公安者，例如行使审判则恐有暴动之类是。恐审判有不公平之虞者，例如受有外力压迫，不能依法裁判之类是。

理　由

本条规定移转管辖之原因及其方法。法院于已经受理之案件，发生障碍，不能行使审判权，救济之道，惟有将其案件移转于其他无权管辖之法院审理。移转管辖，先须审酌该法院能否管辖，而定移转与否，故移转之权，操之直接上级法院，倘若直接上级法院管辖区域内无可移转者，则应请再上级法院，请其移转，以达移转目的。

判　例

被告人党羽极多，若在犯罪地审判恐生他变，自可为维持公安起见，依刑事诉讼律（已失效）第二十条规定移转管辖。〔前大理院二年（1913年）声字第四号〕

管辖审判衙门因人证解往他处，事实上不能行使审权，实有移转管辖之必要。〔前大理院三年（1914年）声字第七号〕

查法院审判案件，依法律规定，应完全独立行使其职权，不受长官之干涉。厅长对于所属职员，虽有监督之责，而无干涉之权，不能以案系厅长告发，即谓该厅审判有不公平之虞。〔前大理院五年（1916年）声字第五号〕

解　释

查该条所谓直接上级衙门，系就广义立言者。地方厅管辖区域内，只有一初厅，则此初级厅关于本条声请移转管辖，自应直接向高等厅为之，毋庸经由地方厅。〔前大理院二年（1913年）统字第六一号〕

地方厅案件，应移转管辖者，得移转于高等厅管辖内之县知事。〔前大理院三年（1914年）统字第一四三号〕

查呈准援用之刑事诉讼律草案（已失效）第十九条第二款，列举恐审判有不公平之原因，计有三种：（一）被告人身分；（二）地方情形；（三）诉讼经历。若仅以案系警察分所长所告，即更易县知事之管辖，自有未合。[前大理院九年（1920 年）统字第一二一六号]

　　移转管辖，须向直接上级审判衙门声请，在呈准援用之刑事诉讼律草案（已失效），已有规定。则所移转之审判衙门，应以该上级审管辖之下级审为限，自不待言。高等分厅与高等本厅之管辖区域，既各不同，除高等分厅附设地方庭所为第二审判，依特别明文，高等本厅即其终审衙门，故高等本厅对于省内初级案件，得在省内自由移转其管辖外，分厅下级审之案，当然不得移转于本厅之下级审管辖。如果分厅管辖区域内确无相当衙门，可以移转，只得请由分厅之直接上级审裁判。[前大理院十年（1921 年）统字第一五一二号]

　　系属第二审及更审，并发还原县覆审案件，被告人均得声请移转管辖。[前大理院十一年（1922 年）统字第一七二〇号]

　　刑事诉讼条例（已失效）于声请移转管辖，并不以系属审判厅之案件为限。惟得声请之情形，同条例第二十九条已有明文，如不服地检长之处分，并以其为偏颇，尚不得据以声请。[前大理院十三年（1924 年）统字第一八九四号]

　　移转或指定法院之管辖，不限于起诉以后。检察事务虽经移于别厅，但侦查终结，如原法院有管辖权，仍应起诉于原法院。[司法院十八年（1929 年）院字第六三号]

　　移转或指定法院之管辖，不限于起诉以后，已于本年四月二十二日解释在案（参照院字第六三号解释）。在起诉前果应指定或移转管辖，检察官自可依法声请。[司法院一八年（1929 年）院字第一九三号]

第二十二条　当事人声请指定或移转管辖者，应以书状叙述理由，向该管法院为之。

文 义

当事人，指检察官、自诉人及被告而言。理由指前二条所揭之事由而言。该管法院指应为指定管辖裁定之共同上级法院，或应为移转管辖裁定之直接上级法院而言。

理 由

本条规定声请指定或移转管辖之程序。得为声请指定或移转管辖者，以当事人为限，故告诉人不得声请，声请应用书状，叙述声请之理由，以便审查裁定，故不许以言词声请，并须向该管法院为之，否则为非法之声请。

判 例

本为声请移转管辖，误用抗告形式，原审依法驳回其抗告，而于声请移转管辖一节，置之不问，再抗告人等又具状声明其理由，是否正当，原审亦未予裁判，固属误会，但再抗告人等于此应再向原审请求依声请移转管辖，予以决定，不能向本院提起再抗告。［最高法院十七年（1928年）抗字第三一号］

声请移转管辖，应以当事人为限。本件抗告人告诉张某滥用职权诈欺取财案，以武进县公署审判有不公平之虞，向原审请求移转管辖，原审以抗告人系居于告诉人地位，并非诉讼当事人，将其声请驳斥，尚无不合。［最高法院十七年（1928年）抗字第五五号］

解 释

依刑诉律（已失效）十九条，检察官声请移转管辖，律文并无限于配置该审判衙门之检察官，县署应移转管辖案件，高等检察官得径行声请。［前大理院五年（1916年）统字第五〇三号］

县知事受理刑事案件，被告人以诉讼经历不公平，声请移转管辖，讵县知事并不呈送直接上级审判衙门，径予决定驳回，同时并不就犯罪事实，令被告人言词辩论，即为有罪之判决，系违法判决，应由控诉审撤销改判。〔前大理院十年（1921年）统字第一六三三号〕

查刑事诉讼条例（已失效）第三百五十八条所例举告诉乃论之罪，经兼理司法事务之县知事为第一审判决后，被害人（即为第一审之告诉人）对于县判声明不服，应认为私诉人（自诉人）之提起上诉。〔前大理院十二年（1923年）统字第一八二四号〕

告诉人除统字第一八二四号解释文所称情形外，非刑事诉讼条例（已失效）第三十及第三十一条所称当事人，不得声请指定或移转管辖。〔前大理院十二年（1923年）统字第一八四二号〕

声请指定或移转管辖，法无明文停止诉讼程序。〔司法院十八年（1929年）院字第五十五号〕

第二十三条 法院指定或移转管辖，应以裁定行之；其因声请不合程序或无理由而驳回者，亦同。

理　由

本条规定法院指定或移转管辖之程序。当事人声请指定管辖或移转管辖，或依原法院之请求指定管辖或移转管辖，均以裁定行之。其声请不合程序或无理由而驳回者，亦以裁定之形式行之。故得不经言词辩论，当事人并不得以抗告方法，声明不服。为指定之裁定，毋庸叙述理由，但驳回之裁定，则须叙述理由。

解　释

刑事诉讼律（已失效）第十九条第二款以广义解释，声请移转者，其声请不能谓之违法。至此等声请，有无理由，是否正当，则在受声请之审判衙门据事实以认定。［前大理院二年（1913年）统字第三六号］

因声请指定管辖，曾以决定指定甲县受理，案件，经甲县调查，犯罪地，实在乙县，共犯中仅有一人在甲县，依刑事诉讼草案（已失效）第十二条，知事审理诉讼暂行章程（已修改）第四条，将该案以判决移交乙县检察官，复据原告人之请求声明控诉。查既经上级审判衙指定管辖之案件，自应由被指定之衙门受理。［前大理院五年（1916年）统字第四八七号］

第三章　法院职员之回避

（第 24—34 条）

　　法院职员之资格有二，一为国法上之资格，二为讼诉法上之资格。前者一称抽象的职务资格，又称绝对资格，后者亦称具体的职务资格，又称相对资格。国法上之资格，于法院编制法及其他司法行政法规中定之。即被任命为法院职员者，于所在法院有执行职务之资格是。讼诉法上之资格者，即基于国法上之资格，受事务之分配，对于特定案件现实执行其职务之资格也。此种资格之丧失，如回避是。回避云者，法院职员对于一定关系之刑事案件，不执行其职务之谓也。盖国家设立法院乃为判断人民之曲直是非，负有除暴安良之责任。诉讼之审理，贵乎公平。倘有徇私偏断情弊，或令当事人疑有此项情弊者，匪特丧失效力，且于人民有害。故国家为保持审判之威信而达公私保护之宗旨计，特设本章。

第二十四条　推事有下列情形之一者，应自行回避，不得执行职务。
一　推事为被害人者。
二　推事为被告或被害人之亲属者，其亲属关系消灭后，亦同。
三　推事为被告或被害人之未婚配偶者。
四　推事为被告或被害人之法定代理人、监督监护人、保佐人，或曾居此等地位之人者。
五　推事于该案件曾为被告之辩护人、代理人或自诉人之代理人者。

六　推事于该案件曾为证人或鉴定人者。
七　推事于该案件曾行使检察官或司法警察官职务者。

文　义

被害人一语，有广狭二义，从广义解，即直接间接受犯罪损害者之谓。如检察官代表国家利益提起诉讼之行为，亦可谓被害人。依狭义解，即直接因犯罪而被损害者之谓。本条所指应从狭义。亲属关系之消灭，如出嗣、离婚，以及一切脱离亲属关系者皆是。未婚配偶云者，即已定婚而未结婚之人。法定代理人者，基于法律之规定，对于一定之地位者，发生事实，为其代理者之谓也。监督监护人者，即监督监护人执行监护事务之人。

理　由

本条规定推事应自行回避之原因。推事有本条所列一至七款之情形，匪特裁判有不公平之虞，且恐失坠裁判之威信，故须不待当事人之声请，应自行回避。兹将各款回避理由，分述如下：

被害者敌视犯人，人情之常。故不免激于私愤，严罚犯人。纵令无此之惧，而世人于其裁判，亦不免怀抱疑虑，故推事为被害者，应自行回避。

厚其所亲，人之恒情，如推事之亲属为被告，势必枉纵被告，如推事之亲属为被害人，势必冤滥被告。纵无其事，而疑忌滋多。其亲属关系虽归消灭，而情感容有未泯，则审判仍恐不达公平之目的，故应自行回避。

婚姻既经豫约，亲属关系将因此而生，其应自行回避，理由原与前款同。法律以已婚配偶包含于前款亲属内，而未婚者，不可无明文，因有本款规定。

法定代理人、监督监护人、保佐人，皆有辅助被告或为被害人独立告诉之资格，倘不回避，则与职务冲突，无以保裁判之公平。其曾居此等地位之人者，讵无旧谊，于审判公允与否，疑问殊多，故均应回避。

固执前言，人情之常，胸有成见，偏颇不免。推事于该案件既曾为证人或鉴定人，对于裁判，恐难公允。且推事一方为证人、鉴定人，他方为法官，以自身之证言、鉴定，供心证之资料，揆诸法理，亦不可容，自应回避。

先入为主，人情不免，推事于该案件曾行使检察或司法警察官职，为维持从前之主张，保不无偏颇之裁判，故应自行回避。

判　　例

刑律（已失效）第一百五十三条第一项，所称于官员执行职务云云，既以执行职务为前提，则妨害职务显系妨害国权之作用，并非官员个人之权利，自应认国家为被告者，故承审该案之审判官，即当日执行职务这官员，亦无回避问题。［前大理院六年（1917年）上字第八〇一号］

县知事既为本案之被告人，依县知事审理诉讼章程（已修改）第五条，准用各级审判厅试办章程（已失效）第十条第一款，自有应行回避之原因。虽此案系因承审员审判，然查县知事兼理司法事务条例第二条，承审员仅处于助理地位，其所审判之案件，县知事仍应同负责任，未便以案由承审员审判，即认为该知事回避原因，业已消减。［前大理院七年（1918年）上字第八四六号］

刑事讼诉法第二十四条第四款所规定之被告及监督监护人，系指承审该案之官员自为被告，与依民法规定为被害人之监督监护人而言。抗告人在原县呈诉公安分局长率众强夺未遂，及阜宁县长有共犯罪行为，则该县长自不在被告之列，虽该县长有监督公安分局之权，但与民法上所规定之监督监护人，亦渺不相涉。［最高法院一七年（1928年）抗字第一二三条］

第二十五条　推事于该案件曾参与前审者，于上诉审，应自行回避。

文　义

前审云者，系对于该案下级审而言。参与云者，谓参加审理判决也，如调查证据以及其他准备程序，则不在内。上诉审云者，谓因当事人不服下级法院之判决而上诉于上级法院之审判也。

理　由

本条为参与前审案件自行回避之规定。当事人既对于该审裁判而有不服，上诉于上级法院。曾参与前审之推事而又参与于上诉审。为维持自己之判决，则审判难保公平，故应自行回避。

判　例

本案前经本院发还原审判衙门，更为审判其参加前次审判之推事，当然不能谓为前审官，既非前审官，即无回避之必要，自不得以某某两推事重列审席，为不服之理由。［前大理院四年（1915年）上字第一八八号］

贵州案件，经由县知事判决后，送由前军法局以决定发还覆审，经判决后，检察官又控由高等审判厅审理者，军法局既非该案之原审衙门，则控告审理该案之审判长，虽于军法局决定该案时曾署名陪席，亦不得谓为该案之前审官，自不在应行回避之列。［前大理院六年（1917年）上字第五六八号］

查现行刑事诉讼规例，凡审判官承审案件于该案曾为承审官者，于法应行回避。本案前在闽侯地方审判厅，系由推事黄某独任承审。迨案经控诉审审理时，该推事黄某以陪席推事，参与裁判，是其审理程序，显系违法。[前大理院七年（1918年）上字第七二五号]

解　释

发交为审判案件，原审官不能为回避原因，但为公平起见，得更庭易人。[前大理院四年（1915年）统字第三四九号]

抗告审推事，当然不妨为公判推事。[前大理院五年（1916年）统字第四八八号]

代电情形：有子案，发现受命履勘推事甲，与代理被控告人律师乙，有共同受贿嫌疑，已函致同级检察厅侦查在案。丑案亦系甲推事履勘，乙律师代理，业经辩论终结，适值子案受贿嫌疑发生，丑案受命推事甲，可否参与评议，如许参与评议，于评议已决议后，宣告判词前，经同级检察厅检察官侦查子案受贿属实，即日起诉，应如何办理？若未至司法官惩戒法第三一三二条程度，仍许执行职务。[前大理院七年（1918年）统字第八八五号]

查刑事诉讼律草案（已失效）第二十八条第五款所称推事曾参与前审者，应以曾参与前审之终结者为限。[前大理院一〇年（1921年）统字第一五四三号]

查代电情形：第一审判决之案，经控诉及上告两审维持原判者，当事人如向控诉审提起再审之诉，原参与第一审判决之推事，应否回避？毋庸回避。[前大理院一一年（1922年）统字第一七六四号]

第二十六条　当事人遇有下列情形之一者，得声请推事回避。

一　推事有前二条情形而不自行回避者。

二　推事有前二条以外情形，而足认其执行职务有偏颇之虞者。

<h2 style="text-align:center">文　义</h2>

偏颇之虞云者，指推事于诉讼之结果，有利害关系，或与当事人有某种情感，足使人疑其为不公平之审判者而言。

<h2 style="text-align:center">理　由</h2>

本条规定当事人声请推事回避之原因。法律上既明定推事应自行回避之原因，是推事应当不待当事人之声请自行回避，所不待言。然推事偶未注意，或虽注意而误以为原因不存在者，未始事所无有。故应予当事人有声请之权，而免裁判之违误，此本条第一款之所设也。

法律既于前二条列举推事回避之原因，惟此外或有其他情形，由客观上足认推事之执行职务不免有偏颇之虞者，例如推事与被告同学师友，或素有仇隙，恐不免曲庇故人，不予当事人声请回避之权，无以达裁判公平之目的，故本条有第二款规定。

<h2 style="text-align:center">判　例</h2>

当事人恐审判有所偏颇，固得声请拒却，但刑事诉讼之当事人为检察官与被告人。① 故亦惟检察官与被告人有声请拒却之权，至告诉人则无权声请，实不容疑。[前大理院七年（1918年）抗字第七六号]

刑事诉讼条例（已失效）第三十三条，惟当事人得声请推事回避。而依同条例第十一条所称当事人者以检察官、私诉人及被告为限。由此可知告诉人不包括于当事人范围之内，自无声请回避之权。[前大理院一二年（1923年）抗字第三〇号]

---

①　依现行刑诉法尚有自诉人。——编者注

抗告人等声请拒却靖江县县长，无非以告诉人王某系该县商会长，出入衙署，恐审判有偏颇之虞，经原审查明原县于审理后，即令抗告人薛某取保候讯，并不能指出其有何偏颇之嫌，因将该声请予以驳斥，自属允当。［最高法院一七年（1918年）抗字第一一号］

以原县长吴某与告诉人陈某素有交谊，实难信任等词，为合于声请回避及移转管辖之要件，提起抗告，乃系空言攻讦，别无何种情形，又何能以诉讼上之行为，即谓其有偏颇之虞。［最高法院一七年（1928年）抗字第一八号］

查所谓恐有偏颇，系指推事与诉讼关系人其有故旧恩怨等关系，而足认其审判有不公平之虞者而言。本件抗告人在原县请求补传告诉人不准陈某代诉，原县未予照准，并于传唤抗告人票上写有勒传字样，此系诉讼进行中之指挥程序，不能认为有偏颇之虞，而据以声请回避。［最高法院一七年（1928年）抗字第二八号］

抗告人声请拒却淮阴县县长，并予移转管辖，不外以原县仅凭商会函诉，径予拘提羁押，有意偏袒为理由，原审以原县侦查，认抗告人有逃匿之虞，予以管收，尚无不合，将该声请驳斥，于法亦无违背，且拘提羁押，均系诉讼进行中之指挥程序，亦不能指为有偏颇之嫌。［最高法院一七年（1928年）抗字第五七号］

本件抗告人在第一审靖江县告诉李某等伤害等情，经于审讯中发现抗告人有犯刑律（已失效）第三百五十八条罪之嫌疑，予以拘传，系发现事实真相起见，抗告人遽行指为偏颇，声请回避，自属无据。［最高法院一七年（1928年）抗字第七六号］

戴某以原县因高某等赌博案，遽行票传讯问，有意陷害为声请拒却理由。查传唤被告人系属诉讼进行中之指挥程序，无陷害可言，实难指为有偏颇之虞。［最高法院一七年（1928年）抗字第七九号］

如谓抗告人本系为拒却之声请，则抗告人所拒却者，仅为该县科长文某,无论该科长之审理有无偏颇,而既经原审决定示明由该科长审理,于程序不合,自无仍虑其偏颇之处。[最高法院一七年(1928年)抗字第九六号]

查该县县长刘某既经抗告人向省政府呈控,即须难谓毫无嫌怨,则其将来执行审判职务时,亦不能谓毫无偏颇之虞,应认其声请回避为有理由。至该县承审员与抗告人素有仇隙,即不能以声请永福县县长刘某回避之理由,为声请该县承审员回避之原因。[最高法院一七年(1928年)抗字第一一〇号]

查抗告人等所指各项,或系抗告人等悬测之词,或系原县职务上依法进行之程序,核与刑事诉讼法第二十六条所列各款之规定不符,原审将其声请驳斥,于法并无违背。[最高法院一七年(1928年)抗字第一三二号]

解 释

刑事诉讼律草案(已失效)第二十九条第二款既规定为恐有偏颇,自不待确有偏颇之发见,证以第三十条第二项所定之声请时期,尤觉显然。[前大理院八年(1919年)统字第一一七七号]

推事应行回避者,以刑诉法二四条至二六条所列举之情形为限。此项规定,除修正县知事审理诉讼暂行章程第五条之特别规定外,依该章程四二条,又为县政府所应准用。本件抗告人具状声请县长回避,其声请意旨略谓:"县长与告诉人交情挚密,异常袒护,此次传讯,只传一方,并不传告诉人,显有偏颇之虞。"等语,无论所称该县长袒护之语,纯属空言,不足置信,且告诉人应否传讯,系法院之职权,抗告人如认为必须对质,尽可向县请求传讯,自无声请县长回避之必要,原审裁定驳回,并无不合。[最高法院一九年(1930年)抗字第五七条]

某推事未就职前,曾受检厅委派调查案件,对于该案,固非法律

所应回避，惟当事人得据为拒却之原因。〔前大理院九年（1920年）统字第一三九七号〕

第二十七条　前条第一款情形，当事人得不问诉讼程序如何，随时声请推事回避。

前条第二款情形，当事人当于审判开始后，已就该案件有所声明或陈述者，不得声请推事回避；但声请回避之原因发生在后，或为当事人所未知者，不在此限。

理　由

本条规定行使声请回避权之期限。推事应自行回避之原因而不回避者，于诉讼未终结前，无论何时，均可行使声请权，法律概无限制。至以推事有偏颇之虞为声请者，则须于请求陈述前声请回避，倘于请求或陈述后诉讼进行过半，始以恐致偏颇为理由请求回避者，实属玩视法庭，故不得有声请推事回避权。但事由发生在后，或为当事人所未知者，当然不受此种限制，不问诉讼程度如何，均可行使声请权。

第二十八条　声请推事回避，应以书状向推事所属法院为之。

声请推事回避之原因，及前条第二项但书之事实，应于前项书状释明之。

被声请回避之推事，对于该声请得提出意见书，其意见得作前项释明之证据方法。

理　由

本条规定声请推事回避之程式。声请推事回避应以书状向所属法院为之，盖以被声请之推事如认其声请为有理由，则无提出意见书及裁定之必要。故本项规定，以便该推事审查其理由，而期简捷。

声请推事回避之原因，为声请之当事人应于书状释明之。至于该案件已为声明或陈述后，推事回避之原因始发生，或先不知其原因而声请回避者，应释明此事实，以便审查。

被声请回避之推事，对于该声请得提出意见书，以便裁定法院之审查。此项意见书，得作为证据方法，而释明当事人主张之事实。

第二十九条 地方法院以上法院之推事，被声请回避者，由所属法院裁定之。

前项裁定，被声请回避之推事，不得参与。

法院因推事被声请回避不足法定人数，致不裁定者，由直接上级法院裁定之。

初级法院推事被声请回避者，由该管地方法院裁定之。

被声请回避之推事，以该声请为有理由者，毋庸裁定。

理　由

本条规定声请推事回避之裁判。声请回避限于书状，对于此项声请之裁判，以裁定之形式行之，此项裁定，既得不经言词辩论，并得不经当事人之陈述，惟应以合议制行之。凡地方法院、高等法院、最高法院之推事被声请回避者，由推事所属法院就声请为裁判。

就声请推事回避之裁决，被声请回避之推事，不得参与以自己裁判关于自己一身之事项，殊为法理所不容也。

裁决回避之声请，即须依合议制行之。被声请回避之推事又不能参与，因此至不足法定人数，而不能裁定时，则由直接上级法院裁定之。

初级法院纯为独任制。声请推事回避，若由该院他独任推事行之，殊觉未协，故由该管地方法院裁定。

被声请回避之推事,以该回避之声请为有理由,已不执行职务者,该声请事件,当然终结,自毋庸更就声请为裁定。

判　例

查抗告人对于该案系在于告诉人地位,并非当事人。按之修正刑事诉讼律(已失效)第二十九条规定,自无声请拒却推事之权,原决定未就声请程序,调查其是否合法,竟就声请内容之有无理由,予以审查,固未免误会,然于驳回声请一点,尚无不合。[最高法院一七年(1928年)抗字第六八号]

解　释

刑事被告人声请拒却,无庸咨询检察官。[前大理院六年(1917年)统字第六三七号]

第三十条　推事被声请回避者,除应急速处分者外,应即停止诉讼程序。

理　由

本条规定声请推事回避之效力。推事被声请回避,法律期审判之公平而符回避之条件,对于该案件,应即停止进行。然有应急速处分者,则不因当事人声请而停止,盖因急速处分,稍纵即逝,非继续进行诉讼程序,恐难补救也。且亦可免当事人故以声请使法院不能施行急速处分之流弊。

第三十一条　声请推事回避,经裁定驳回者,得于五日内抗告。

文　义

抗告者，当事人不服法院之裁定，申告于该法院直接上级法院之谓也。

理　由

本条规定声请回避不服裁定驳回之方法。法院就回避之声请裁定驳斥。于声请人至有利害关系，故仍予以抗告之权。抗告期限定为五日，以便诉讼易于进行。

第三十二条　推事于应否自行回避有疑义者，得请该管声请回避之法院裁定之。

该管声请回避之法院，若认推事有应自行回避之情形者，应依职权为回避之裁定。

前二项裁定毋庸送达当事人。

文　义

推事于应否自行回避有疑义者，例如虽有第二十四条、第二十五条之情形，法律解释尚有疑惑者是。该管声请回避之法院，即依第二十九条第一项及第三项、第四项规定，就回避之声请，得为裁定之法院是也。

理　由

本条规定推事应否自行回避之声请裁定。推事于应否自行回避，有所疑义，得不待当事人声请，自行请求该管声请回避之法院为裁定。若经裁定认为应自行回避之原因，匪特以后该推事不得为职务上之行为，而其以前所为职务上之行为，亦属违法。

管声请回避之法院者，认推事有应自行回避之情形者，纵无当事人之声请及该推事之请求，应依职权为回避之裁定。经此裁定，则该推事既不得为职务上之行为，即其以前所为职务上之行为，亦属违法。

前二项裁定，纯系法院内部之程序，非本于当事人之声明，自无送达当事人之必要。

第三十三条 第二十四条及第二十六条至第三十二条，关于推事回避之规定，于法院书记官及通译准用之。

法院书记官及通译之回避，由所属法院裁定之。

文　义

通译专指法院之翻译官而言。若非翻译官而充通译者，则准用鉴定人之规定。

理　由

本案规定书记官及通译之回避。法院书记官及通译，虽不参与裁判，而附随裁判之推事，执行职务，于诉讼之结果，至有影响，故关于推事回避之规定，于此等职员准用之。而第二十五条则属除外，因此等职员并不参与审判，无从准用故也。

第三十四条 第二十四条、第二十六条至第二十八条及第三十二条，关于推事回避之规定，于检察官及检察处书记官准用之。

检察官及检察处书记官之回避，应声请所属首席检察官核定之。

首席检察官之回避，应声请上级法院首席检察官核定之。

理 由

本条规定检察官及检察书记官之回避。检察官对于犯罪侦查起诉，检察处书记官附随执行职务，倘存有成见，牵于感情，于被告等关系至大，故关于推事回避之规定，应准用于此等公务员。

检察官或检察处书记官自行回避，或当事人声请回避，以及首席检察官或上级法院首席检察官依职权为回避之核决时，应由该检察官或书记官所属首席检察官核定之。

关于首席检察官之回避，若由同属检察官核定，于理未协，故应声请上级法院首席检察官为之核定。

第四章　被告之传唤及拘提

（第 35—58 条）

本章规定被告之传唤及拘提，凡侦查、审判、执行各程序皆适用之。按尊重权利，保护人民，是为立宪国所不可缺之要件。被告虽迹近嫌疑，然未可遽定为犯罪。故本章专以保护被告人及一般人之权利为主。但犯罪乃侵犯国家及社会之公益者，断不得令其幸逃法网，各条中复以保障公权之威力，用副辟以止辟之意。质言之，本章宗旨一则保护人民[①]权利，一则伸张国家公力也。

第三十五条　传唤被告应用传票。

发传票之权，侦查中属于检察官，审判中属于审判长或受命推事。

文　义

传唤被告云者，使被告于一定日时到场之命令也。侦查中云者，即指自开始侦查至侦查终结而言。审判中云者，即指自起诉系属于法院，至终局判决而言。

理　由

本条规定传唤被告之程序。传唤被告，以发传票为原则。刑事诉

[①] 人民一词，民国法学著述常用。有认为公民是法律术语，人民是政治术语，将公民与人民界为二类，似有不妥之狭说。——勘校

讼，先由检察官侦查，然后提起公诉。故在侦查中检察官有发传票之权，传唤被告以便讯问。在审诉中审判长应指定审判日期，传唤被告，故发传票权属诸审判长；惟推事苟受审判长之命而讯问被告，或调查证据者，则受命推事亦有发传票之权。

第三十六条 传票厅记载下列事项：

一　被告之姓名性别住址，于必要时，并应记载其他足资辨别之特征；

二　被告之犯罪行为；

三　应到之日时处所；

四　如无正当理由不到者，得命拘提；

五　发票之公署。

发传票之公务员应于传票署名盖章。

文　义

其他足资辨别之特征云者，如记载其年貌籍贯等类是。被告之犯罪行为云者，即被告在本案被告之事由，如被告为强奸，则记明为强奸一案是。拘提云者，以讯问之目的使被告到场之强制命令也。公署谓公务员执行职务之处所。公务员，从广义解释，则谓职员吏员及其他依法令从事于公务之议员。本条所称之公务员，系指检察官及审判长受命推事而言。

理　由

本条规定被告传票之程式，俾制作传票得以一律遵守。被告之姓名住址于传票上必不可缺之要件，无俟说明。被告之犯罪行为，非经明示，则无以明发传票之原因。应到之时日处所，所以指示日时处所，亦为传票所应为记载之事项。至如无理由不到者，待命拘提之记载，无非预示儆告之意。发票之公署，所以明发票之所自，皆不容或漏。至于发传票之公务员，于传票署名盖章，则不外以资征信之理由。

第三十七条 传票应送达之。

理　由

本条规定递送传票之方法。司法机关既对于被告有所讯问，而有传唤之必要，传唤应用传票，暨传票应记载之事项，均如前数条所列，然传票虽作成，而被告又莫由得知，于是有使被告知之之方法。故设本条。

解　释

刑事传票不能征收送达费。[最高法院一七年（1928年）解字第三七号]

第三十八条 到案之被告，当场告以下次应到之日时处所，及如不到案得命拘提，并于笔录内记载者，以已经送达传票论。

理　由

本条规定传唤被告之简易方法，即为有送达同等效力之传唤方法。法律中规定送达程序，原以使被传人得以确实收受该项命令，若对于到案之被告，当场告以下次应到之日期处所及如不到案得拘提，并于笔录内记载之，即足以证明其确实收受，故以既经送达传票论。

第三十九条 被告在场者，虽未经传唤得径行讯问。

理　由

本条规定得不经传唤径行讯问之例。被告自行到场，虽非出自传唤，亦不得以未经传唤之程序，拒绝讯问，盖为执行公务时，能归简捷故也。至被告在场之原因，自可不问。

第四十条　被告经传唤，无正当理由不到者，得命拘提。

文　义

正当理由云者，如因疾病或其他事故不能到场是。

理　由

本条规定对于不应传唤者之拘提。被告既经传唤，有遵从之义务，非有正当理由不得拒不到案。如毫无正当理由，避不到场，是非强制不可，故得命拘提。至被告所犯罪刑之轻重可不必问，即系专科罚金以下之罪，苟具备此项原因，亦待命拘提。

第四十一条　被告无一定住址者，得不经传唤，径行拘提。

文　义

一定住址并不限于住所，苟被告有居所者，亦应以有一定住址论。

理　由

本条规定对于不经传唤而用拘提之一例外。传唤被告原则上必用传票，传票必须送达，所以尊重人民之自由。惟被告若无一定之住址，深恐幸逃法网，抑亦传唤为难，故得径行拘提。

第四十二条 被告犯罪嫌疑重大，且有下列情形之一者，得不经传唤径行拘提。

一　有逃亡之虞者。

二　有湮灭或伪造、变造证据之虞者。

三　有勾串共犯或证人之虞者。

文　义

犯罪嫌疑重大，其程度如何，是在实施刑事诉讼法公务员根据事实认定，本法无具体的规定之标准。有逃亡之虞者，可由事实法律上推定。基于事实上之推定，如将逃避远方，或变易姓名，变更面貌是。基于法律上之推定，如前条被告无一定之住所时，可以推定有逃亡之虞。湮灭不限于消灭物体，即以他人不能见到之方法使难发见者亦属之。伪造云者，即摹拟其实之谓。变造云者，就原有物，而变更其组织之谓。证据即对于是非、无罪、有罪足资证明之有体物之谓。本款所谓证据，系指足以证明被告犯罪不利益于被告之证据而言。勾串即双方意思联络之谓。共犯即数人共同实施犯一罪之谓。证人即居于第三人之地位，供述其所经验之事实，参与诉讼之人。

理　由

本条亦为不经传唤径行拘提之规定。被告既有重大之嫌疑，且有逃亡或湮灭伪造变造证据及勾串共犯或证人之虞者，为诉讼程序之进行，及证据之保全搜集起见，不得不径行拘提，本条之设以此。

第四十三条 被告犯死刑、无期徒刑，或最轻本刑为五年以上有期徒刑之罪，嫌疑重大者，得不经传唤，径行拘提。

理　由

本条规定对于重大嫌疑者，得径行拘提之例外。被告犯死刑、无期徒刑或最轻本刑为五年以上有期徒刑之罪，嫌疑复重大者。纵距离判决确定执行相差尚远，亦可不经传唤，径行拘提，以免逃亡。

第四十四条　拘提被告应用拘票。

发拘票之权，侦查中属于检察官，审判中属于审判长或受命推事。

理　由

本条规定被告之程式。拘提必用拘票，乃法律一定之程序，其无拘票而行拘提者，得拒却之。第二项规定制发拘票之官署，检察官负侦查之责任，故在侦查中，应有发拘票之权。在审判中，发拘票之权属于审判长，惟审判长指定受命推事时，则受命推事亦有发拘票之权。

第四十五条　拘票应记载下列事项：

一　被告之姓名，性别，住址，或其他足资辨别之特征。
二　被告之犯罪行为。
三　拘提之理由。
四　应解送之处所。
五　发票之公署。

发拘票之公务员，应于拘票署名盖章。

理　由

本条规定拘票之程式。拘票应记载之事项，除删去第三十六条所规定传票上如无正当理由不到者得命拘提，及应到之日时处所，改应解送之处所外，均与传票从同，惟多拘提之理由一款。盖使受者了然于被拘之原由，实为拘票上不可少之要件。至既由拘提，自无以有正当理由拒绝之理，应到之日时处所一款，亦当然无存在之余地，故易以应解送之处所一款。其他款理由，与第三十六条中所述大致相同，兹不复赘。

第四十六条 拘提由司法警察执行，得作拘票数通，分发数人，分别执行。

理　　由

本条规定执行拘提之法则。执行拘提，以司法警察最为适当，故本条规定为司法警察。一司法警察执行拘提，恐不免发生困难，故得以数司法警察当之，因之须有数通之拘票，以便执行。

第四十七条 司法警察遇有急迫情形，得于管辖区域外，执行拘提。

理　　由

本条规定司法警察得于管辖区域外执行拘提。司法警察执行刑事诉讼法上所规定之职务，以在其管辖区域内为原则。但关于拘提之执行，有难依此原则者，例如被告逃入非己之管辖区域，倘不追缉，必至坐失时机。故本条特规定于如此急迫之情形，司法警察得于管辖区域外，执行拘提。

第四十八条 执行拘提，应以拘票示被告。

理　　由

本条规定执行拘提之程序。执行拘提，不问被告要求与否，应将拘票示之。盖拘提于被告之自由，极有关系，须使被告明了所拘提之命令，应不待其请求，而提示之。

第四十九条 现行犯不问何人，得不用拘票，径行逮捕。

犯罪在实施中或实施后，即时发觉者为现行犯。有下列情形之一者，以现行犯论。

一 被追呼为犯人者；

二 于犯罪发觉后最近期间内，持有凶器、赃物，或其他物件，可疑为该罪之犯人，或于身体、衣服等处显露犯该罪之痕迹者。

文　义

径行逮捕云者，即不问何人，得不报明公署、不用拘票，直行逮捕人犯之谓。发觉云者，犯人以外之人认知犯罪事实之谓。实施后实时发觉者，即指密接于犯罪行为之际而犯迹尚未消灭而言。以现行犯论，即与现行犯同论，准现行犯之谓。被追呼为犯人，须有逃走，追摄，逃走者为犯人之三种要件，犯罪尤须在现在实施，若已隔数年，相遇于途，呼而追之，不得以现行犯论。最近期间，法律不为具体的规定，任诸事实上之推断。从前刑事诉讼条例定为十四日以内，被疑为犯人者以现犯论。如果迟为十五日即不得以现行犯论，不得谓为公平，此时期之制限，实有撤废之必要，故本法无其规定。持有云者，不仅指执持携带而言，凡属于犯人实力支配内者，皆得谓之持有。凶器即用以犯罪之器具。一般说者谓可以致人死伤之器具，始得谓为凶器。余意此其为解，未免属于狭义，实则放火罪用之火药，决水罪用之锄钉，何一而非凶器。赃物谓因犯财产罪所得之物。显露犯该罪之痕迹者，如犯杀人罪致血迹染及面目或衣服之类是。

理　由

本条规定现行犯之逮捕，意义及准现行犯。第一项规定现行犯之逮捕。逮捕犯人通常应由检察官或司法警察执行之，惟现行犯即于检察官及司法警察以外之一般人，均得径行逮捕。法律有此例外规定者，不外易于弋获①毋使漏网之主旨。惟许私人逮捕现行犯，在私人仅能认为一种权利，并非义务。故虽目睹犯人脱逃，袖手旁观，并不追呼，亦不得视为脱逃现行犯罪。第二项则定现行犯之意义。第三项定准现行犯之意义及其范围。凡准现行犯皆适用现行犯之规定。凡非现行犯应须由该管司法官署签发拘票，不得径行逮捕，与现行犯在法律上之待遇不同，惟其如此，现行犯之意义与其范围，应须明定，以免误解，此本条所由设也。

解　释

查议员买票卖票，固可成立收贿行贿等罪，惟必须有实施要求期约收受或行求等行为中，或实施后即时经发觉者，方可为现行犯。[前大理院十年（1921年）统字第一六四七号]

第五十条　被告逃亡或藏匿者，得命通缉。

通缉被告，应用通缉书。侦查中由首席检察官，审判中由法院行之。

文　义

通缉者，谓通行各处协缉也。

理　由

本条第一项规定通缉之条件。被告逃亡或藏匿，既无从传唤，或于一定地方拘提，于是有通行各处协缉之必要，此通缉条件所由规定也。

---

①　弋获：捕获。

第二项规定通缉之程式。通缉较传唤及拘提之程序为严重，故侦查中须以首席检察官之名义行之，审判中须以法院之名义行之。传唤应用传票，拘提应用拘票，通缉则并无通缉票之规定，而以通缉书行之，此通缉程式所由规定也。

解　释

通缉依刑事诉讼条例（已失效）第五十八条（即本条）之规定以下各条，并非得撤销之根据。[前大理院十二年（1923年）统字第一八五六号]

第五十一条　通缉书记载下列事项：
一　被告之姓名性别及其他足资辨别之特征。
二　被告之犯罪行为。
三　通缉之理由。
四　犯罪之日时处所，但日时处所不明者，毋庸记载。
五　应解送之处所。
通缉书之公务员，应于通缉书署名盖章。

理　由

本条规定通缉书之程式。

第五十二条　通缉应以前条通缉书分别情形，通知附近或各处检察官、司法警察官署。遇有必要时，并得登载报纸，或以其他方法布告之。

理　由

本条规定通缉之方法。通缉应分别情形以通缉书通知附近或各处检察官、司法警察官署。如有必要时，并得登载报纸，以求广播，或以其他方法，如在车站或轮船码头张贴布告之类，务使弋获，而便讯问。

第五十三条　通缉经通知或布告后，检察官、司法警察官，对于被告得命拘提或逮捕之。

理　由

本条规定通缉之效力。非该管辖区域之检察官或警察官，对于应通缉之被告，固无得而知。既经通知或布告后，则对于被告自有拘提或逮捕之权，此为通缉所当然，否则无所谓通缉。

第五十四条　执行拘提或逮捕，应注意被告之身体及名誉。

理　由

本条规定执行拘提或逮捕应注意之点。拘提或逮捕之目的，不外解送到案，以便讯问。对于被告之身体、名誉，均须尊重。注意身体，免伤康健；注意名誉，免伤廉耻，法重人权，故设本条。

第五十五条　被告抗拒拘提或脱逃者，得用强制力拘提或逮捕之，但不得逾必要之程度。

理　由

本条规定拘捕施用强制力之条件。被告抗拒拘提、逮捕或脱逃者，为达拘提、逮捕之目的计，自须用强制力拘提或逮捕之。惟所用强制力须在相当范围以内不得超过必要之程度，以损害个人利益。

判　例

被害人因偷窃某姓，经事主当场拿获送交自治局惩办，被告人遽因前忿，将被害人捆缚凶殴，是其捆缚行为，应属于伤害罪之预备行为，与单纯私擅逮捕之性质，迥不相同。况被害人既系现行犯，则人人自有逮捕之权，如于捆缚以后即行送官究办，本为法令所许，自不得以捆缚行为，认为独立之私擅逮捕罪，其限界尤为明显。乃原判遽认为私擅逮捕及伤害致死二罪，依刑律（已失效）第二十三条第三款，定执行刑，实属不合。［前大理院四年（1915年）上字第六八号］

第五十六条　拘提或通缉之被告，应即解送指定之处所，如五日内不能达到指定之处所者，应依被告之声请，先行解送较近之法院，讯问其人有无错误。

理　由

本条规定拘提或通缉之被告之解送。拘提或通缉之被告，应从速解送指定之处所。其处所苟五日内不能达到者，如被告声请，应先解送较近之法院讯问，如有错误，可早释放，免致久累无辜。

第五十七条　依第四十条逮捕之被告，应即解送较近之检察官讯问。

理　由

本条规定被逮捕现行犯之解送方法。第四十九条为关于现行犯之规定，此等犯人就逮者，本不虑其错误，且系未经告发之案，无论该现行犯有无声请，应即解送较近之检察官讯问。

第五十八条 被告因传唤、拘提或依前二条解送到案者,应即讯问,至迟不得逾到案之日。

理　由

本条规定讯问因传唤、拘提或解送之被告之期限。被告既经到案,应即讯问有无错误,如有错误即须释放,以免久累无辜。如经讯问,认为有羁押之必要,应即签发押票,执行羁押。在此时间内,如未讯问或已讯问,而无应行羁押之情形,即应回复其自由,不得再事羁留之。

第五章 被告之讯问

（第 59—65 条）

本章为讯问被告之一般规定。刑事诉讼于纠问主义之下，讯问被告，只以得裁判上之自白为目的。在弹劾主义讯问被告人之目的，则有二端：其一与被告行使防御权之机会，使犯罪之嫌疑，得以自为辩解。其一求事实之真相与讯问证人、鉴定人等同为调查证据之方法。各国立法例即于弹劾主义之中，亦有置重证据方法者，或置重防御权之行使者。本法并重其制，不复有所偏重，特设本章，以为侦查审判之通则焉。

第五十九条　讯问被告，应先询其姓名年龄籍贯职业住址，以查验其人有无错误，如系错误，应即释放。

理　由

本条规定首先讯问被告之事项。讯问被告应先讯被告有无错误。而以如何之讯问，足以查验其人之是否错误，即询问其姓名年龄籍贯职业住址是。如属错误，应即释放，免致久累无辜。

第六十条　讯问被告，应告以犯罪之嫌疑及所犯罪名。

罪名经告知后，认为应变更者，应再告知被告。

文　义

罪名者，即刑法分则各条所列之罪犯也。如烧毁他人之屋宅者，为放火罪，强奸妇女者，为强奸罪是。认为应变更者，例如已告知被告犯和奸有夫之妇之罪，嗣查知只有调戏之行为，并无通奸情事，即应告知被告犯无故侵入现有居住第宅之罪，不媾成和奸有夫之妇罪之类是。

理　由

本条规定讯问被告应告知之事项。依前条规定讯问被告后，其人之错误与否，已可解决。既确认为被告则应告以犯罪之嫌疑及所犯罪名。盖被告非明了被告事件，不能答辩。倘如罪名虽已告知，而认为应变更者亦应再告，使被告得就被告之罪名，加以答辩，皆不外与以行使防御权之机会，及为采证之根据。

第六十一条　被告有数人时，应分别讯问之，其未经讯问者，不得在场。但遇有必要情形，得命与他被告或证人对质。

文　义

对质者，使双方相会于同一处所而交互讯问之谓。

理　由

本条规定讯问多数被告之程式。被告有数人时，如均同时在场讯问，无异与以串通意思互相掩饰之机会，或则因有其他被告在场而不敢自由陈述，皆为发见事实真相之障碍，故有本条前段之规定。惟阐明事实真相之方法而有其必要时，得命与他被告或证人对质。盖被告或证人之讯问，通例各别行之，既如前述，而各别讯问。此被告之陈述与他被告，或与证人之陈述有抵触差异，其真实与否未能判然，因之得以对质之方法，以求真相，故本条又有但书之设。

第六十二条 讯问被告，不得用强暴、胁迫、利诱、诈欺及其他不正之方法。

文　义

强暴者，如施以刑具，痛苦被告之身体，非招不止者是。胁迫者，如以刑具示被告，不招即将用刑者是。利诱者，使被告感于利益而招认者是。诈欺者，使被告陷于错误而招认者是。其他不正之方法者，即除强暴、胁迫、利诱、诈欺以外之不正方法，例如以催眠术讯问被告，及违背第六十三条之规定者，皆可认为不正之方法。

理　由

本条规定非法讯问之限制。在纠问时代讯问被告只以得裁判之自白为目的，故对于不招者而施用刑具，其他利诱诈欺，亦无一而不可得行之，冀取被告之自白，以为罪刑之定断，罪及无辜，冤滥必众，自为弹劾式之诉讼法所不取，故法于本条申明之。

判　例

该状内所谓一问一喝，不容民置辩等语，本系根据于上告人自述而来，纵下加一味刑讯武断一句，亦不过承上文语意而张大其词，并未将其如何刑讯，如何武断，别有何种之捏述，是谓其用语不合则可，若即以此谓其施行诈术已有相当之认识，尚觉未免过当。［最高法院十七年（1928年）上字第二八号］

上诉意旨虽辩称警察所之供系出刑逼,翌日由县庭讯,再不屈供,恐又受刑,故只得依样屈供,不足为据等语。然上诉人解送原县以后,既明明未用刑讯,乃亦供认不讳,足见其辩解不足置信。[最高法院十七年(1928年)第五三六号]

第六十三条 讯问被告,应与以机会,使其辩明犯罪之嫌疑,及陈述有利之事实。

讯问时,应指明犯罪之嫌疑,询其有无辩明。如有辩明,应命就其始末连续陈述。其陈述有利之事实者,应命其指定证明之方法。

理　　由

本条规定对于被告之讯问,训示讯问者应遵守之事项。讯问被告须予被告行使防御权之机会,故于被告所愿言者,须使其毫无遗憾。盖被告思自己在犯罪嫌疑之地位,骤起恐怖之心,且被告多缺乏关于诉讼之知识,如司法官更以冷酷态度对之,不与以辩明之机会,则被告将所欲言者而不能言,欲实现法律所赋与之防御权不无困难,故应与以机会,使其答辩,其陈述有利之事实,并应命指定证明之方法,以求确实。

判　　例

查本案系覆判审发回复审之件,依照通常审判程序,应讯问被告,使其有辩论之机会,然后就其辩论情形及调查所得证据,以认定事实,始可得用法之根据。乃原县覆审中并未提讯被告,即予判决,自可认为有更审之原因。[最高法院十九年(1930年)非字第七三号]

第六十四条 讯问被告应作笔录记载下列事项:

一　讯问及被告之陈述。

二　讯问之年月日及处所。

笔录应命书记官当庭向被告朗读，并询以记载有无错误。

被告请求将记载更正者，应将其更正之陈述，一并记载。

笔录应由讯问之检察官或推事，署名盖章，并命被告于其陈述记载末行后署名，或捺指纹。

文　义

笔录即诉讼进行中记载经过事实之文件。讯问之处所，不必皆为公署，即因被告疾病，或其他正当理由不能传唤到案就被告所在讯问者，皆可谓讯问之处所。

理　由

本条规定讯问被告笔录之作成及其程式。讯问被告，应将讯问及被告之陈述，记载笔录，以为裁判之根据。讯问之处所，在于公署，或在其他场所，与其年月日，均与被告或先承认而后翻变，或始终不肯承认情形，有重要关系，故须一并记载。被告之陈述，由书记官记诸笔录，记录错误与否，关于被告利益至大，故应由书记官朗读，询问记载有无错误，以求正确。如被告有请求记载更正，为尊重其陈述计，当然须将其更正之陈述，一并记载。至本条末项之规定，一方所以保护被告之利益，他一方则所以确保被告之陈述，而防止日后妄为变更等之弊害也。

第六十五条　被告对于犯罪之嫌疑，是否承认，及其所陈述有利之事实与指定证明之方法，应于笔录内，记载明确。

理　由

本条规定讯问笔录应明确记载之事项。被告对于犯罪之嫌疑是否承认，所关至大，记载不容稍有暧昧不明。被告所陈述有利之事实与指定证明之方法，亦必须记载明确，为调查证据之准备。笔录本须记载明确，本条特就重要之事实，设训示的规定，以促注意，并非其他之记载，则可不求明确，是所宜注意者。

第六章　被告之羁押

（第 66—86 条）

本章为羁押被告之规定，于侦查及审判程序均适用之。被告之羁押云者，以保全诉讼进行之目的，对于被告犯罪与否之未决期内，强制拘禁于一定处所之谓也。拘提与羁押均属诉讼上之强制命令，而以限制被告之身体自由，但拘而不押，为时甚暂，自被告自由之被拘束言之，羁押实重于拘提。拘提之程序，已于第四章明定其规，关于羁押，则设本章规定。

第六十六条　被告经讯问后，有第四十一条至第四十三条之情形者，于必要时，得羁押之。

理　　由

本条规定羁押之原因及条件。羁押须有一定条件，否则有羁押权者滥行羁押，法律所赋予人民之自由权妄遭蹂躏自非法所容许。被告经讯问后，虽有：（一）无一定住址者；（二）逃亡之虞者；（三）湮灭或伪造变造证据之虞者；（四）勾串共犯或证人之虞者；（五）犯死刑、无期徒刑，或最轻本刑为五年以上有期徒刑之罪，嫌疑重大者之情形，尤须有必要时得羁押之。倘无其必要，仍不得滥行羁押也。

判　　例

被告经讯问后有刑事诉讼法第四十一条至第四十三条之情形者，

于必要时得羁押之，此于同法第六十六条，已有明文规定。查该抗告人两犯和诱营利，情节不轻，倘或交保，难免有逃亡或犯其他罪刑之虞，自应予以羁押。[最高法院十七年（1928年）上字第一〇四号]

抗告人向原审声明，将诉讼关系人张某予以羁押，或暂行交保。原审以张某无刑事嫌疑，并无羁押或取保之必要，将其声请驳斥。核与刑事诉讼法第一编第六章规定，自无不合。[最高法院十七年（1928年）抗字第一五三号]

解　释

虑羁押日数较久，折抵后尚有不利于被告，则保释制度本应励行，无故羁押，为文明法制所不许。[前大理院四年（1915年）统字第二九八号]

第六十七条　羁押被告，应用押票。

发押票之权，侦查中属于检察官，审判中属于审判长或受命推事；但检察官于发押票后，应陈明羁押理由于首席检察官。

理　由

本条规定羁押之程式及发押票之权限。羁押被告，应用押票，故非依押票不得羁押被告。押票之程式，于第六十八条规定之。

发押票之权，与拘票从同，所异者为本条二项但书之规定，法律之视羁押较拘提为郑重，自属显然。

解　释

查刑事诉讼条例（已失效）第二百三十三条（即本法第二百二十七条），既谓县知事于其管辖区域内为司法警察官，有侦查犯罪之职权,与地方检察官同。而同条例第七十五条(即本条)二项,又有发押票之权,侦查中属于检察官,但以受有检察长之命令者为限之规定,则非兼理诉讼之县知事,无论在官制或其他法令上与司法长官有无统属关系,但其侦查犯罪之职权,固由本条例付与,且明定为与地方检察官同,自应遵守本条关于地方检察官之规定,不得独异。县知事与地方检察长,并非同署办事,似有不便,而非县知事兼理诉讼之区域,无不设有地方检察厅者,亦不致发生困难事实。[前大理院一二年(1923年)统字第一八二二号]

第六十八条 押票应记载下列事项:
一 被告之姓名性别住址,或及其他足资辨别之特征。
二 被告之犯罪行为。
三 羁押之理由。
四 应羁押之处所。
五 发票之公署。
发票之公务员,应于押票署名盖章。

理　由

本条规定押票之程式。

第六十九条 执行羁押,由司法警察将被告解送指定之处所为之。
执行羁押,准用第四十七条、第四十八条及第五十四条之规定。

理　由

本条规定执行羁押之方法。关于押票之执行,原则上须依检察官之指挥,而当其任者,则为司法警察。司法警察将被告解送指定之处所，而拘束其自由，此即羁押之执行也。司法警察执行羁押，遇有急迫情形，得于管辖区域外以及非指定之处所执行羁押。此外执行羁押，应以押票示被告，被告之身体及名誉，亦须与执行拘提、逮捕为同一之注意，其理由均与拘提同，于此不赘。

第七十条 羁押之被告及其法定代理人或亲属，得请求实施羁押之公务员，钞①给押票。

前项请求，不得拒绝，并应实时钞给。

理 由

本条规定钞给押票之程序。羁押命令关于被告之自由者甚巨，在法律上之程序，亦较拘提为郑重。故执行羁押，不仅准用第四十八条之规定，应以押票示被告，而被告及其法定代理人、保佐人或亲属，均有请求钞给押票之权；且对于此项请求，不得拒绝，并须即时钞给，俾其详谂②羁押之内容，对于羁押之声请撤销或变更者，得所进行也。

第七十一条 管束羁押之被告，以维持羁押之目的及押所之秩序所必要者为限。

被告得自备饮食及日用必需对象，并得接见他人及接受书信物件；但妨害羁押之目的及押所之秩序者，不在此限。

被告非有暴行或逃亡自杀之虞者，不得束缚其身体。

束缚身体之处分，由押所长官命令之；但应即呈报该管检察官、审判长或受命推事。

---

① "钞"与"抄"通假。
② 谂（shěn）：知道。

文　义

羁押之目的云者，即指预防逃亡及湮灭证据而言。维持羁押之目的云者，如昼夜轮流看守，检查建筑物及其他器具有无破坏等类是。押所之秩序云者，如酌量身分职业性质年龄分别住居，以及定时饮食起卧静肃是。日用必需物件，指衣类卧具及其他生活上所必需之物件而言。其间又可分为一般的与特别的二种，特别的日用必需物件，如因其身分职业或性质视为必需之物件是。束缚身体，即施以戒具之谓，看守所暂行规则所定戒具，凡有四种，即：（一）窄衣，（二）脚镣，（三）手铐，（四）绳缚是，见第三十九条。

理　由

本条规定管束在押被告之方法。被告既被羁押，对于管束方法自以维持羁押之目的，押所之秩序，所必要者为限。如超过必要范围，则被告罪刑未决，先罹酷遇，殊非人道主义所能容认，故本条有第一项之规定。被告如对于羁押目的、押所秩序，并无妨害者，则饮食及日用必需物件之自备，接见他人，接受书信，均应容许，不可妨碍之，故本条有第二项之规定。至于束缚被告身体，于被告身体上、精神上重有障碍，故非被告有暴行或逃亡之虞者，不得实施，此为第三项之规定。至第四项之规定，则在郑重其程序，庶使此种处分实施无滥。

第七十二条　羁押于其原因消灭时，应即撤销押票，将被告释放。

文　义

羁押于其原因消灭时者，如因被告无一定住址而羁押者，嗣查明确有一定住址者是。撤销押票者，即宣告押票无效也。

理　由

本条规定撤销押票之要件。法律对于被告为诉讼上之必要，虑被告为不利之行为，而有羁押之规定。倘对于被告已可毋庸此种顾虑，则对于人民之自由，自不能横加剥夺，故设本条。

解　释

审判衙门命令羁押或取保者，检察厅不能撤销该命令。但检察得请求审判衙门撤销，并得因他案件羁押保释人。［前人理院四年（1915年）统字第三〇四号］

查刑事案件，一经起诉，在判决确定前，羁押保释人，自应悉由审判衙门核办。检察官厅除因另案依其职权或受命令委托，亦得依法办理外，对于本案被告仅得请求案件系属之审判衙门，羁押保释。［前大理院八年（1919年）统字第一一七三号］

如羁押、保释、扣押及证据等批谕，审判衙门固得审核情形，自行撤销。［前大理院九年（1920年）统字第一四三五号］

第七十三条　羁押被告，侦查中不得逾二月，审判中不得逾三月。但逾期后有继续羁押之必要者，检察官或推事，应于未届期满前声请法院裁定之。

法院依前项声请，得将羁押期间延长，每次延长，不得逾二月；但侦查中以一次为限。

羁押期满，未经起诉或裁判者，以撤销押票论。

理　由

本条规定羁押之期间。被告若长期被押，丧失自由，无殊徒刑。矧①在侦查第一审时期，只处犯罪嫌疑地位，是否犯罪且未可知，羁押期间尤不可慢无限制，故设本条。

刑事诉讼之搜集证据，采急速处分主义，羁押被告，侦查中二月审判中四月之期间，已足为证据之调查，无有不敷之患。惟经过法定期间而因被告众多或犯情复杂，仍有继续羁押之必要者，苟无救济之道，势必致演成凶犯逃亡，刑法失效之弊；故须延长羁押，以期审理完善。惟延长羁押期间，苟无相当制限，则长期羁押，人何以堪；故于审判中或侦查中其延长之次数及期间，法律均须明定其规，此本条第二项之所以设也。

倘若羁押期满，而未经起诉或裁判，法律既不与处分，应当释放，故以撤销押票论，此为本条第三项之规定。

解　释

至虑羁押日数较久，折抵后尚不利于被告，别保释制度，本应励行，无故羁押，实为文明法制所不许。纵令无从保释，或必须羁押者，而第二审兼为事实审，对于第一审之量刑，于法定范围内，本可自由增减，亦自有救济之途。〔前大理院七年（1918年）统字第二九八号〕

查刑事诉讼案件，一经起诉，在审判确定前，羁押保释人，应悉由审判衙门核办。〔前大理院八年（1918年）统字第一一七一号〕

羁押期满，应将被告释放。〔前大理院一二年（1923年）统字第一八二八号〕

刑事诉讼审限规则，系规定结案之期限，刑事诉讼法第七十

---

① 矧（shěn）：况且。

三条乃对于羁押被告而为规定,不容牵混。羁押期满,仍有继续羁押之必要,自应依法声请延长其期间。〔司法院一八年(1929年)院字第二七号〕

令

查刑事诉讼法第六章,被告令之羁押,系属总则,本可通用。况按该法第四百三十二条,抗告准用关于上诉规定之法意,其第八十五条在抗告审中之案件,自得准用,亦为当然之解释。本案既在第三审报告中被告王郭氏虽已羁押两年有余,如无同法第七十三条第三款之情形,该院对于被告停止羁押之声请,应即依法裁定,何竟任成都地方法院接受三年联合办事处违法指令,将王郭氏交保办理,实属不合。〔司法行政部一八年(1929年)指令第七八〇号〕

第七十四条 被告及其法定代理人、保佐人或亲属,得随时具保声请停止羁押。

文　义

具保者,指向官署担保被告随传随到之责任而言。停止羁押者,于羁押原因未消灭前,许被告于一定条件之下,停止羁押效力之处分也。

理　由

本条规定得为声请具保停止羁押之人。羁押之目的原以保全证据并防被告之逃亡。如既能确保无其流弊,则法律所要求之目的已达,在被告并可保持自由,法律又奚必羁押为快乎?故有声请停止羁押之制,而所得声请者为何人,法律又不可不先明定其规,本条之设以此。

判　例

抗告人以亡母灵柩停厝在堂，急待安葬，声请停止羁押，此项理由，不能成立。[前大理院一六年（1927年）抗字第九号]

第七十五条　许可停止羁押之声请者，应指定相当之保证金额，命声请人缴纳；但由第三人缴纳者，亦得许之。

保证金得按其情形，许以有价证券或保证书代之。但保证书以该管区域内殷实之人或商铺所具者为限。并应记载保证金额，及如有命令，即行缴纳等情。

许可停止羁押之声请者，并得限制被告之住居。

文　义

有价证券云者，谓有流通金融之效力，可以买卖、交换、让与之证券。如股票、公债、期票、汇票是。住居包括住所、居所而言。限制居住，即限制被告不准迁移之义。

理　由

本条规定声请停止羁押之程序。许可停止羁押之声请者，应指定相当之保证金，命令缴纳，所以预防逃亡或执行困难也。保证金之缴纳，应以指定之保证金额缴纳现款为原则。但绝对适用此原则，于许可停止羁押之目的，仍不能贯澈。盖无现款者纵经许可，仍属无济，故法律许以有价证券或保证书代之。保证书上并应记载如有命令即行缴纳等情者，又所以明示具保之责任。至于限制被告之居住，亦不外豫防逃亡之理由。

第七十六条 许可停止羁押之声请者，应于接受所定之保证金或证券证书后，停止羁押，将被告释放。

理　　由

本条规定许可停止羁押处分之执行。停止羁押声请人，既已缴纳所定之保证金或证券证书后，许可停止羁押之声请者，应即将被告释放，实为停止羁押当然之结果。

解　　释

刑事诉讼条例（已失效）第八十三条（即本条）既明定许可停止羁押之声请者，应于接受所定之保证金或证券证书后，停止羁押，将被告释放，则第九十二条（即本法第八十五条）第二项之裁决，自应依第四百八十五条（即本法第四百七十六条）但书及第四百八十六条（即本法第四百七十七条）第一项但书，指挥执行。如有经传唤无正当理由不到等情形，亦应依第八十八条（即本法第八十一条）、第八十九条（即本法第八十二条）等办理。至裁决送达何人接受，具保责任，何时免除，条例具有明文规定。原呈所称权限未能划清云云，似属过虑。[前大理院一四年（1925年）统字第一九二〇号]

第七十七条 停止羁押后，认保证金额为不足时，得命增加。

理　　由

本条为增加保证金之规定。声请人既已缴纳指定之保证金，应即停止羁押，将被告释放。但于释放后如认指定之保证金额为不足时，得命声请人增加。本条之设，所以预防因指定之保证金额不足，轻易撤销之弊，并可达担保到案之目的。

第七十八条 羁押之被告，系犯最重本刑为拘役或专科罚金之罪者，如经具保声请停止羁押，不得驳回。

系专科罚金之罪者，其保证金不得逾罚金之最多额。

文　义

拘役为主刑之一种，一日以上，二日未满，但遇有加重时，得加至二日以上。见刑法第四十九条。专科罚金者，为独科罚金之刑罚，与易科及并科之罚金不同。

理　由

本条规定停止羁押声请之驳回及保证金额之限制。声请停止羁押，许可与否，法院自有权衡。惟对于轻微罪，如犯最重本刑为拘役或专科罚金者，若无例外规定，未免不顾实际，而被告徒受羁押之痛苦，故法有本条第一项之设。

许可停止羁押，收受保证金，原为保全被告之到案起见，而保证金额须以被告应处罪刑及经济状现为标准，本法第七十五条已有明文规定。关于专科罚金之罪，声请停止羁押，其保证金与罚金之额相等或略减，亦已可保全到案之目的，故不得逾罚金之最高额，此本条第二项之所设也。

第七十九条 羁押之被告，得不命具保，而责付于其亲属或该管区域内其他适当之人，停止羁押。

受责付者，应命出具证书，载明如经传唤应令被告随时到案。

文　义

责付者，不问被告等有无具保声请停止羁押，依该管机关之职权，使被告亲属或其他适当之人，保证其应传到案而停止羁押效力之处分也。

理　由

本条规定责付之程序。关于声请停止羁押，应具备声请及保证金之要件，故被告无资力并无第三人代为缴纳保证金，则仍不能声请保释，故本法为减少羁押起见，特设本条，以贯澈保释之目的。

受责付者应负相当责任，故使出具证书，明示职责，而保到案。

第八十条　羁押之被告，得不命具保，而限制其住居，停止羁押。

理　由

本条规定不命具保停止羁押之条件、声请停止羁押，须有保证金，责付须有受责付人。如被告既无保证金又无领受人者，则绝不能达停止羁押之目的。法律因此于声请停止羁押及责付之外而有限制居住停止羁押之制，此本条之所设也。

第八十一条　停止羁押后，有下列情形之一者，仍应执行羁押。
一　传唤无正当理由不到者；
二　受住居之限制而违背者；
三　因保证金额不足，命令增加，而不缴纳者；
四　因发生新事实，依第四十二条或第四十三条，有羁押之必要者。

理　由

本条规定停止羁押之撤消，法律既因一定原因与事实而停止羁押。经停止羁押后，而复受传唤无正当理由不到及违背居住之限制之情形，仍无以保全到案之目的，故法律不得不撤消其停止羁押。撤消停止羁押，非得任意为之，而必有一定要件，故本条列举其情形。

第八十二条 被告经传唤无正当理由不到者，除依前条第一款规定，仍执行羁押外，并应没入其保证金。

以证券或保证书代保证金者，应先命其缴纳所指定之金额，不缴纳者，应强制执行，但以足抵保证金额为限。

文　义

没入与刑法所谓没收异，没收为从刑，没入则无刑罚之性质。

理　由

本条为没入保证金之规定。被告经传唤而无正当理由而不到案，显达具保之责，应将保证金没入。保证金之没入处分，其执行至为简便。若以证券或保证书代保证金者，其没入处分如何执行，法律应明示其规，以资适用此本条第二项之所由设也。

解　释

保证金为预防逃亡而设，如有于缴纳保证金后潜逃，旋由官厅查获，其人畏罪，又复自尽，因是结案者。此项保证金，究应没入，抑应发还？院谓：查各级审判厅试办章程第八十三条所称，其保证金于本案完结后发还之，系指保释中并无逃亡等情事而言。否则得参照刑诉律草案（已失效）第一百十五以下各条没入保证金，并依呈准暂行援用之该案第四百九十五条执行。惟如原呈所称情形，若于逃亡后未经没入，自不应于其就获自尽后，补行没入。〔大理院十年（1921年）统字第一六四八号〕

羁押之被告，经具保声请停止羁押于接收保证金释放后因有罪判决确定，经传唤执行无正当理由不到，斯时无免除具保责任之原因，自应没入保证金。［前大理院十四年（1925年）统字第一九五八号］

保证金原为声请具保而设，检察官依刑事诉讼法第八十二条第一项及第八十四条，核定没入保证金时，应认为包括具保处分之范围，如有不服，得依刑事诉讼法第四百二十八条之程序办理。［司法院十九年（1930年）院字第二一九号］

第八十三条 撤销押票，执行羁押，或因裁判而羁押之效力已消灭者，免除具保之责任。

缴纳保证金、证券或具保证书之第三人，将被告预备逃亡情形，于得以防止之际，报告法院检察官或司法警察官署而声请退保者，得准其退保。

免除具保之责任，或经退保者，应将不应没入之保证金、证券发还，或将保证书注销。

前三项规定，于依第七十九条第一项受责付者适用之。

文 义

因裁判而羁押之效力已消灭者，即被告受无罪免诉或不受理之判决者，以撤销押票论者是。

理 由

本条为免除具保责任与退保以及保证金发还、保证书注销之规定。具保应负责任，以前各条，均具有其规。撤销押票，执行羁押，或因裁判而羁押之效力，已归消灭，则担保之原因已不存在，故免除其具保之责任，此本条第一项之规定也。

第三人为被告停止羁押而缴纳保证金、证券或保证书，则应负担保随时到案之责,自不能任意退保,致法院徒多劳费。惟绝对遵守此原则,担保者之地位,颇为危险,故法律于一定之情形,担保者经为一定之手续,司法机关得准其退保,此本条而有第二项之设。

既已除具保之责任或经退保,对于被告自不负担保随时到案之责,而缴纳之保证金、证券应发还之。如系具保证书者,应将其注销,为担保之消灭。此为本条第三项之规定。

受责付者,应具证书,负担保被告随时到案之责,与声请停止羁押从同,故关于本条前三项之规定,亦适用之。法避烦复,故设第四项之规定。

第八十四条 第七十二条及第七十四条至第八十三条,关于撤销押票,停止羁押,执行羁押,没入保证金,及退保之处分,侦查中由检察官核定之,审判中由法院或受命推事裁定之。

理　由

本条规定撤销押票等处分之权限。撤销押票,停止羁押,执行羁押,没入保证金,及退保之处分权限,应属于该案件现所系属之机关。故在侦查中由检察官核定之,审判中,则由法院或受命推事裁定之。

判　例

其被诉业务上侵占之款,达二千余万元之巨,固非轻微案件可比,惟如果指定相当保证金额,命其缴纳,或限制其住居,以及责付适当之人,可免其逃亡或湮灭罪证之虞,则其声请停止羁押,尚非绝对不可邀,准原裁定既未说明应予羁押之理由,率行驳回声请,即有未合。[最高法院十七年(1928年)抗字第一百五十五号]

解　释

审判衙门命令羁押或取保者，检察厅不能撤销该命令，但检察厅得请求审判衙门撤销，并得因他案件，羁保释人。［大理院四年（1915年）统字第三〇四号］

刑事被告人于宣判时，当庭声明上告，并具状向审厅请求保释，嗣后虽将被告人函送检察厅，其保释事宜，仍应由审厅核办。［前大理院十年（1921年）统字第一六六四号］

被告经保释后判罪确定，经传唤执行不到，应由检察官没入其保证金，如有不服处分者，得声请同级法院撤销或变更。［前大理院十四年（1925年）统字第一九五八号］

刑事之卷宗及证据物件，在未送第二审法院之检察官以前，关于刑事诉讼法第八十四条规定撤销停止羁押，没入保证金及退保等之处分，应由第一审法院裁定。［司法院十八年（1929年）院字第三九号］

第八十五条　案件在第二审上诉期限内，或在上诉中，而卷宗及证据物件，尚在第一审法院者，前条处分，由第一审法院裁定之。

案件在第三审上诉期限内，或在上诉中者，由第二审法院裁定之。

法院为前二项裁定，应咨询检察官之意见。

文　义

上诉者对于第一审判决有所不服而上诉于管辖第二审之法院之谓。

理　由

本条为关于羁押之裁判之管辖认为例外之规定。关于撤销押票，停止羁押，执行羁押，没入保证金及退保之处分，应由该案件现所系属机关之官吏分别核定裁定为原则。但在上诉期限内或在上诉中，而卷宗及证据物件，尚在原审法院，上诉法院不能审查决定，故为实际上之便利，由原审法院裁定之。

第三审为法律审，关于第三审上诉，其被告仍羁押于第二审法院所在地之监狱或看守所，虽其卷宗及证据物件已移送于第三审法院，但为便利计，仍由第二审法院裁定之。

第八十六条 被告于审问后，虽无第四十一条至四十三条之情形，于必要时，得命具保或责付之。

理　由

本条为对于无羁押原因之被告，得命具保或责付之规定。被告为诉讼主体之一，设不到案，诉讼进行，滋多不利，为保全到案之目的，纵被告非无一定住址，与无逃亡，湮灭，伪造，变造证据，勾串共犯或证人之虞，以及被告所犯并非死刑，无期徒刑，或最轻本刑为五年以上有期徒刑之罪，嫌疑重大者，于必要时，亦得命具保或责付，借以弥补第六十六条之缺憾，而扩充法院考量之范围。

第七章 证人

（第 87—116 条）

证人云者，关于诉讼外之经验事实向法院为陈述之诉讼第三人也。分析言之：（一）证人须为诉讼之第三者。证人若系干与诉讼者时，其所陈述真确难信，故证人必须为诉讼之第三者。从而该诉讼案件之推事、检察官、书记官、被告诉讼代理人、辅佐人、辩护人对于该案件负有一定职务或参与诉讼手续者，则非诉讼之第三人，即不得为证人。又同一诉讼之共同被告，亦不得为证人。凡属服从我国法权下之诉讼第三人，皆有为证人之资格，证人有无行为能力，自非所问，故虽心神发育不完全者，亦不妨为证人。（二）证人须陈述经验事实。所谓经验即指依五官作用之经历。经验之事实，系属过去，抑属现在，或为直接或系间接得之，均非所问，故虽仅陈述传闻之事实者，亦不失为证人。（三）证人须系陈述关于诉讼外之实验，诉讼中之实验事实，则须以特别知识认识者而外，不须证人。（四）证人须对于法院为陈述。证人无论为法院指定或为当事人声请，均由法院传讯命其陈述，因必须证明者实为法院也。所谓法院在合议庭为合议庭，在独任推事为独任推事。法院以外，受命推事及受托推事，亦得讯问证人，对于法院及此等裁判官以外之人，陈述经验事实，亦非证言。惟检察官及司法警察官在各该特定情形，讯问证人时，则为例外。

证人讯问占证据调查中最要地位，影响个人利害之处不鲜，故本法顾虑公益上之要求与私人之正当利益，设适当之法则。其一般规定，辑诸本章。此外第二编第一章第三百三十三条，第二百四十一条，第二百四十二条，第二百六十九条，第二百八十六条，及第二百八十七条，亦有关于证人之规定。

第八十七条 传唤证人，应用传票。

发传票之权，侦查中属于检察官，审判中属于审判长或受命推事。

文　义

受命推事，谓受法院之命令实施诉讼程序之推事。

理　由

本条规定传唤证人之程式及其权限。证人系由法院或检察官命令陈述经验之事实，应用传票，以传唤之，故发传票之权，侦查中属于检察官，审判中属于审判长或受命推事。

判　例

传讯证人与否，法院自有权衡，非被告人所请求者，皆须传唤。〔前大理院二年（1913年）上字第七号〕

再抗告人前因不服原县驳斥声请免传及请求传证等批示，提起抗告，原法院以再抗告人无论有无嫌疑，均应到案备讯，认县批为当，将该抗告驳斥，自无不合。〔最高法院一七年（1928年）抗字第二〇号〕

解　释

查现行之刑事诉讼法，并无禁止被害人于公诉程序中为证人之规定，惟证人之言，可采与否，法院应据理自由判断。〔司法院一八年（1929年）院字第一一五号〕

第八十八条 传票应记载下列事项：
一　证人之姓名性别住址职业；
二　应命作证之案件；
三　应到之日时处所；
四　如无正当理由不到者，除得命赔偿因不到所需之费用外，科以五十元以下之罚锾①，并得命拘提。
五　发票之公署。
　　发传票之公务员，应于传票署名盖章。

理　由

　　本条规定证人传票之程式。第一项及第三项、第五项为传票共通之程式。第二项之记载，其目的在使证人知所准备。第四项之记载，警告不到案之制裁，以促履行其义务。

第八十九条　传票应送达之。
　　传票除应急速处分者外，至迟应于到案日期前二十四小时送达。

理　由

　　本条规定证人传票之送达。传证人以为案件之证，应用传票，而传票应送达于证人，所不待述。惟送达于到案之间至少须有二十四小时之犹豫期间，俾证人有所准备；但应急速处分者，为应时机之必要，则不在此限。

第九十条　到案之证人，当场告以下次应到之日时处所，及第八十八条第四款记载之事项，并于笔录内记载，以已经送达传票论。

---

① 锾（huán）：重量单位。

理　由

本条规定传唤证人之简易方法，理由同第三十八条，于兹不赘。

判　例

某号等三十九户既系家店商号，而非自然人，依法即难作为证人。[最高法院一七年（1928年）上字第四四九号]

第九十一条　传唤证人，得命前往法院外指定之处所。

理　由

本条为于法院外亦得为讯问证人之规定。讯问证人原则上须在法院行之，惟有时须在法院以外讯问者，则得命前往该处所，以便讯问。而资发见真实。

第九十二条　遇有必要情形，得命证人偕①往指定之处所。
证人无正当理由拒绝偕往者，得命拘提。

理　由

本条为得命证人偕往之规定。讯问证人非于法院，即与法院以外指定之处所，然有时非更同往其他处所，当场讯问，无以明了事实者，则须偕往指定之处所，使其指示明确，此本条第一项之规定也。

偕往证人于指定之处所，既出于事情之必要，则如证人无正当理由而拒绝偕往者，又不可无强制之方法，此本条第二项之所由设也。

---

① 偕（xié）：一同。

第九十三条 证人在场者，虽未经传唤，得径行讯问。

理　由

本条规定在场证人之讯问，其理由与第三十九条同。

第九十四条 证人有正当理由不能到案者，得按其情形，就其所在或于其所在地法院讯问之。

文　义

所在指其人现时之所在而言，或在住所或在郊外之类是。正当理由，例如卧病是，其情形法律别无限制。就其所在讯问者，即由讯问之检官或法院受命推事亲往该证人所在之处所讯问是。于其所在地法院讯问云者，谓由证人所在地之法院传唤讯问也。

理　由

本条规定证人不能到案之讯问方法。证人事实上不能到案，为搜集证据有讯问之必要时，得就其所或于其所在地法院讯问之。

第九十五条 证人经传唤无正当理由不到者，除得命赔偿因不到所需费用外，科以五十元以下之罚锾，并得拘提之。其无力缴纳罚锾者，得以二元易科拘留一日，再传不到者，亦同；但科罚锾，前后不得逾两次。

理　由

本条规定证人传唤不到之制裁。证人有遵传到案之义务，如已受合法之传唤，并无正当理由，而不到案，国家应予以制裁，使知警惕，而免诉讼濡滞。惟罚锾二次，仍不到案，则其有所顾虑，非严罚所能奏效，故法律并定限制。

解　释

告诉人告发人如经法院传案作证，而无正当理由不到者，得适用刑事诉讼法第九十五条之规定办理。[司法院一八年（1929年）院字第四七号]

第九十六条　拘提证人，准用第四十四条至第四十八条及第五十四条，关于拘提被告之规定。

罚锾及赔偿费用之处分，侦查中由检察官声请该管法院，审判中由法院或受命推事裁定之。

证人对于前项裁定，得于五日内抗告。

理　由

本条规定拘提证人准用之法规，及罚锾、赔偿处分之权限，与证人之抗告。证人经传唤无正当理由不到者，除得命赔偿因不到所需之费用外，科以五十元以下之罚锾，并得拘提之，既于前条有所规定，则拘提证人在法律上之程式如何，不可不有明文，此本条有第一项之规定也。

罚锾及赔偿费用之处分，究其性质，与刑事罚有殊，实为秩序罚之应用，惟罚锾与否之断定，则仍不失审判事务之性质，揆之检察事务，又颇有间，故在侦查中检察官不得径自处分，必须声请该管法院裁定之，在审判中由法院裁定之，如由受命推事传讯证人时，则由受命推事裁定之，此第二项之规定也。

前项裁定，有无理由，攸关证人利害，为保护证人之利益，应许其抗告，此又本条第三项之规定也。

第九十七条　以公务员或曾为公务员之人为证人，而就其职务上应守秘密之事项讯问者，应得该管监督公务员之允许。

前项允许，除有妨害国家利益者外，不得拒绝。

文　义

职务上之秘密云者，即国家职务上之秘密之意思。

理　由

本条规定公务上应守秘密事项之讯问。依诉讼法原则，凡一切人民皆有证人之义务，本条所揭公务员或曾为公务员，所以免除其义务者，为保守国家之秘密也。盖外交军事及其他国务上之秘密，苟一泄漏有关系国家之利益者，不能为一刑事案件，而置国家利害于不顾，故应得该管监督公务员之允许。惟对于国家利益，并无妨害之事项，则该管监督公务员不得拒绝，免碍取证。

第九十八条　下列各人，得拒绝证言。
一　为被告之亲属者，其亲属关系消灭后亦同。
二　为被告之未婚配偶者。
三　为被告之法定代理人、监督监护人或保佐人者。

理　由

本条规定与被告有一定之身分关系者拒绝证言之权利。本条所列各项皆有拒绝证言之权利，盖此等之人与被告有亲属及其他特殊身分关系，如必强令陈述，情有难堪，法律求合人情，故设本条。

判　例

姻戚关系，并无不得为证人之规定。原审对于吴某证言尽有自由采取之余地，且据其当时眼见辨识甚清，尤不能以素非相识，遽予否认。[最高法院一七年（1928年）上字第二六号]

上告论旨以证人孙某等与王某有亲戚关系，及原审未传讯周某等，断断置辩。查被害人亲属依法并非不得为证，而周某二人原与本案无关，且上告人至第三审始行主张，更无传讯之余地。［最高法院一七年（1928年）上字第三七七号］

第九十九条 医师、药师、药商、产婆、宗教师、律师、辩护人、公证人，及其业务上佐理人，或曾居此等地位之人，因业务得知之事实，有关他人之秘密者，得拒绝证言；但经本人承认者，不在此限。

理　　由

本条为对于业务上得知之事实应守秘密之义务者免除证人义务之规定。医师、药师、药商、产婆之职业，足以探知他人之秘密，应守秘密之义务。若使陈述证言，则人或恐秘密之暴露而不肯就医，于人民卫生及营此等业务者，皆受损害，故法律求合人情，免除证言之义务。宗教师因宗教上之关系而知他人之阴私者甚多，若不守秘密之义务，则先破信仰之心，终将破坏宗教之观念，故法律亦求合人情，予以拒绝证言之权利。至于律师、辩护人、公证人，皆关于刑事上之责任以及财产上之权利义务之进行必须明了他人之秘密。若不守秘密义务，随时宣扬，则人各自危，秘而不宣，势必不能为充分之辩护或充分伸张其权利，故法律对于此三职，不能违反国民权利义务之保障，亦予以拒绝证言之权。要之皆不外保护本人之利益及便宜业务上经营之理由。若其人承诺证言，免除遵守秘密之义务者，自无更予以拒绝证言权之必要，故本条又有但书之设。

第一百条 证人恐因陈述致自身或其第九十八条之关系人受刑事追诉者，得拒绝证言。

理　由

本条规定因证言有惹起刑事追诉者之拒绝证言权。证人对于该被告事件陈述证言，恐致自身或与自己有第九十八条之关系人，受刑事追诉之虞者，得拒绝证言，因此种情形，强令陈述，既戾人情，亦难深信也。

第一百零一条　证人拒绝证言者，应将拒绝之原因释明之；但于前条情形，得命具结，以代释明。

理　由

本条规定拒绝证言之程序。拒绝证言者应释明拒绝之原因，如有第九十七条至第九十九条规定之事项，向法院释明，固无何等困难。但于前条情形，若必命释明，无异使受刑事追诉，故得以具结代之。

第一百零二条　证人到案后，应即讯问，至迟不得逾到案之日。

理　由

本条规定证人到案后讯问之期间。证人到案之原因，不问其为传唤、拘提或系在场者，既经到案，即须从速讯问，至迟不得逾到案之日，以免证人拖累。

第一百零三条　证人有数人者，应分别讯问。其未经讯问者，不得在场，并禁止其谈论案情；但遇有必要情形，得命证人与证人或被告对质。

理　由

本条规定同一案件同时传唤多数证人之讯问方法。同一案件同时有多数证人，以隔别讯问为原则，盖合并讯问，则推诿附和，难期真实，而谈论案情，亦恐勾串，淆惑听闻，惟事实真相，有时非对质难于发见者，不妨令其与他证人或被告对质。

判　例

法庭审理案件，其搜集证据，如已认为有充分之证明者，则其他证人之应传与否，或是否尚须对质，审判官原有自由裁酌之职权。〔前大理院三年（1914年）上字第一〇〇号〕

本案重要证人，自应到庭质讯，始能发见真实，乃原判对于此项证人，始终并未直接审讯，仅据呈缴之函，以为判决之基础，自难认为合法之证言〔前大理院四年（1915年）上字第五号〕

上告人辩称伊在孙某未死之前，已赴东山周某木作处工作，迨十六年（1927年）五月始归，并举证人周某为反证，但业经原审传讯周某，据称系于是年六月间至家工作，固显在本案事发逃走之后，该上告人亦经当庭对质，无词置辩，是其反证显难成立。〔最高法院一七年（1928年）上字第四七六号〕

第一百零四条　讯问证人，应先调查其人有无错误，及与被告有无第九十八条之关系。

证人与被告如有第九十八条之关系者，应告以有拒绝证言之权利。

理　由

本条规定讯问证人第一步之方式。证人经传唤到案，应讯问证人之姓名住址职业，以明其人有无错误，又须调查与被告有无第九十八条之关系。调查结果，如证人有此等特殊身分关系，已臻明确，则应告知有拒绝证言之权利。盖为证之人，非皆明晓法律，虽有权利而不知行使者，实繁有徒，故法使讯问者负告知义务，促其注意。

第一百零五条 证人于侦查或审判中，除特别规定外，应命其具结。

理　　由

本条规定证人之具结义务。证人之具结义务为证人义务之一部。原则上必须命证人具结，证人之具结，为确保陈述真实之方法。虽然，遇有特别规定者，则不得命其具结，如何之证人不得命其具结，于次条规定之。

判　　例

原判决认定邓宝山窠匪十八人，系以黄德裕在原审之陈述为根据，无论黄德裕为原告诉人黄元洲之子，其证言不能凭信，且黄德裕于供述前以黄元洲之名义具结呈案，于法亦有未合。[最高法院一七年（1928年）上字第三四零条]

第一百零六条 下列证人，不得命其具结：
一　未满十六岁者；
二　因精神障碍，不解具结之意义及效果者；
三　与本案有共犯或有藏匿犯人及湮灭证据罪、赃物罪之关系或嫌疑者；
四　系被告第九十八条之关系人而不拒绝证言者；
五　于自诉程序，系自诉人第九十八条之关系人者。

理　由

本条规定免除证人具结义务之原因。本条所列各项，皆于精神或信用上及其他特殊身分关系，有不能具结之原因，法律不责人所难，故规定于此。

判　例

近世刑事诉讼法通例，未限定哑子不能作证人，诚以哑子身体上之机能缺乏，不过不能言不能听而已，苟精神上未有其他障害，以乱其利害是非之辨别，则无不可以作证人者。[前大理院三年（1914年）上字第七号]

诉讼通例，审判衙门讯问证人，均应先令具结，惟年龄尚幼及因精神障碍，不解具结意义及效果者，得不命具结，而行讯问。[前大理院三年（1914年）上字第二三五号]

乡长梁某系该上告人所举之证人，虽目瞎耳聋，亦可为本案之参证。况据该上告人供称，如梁某谓民系窃，愿甘办罪等语，是梁某之不为伪证，该上告人固已深信而不疑，何得更以诳证之词，借图翻异。[前大理院四年（1915年）上字第三三号]

未成年人之供述，只可据以供事实之参考，不能认为唯一之证言。[前大理院六年（1917年）上字第一八二号]

第一百零七条　讯问证人，应告以具结之义务，及伪证之处罚，但不得命其具结之证人，应告以当据实陈述，不得匿饰增减。

理　由

本条规定具结义务及伪证处罚之告知，藉促证人注意，而期陈述之确实。盖讯问证人告以具结之义务与其效果,如属伪证须负刑事责任,则不敢信口雌黄矣。至如不得命其具结之证人,不生伪证之责任,即无伪证之处罚,故只应告以当据实陈述不得匿饰增减。

第一百零八条 证人之具结,应于告以具结之义务及伪证之处罚后行之;但应否具结有疑义者,得命于陈述完毕后行之。

理 由

本条规定具结之时期。具结之义务及伪证之处罚,均应告知证人,使其知所警惧,而后命其具结,最为适当。如其证人应否具结有疑义者,贸然命其具结,自非保护证人之道,故得命于陈述完毕后行之。

第一百零九条 具结应于结文明记载当据实陈述,决无匿饰增减等语,但于陈述完毕后具结者,应记载系据实际陈述并无匿饰增减等语。
　　结文应由书记官朗读之,于必要时,并应说明其意义。
　　结文内应命证人署名或捺指纹。

理 由

本条规定证人具结之程式。盖必如此而后足使证言明了而符合于实体真实发见主义之精神。

第一百十条 讯问证人,应命其所讯事项之始末,连续陈述。
　　证人陈述后,为使其陈述臻于明确或为判断其真伪起见,应为必要之讯问。

理 由

本条规定讯问证人之方法。讯问证人应命其连续陈述始末,不采一问一答之方式，惟证人陈述后，为使其陈述臻于明确或为判断其真伪起见，应为必要之讯问，皆期能得公平正确之证言也。

第一百十一条 非有必要情形，不得为下列之询问：
一　与本案无关者；
二　恐证言与证人或其第九十八条之关系人之名誉、信用或财产有损害者。

理　由

本条规定讯问证人之制限。与本案既无关系，又奚必讯问，多费时间。至与证人或其第九十九条之关系人之名誉、信用或财产有损害之虞者，虽加讯问，亦未必得真实之供述。故于此二种情形，限于必要得讯问之，否则不得加以讯问。

第一百十二条 讯问证人，不得用强暴胁迫利诱诈欺，及其他不正之方法。

理　由

本条理由与第六十二条同，于此不赘。

第一百十三条 证人无正当理由，拒绝具结或证言者，除得命赔偿因拒绝所需之费用外，科以一百元以下之罚锾。其无力缴罚锾者，得以二元易科拘留一日，再行拒绝者，得再科罚锾，但前后不得逾两次。
　　罚锾及赔偿费用之处分，侦查中由检察官声请该管法院，审判中由法院或受命推事裁定之。
　　证人对于前项裁定，得于五日内抗告。

理 由

本条规定证人违反具结或证言之义务之制裁。证人除法律有特别规定外，有供述及具结之义务，违反此等义务，须予以裁判，即证人无正当理由拒绝具结或证言时，法院除得命赔偿因拒绝所需之费用外，科以一百元以下之罚金，其无力缴纳者，易科拘留，再拒绝得再科罚锾，但前后不得逾二次。盖既经处罚两次，仍不履行义务，自必别有顾虑，强制为难也。

第一百十四条　证人得请求法定应得之费用；但被拘提及无正当理由拒绝具结或证言者，不在此限。

理 由

本条规定证人之费用请求权。人民有为证人之义务，其旅费日费如须由证人自行负担，则所负义务过重，故本条设此规定，不外出补偿损失之意。惟被拘提及无正当理由拒绝具结或证言者，是证人不履行其义务，自不得有请求费用之权。至关于证人应得之费用，另以单行命令定之，不宜置于诉讼法中。盖旅费日费等项有时或须更改，以命令规定，可以因时制宜，非若法律之不许轻易改正也。

解 释

证人在诉讼进行中，依第一百二十二条（即本条）请求法定应得之费，无论曾否命被告预缴，应先由国库垫给。若证人并未请求，虽经被告预缴，亦无庸照给，并应发还被告。〔前大理院一一年（1922年）统字第一七三三号〕

刑事诉讼既无令被告负担诉讼费用之规定，则同法一一四条所谓得请求之法定费用，自应向法院请求国库负担，其款目数额，则应依现尚有效之修正诉讼费用规定所规定。［最高法院一七年（1928年）解字第二二九号］

第一百十五条 讯问证人，应作笔录记载下列事项：
一　讯问及证人之陈述。
二　证人不具结者，不具结之事由。
三　讯问之年月日及处所。
　　笔录应命书记官向证人朗读，并询以记载有无错误。
　　证人请求将记载更正者，应将其更正之陈述，一并记载。
　　笔录应由讯问之检察官或推事署名盖章，并命证人于其陈述记载末行署名，或捺指纹。

理　由

本条规定证人讯问笔录之程式。理由与第六十四条理由所述从同，兹不复赘。

第一百十六条 证人在侦查或审判中曾依法定程序讯问，其陈述无疑义者，不得再行传唤；但有特定事项，应更为必要之讯问者，不在此限。

文　义

依法定程序讯问云者，谓讯问方法具结均据法定程序，并无瑕疵也。

理　由

本条规定再行传唤证人之限制。盖证人既经依法定程序讯问，其陈述且无疑义，自不能再行传唤，使证人疲于应命。惟关于特定事项，势不得不更为必要之讯问，自得再行传唤，以明真相。

判　例

其所称本案最要证人，即瑞云寺当家和尚祖安，原审未予传唤质讯等语。查该和尚祖安业经预审庭传唤到案，据其陈述，绝不能认有利益于上告人之证言，原审未予复传，自无不合。［最高法院一七年（1928年）上字第三七九号］

第八章　鉴定人

（第 117—126 条）

　　鉴定人云者，关于诉讼中之经验事实本于特别智识而陈述其判断之第三人也。故其为诉讼之第三人与证人同。鉴定人须有判断特定鉴定事项所必要之学识经验，若无此特别智识，不得为鉴定人，在证人有无特别智识，则非必要条件。如具有特别智识者，皆有鉴定人之资格，人数亦无限制，与证人系为诉讼外之经验者，其数有自然限制者不同。证人系就事实为陈述，鉴定人则就事实之判断为陈述，鉴定之目的物为事实，即为使明了犯罪之性质方法及结果所必要之事实，故法律事项不得命行鉴定，应由法院自行阐明，但法律之存否，不失为事实，如外国法令之存在与否，得命行鉴定。

　　本章规定鉴定，凡侦查及审判各程序均适用之，盖刑事诉讼法采真实发见主义，对于诉讼上事实之认定，应求真确，而后可期公正之裁判，不然，真相不明，任意判决，欲求罪刑正确，戛戛其难。惟一人之智识有限，宇宙之事变无穷，法官于法律知识而外，固不能博通各种科学，精敏各种技能，而在诉讼须证明之事实有关系之事物现象，实际上不能依普通一般之知识而得正确之认定者，又所在多有。例如被告于犯罪时是否系为心神丧失人，伤害致死事件，其所创伤果得认为致死原因与否，均须有医学上之知识与经验。又如背信罪事件，判断犯人之所为，果与本人财产上之损害与否，必须对于交易上之经验，价值之测定，有特别之知识。又如毒杀事件，欲知毒物之性质、征候效力等，须有化学上之知识，漏电失火事件，须有电气学之知识。其他情形，依此类推，不遑枚举。是以对于诉讼上之事实而有适用实验上之法则，定其结论，以提供法官，俾明真相，而利审察，此即鉴定制度之所由生。关于鉴定人之资格、义务、拒却，以及鉴定之程序，均辑诸本章。

第一百十七条 鉴定人除本章有特别规定外。准用前章关于证人之规定。

理　由

本条规定鉴定人得准用关于证人之规定。证人陈述见闻，鉴定人报告判断，性质虽有差异，但相类似，故除有特别规定外，得准用关于证人之规定。

第一百十八条 鉴定人应选有学识经验，或经公署委任而有鉴定职务者一人或数人充之。
　　鉴定人不得拘提，及将罚锾易科拘留。

文　义

学识经验者，指鉴定所需之学识经验而言。经公署委任而有鉴定职务者，如检验吏、法医等是。

理　由

本条规定鉴定人之资格，及对于鉴定人制裁限度之规定。鉴定人判断事实，非有特别学识经验不能，例如被告精神是否耗弱，自非有医学生理上之学识不得为之鉴定。故鉴定人之义务，非若为证人之义务，使一般人皆得而负担之，必须由司法机关选任。

鉴定人经传唤而不到或无正当理由拒绝鉴定或具结者，应准用第一百十三条，关于证人之规定，得命赔偿费用外，科以罚锾，以资惩警。惟不得拘提或将罚锾易科拘留。盖鉴定人之任务与证人有别，证人陈述见闻，重在本人，鉴定重在学识，传而不到，可选他人，原无严重强制之必要也。

判　　例

查笔迹虽各不同，类似者亦复不少，本难作为裁判上唯一之根据，若舍此之外别无佐证，则笔迹亦未始不可据以定案，然应精密鉴定，方足以成信谳。乃两审既未查有他项确证，而笔迹又仅由审判官核对，并未依法鉴定，自难折服。[前大理院四年（1915年）上字第五三八号]

现行法例，既无外国人不得为鉴定人明文，北洋医院外国医生之鉴定书，自可采用。[前大理院七年（1918年）上字第一〇四号]

按选任鉴定人，但须被选任人就该鉴定事件，有相当之学识经验，即为合格。[前大理院十年（1921年）上字第四五号]

上诉人于其所为有利之陈述中，更有自幼两胜残废之语，原审既认为有鉴定之必要，应即依法命自然人为之。乃原审仅命普济医院实施鉴定，无论该医院之性质，为机关为法人，而既不能直负刑事法上之责，自不足以充作法律上所要求实施鉴定，并于鉴定前具结之人。[前大理院一五年（1926年）上字第七一六号]

本案伤单系由卫戍司令部检断，第一审并未覆验其是否合法鉴定，自应注意。[最高法院一七年（1928年）上字第一二八号]

法院核对笔迹，本为调查证据方法之一，除特种书据（如古书画或书字精于摹效各种字体者之笔迹）须选任专门智识技能之鉴定人为精察之鉴定外，若通常书据，一经核对笔迹，即能辩别真伪异同者，法院本于核对之结果，依其心证而为判断，虽不选任鉴定人实施鉴定程序，亦不得指为违法。[最高法院一七年（1928年）上字第三四六号]

上告人既在第一审自认代写勒赎信函，则原审未将原信另予鉴定，尚难谓为不合。[最高法院一七年（1928年）上字第四四一号]

解　释

查现行法令于可认为有一定学识经验及技能者，均许选用为鉴定人。[前大理院一一年（1922年）统字第一七二一号]

拳术家所云用拳术伤害人致死者，生前无伤，死后表皮上纵有伤痕表现，即蒸骨检验，亦无血嚁之语，果由于经验或技能所得，自可依法命其鉴定，酌予采用。唯审判官取舍证据，本不受何项拘束，当就案件情形审查认定。[前大理院一一年（1922年）统字第一七二一号]

第一百十九条　当事人得依声请推事回避之原因，拒却鉴定人；但不得以鉴定人于该案件曾为证人或鉴定人为拒却之原因。

当事人于鉴定人已就鉴定事项有所陈述，或已提出报告后，不得声明拒却；但拒却之原因发生在后，或为当事人所未知者，不在此限。

理　由

本条规定当事人声请拒却鉴定人之权利及其范围。鉴定人如有第二十四条推事回避之原因，或有其他情形，足认其鉴定有偏颇之虞者，不得有拒却鉴定人之权利，则无以消灭当事人之怀疑，而其鉴定或不可征信，故当事人得依声请推事回避之原因，而以拒却鉴定人也。鉴定人如果无其他原因，只于同一诉讼案件曾作证人或为鉴定人者，则未可认其鉴定有偏颇之虞，自不得为拒却之理由，此又第一项但书之规定也。

鉴定人已就鉴定事有所陈述，或已提出报告，当事人不得声明拒却，盖以鉴定人既已进行鉴定或且已完毕其鉴定，乃当事人从而拒却之，匪特业为之鉴定徒掷诸虚牝，诉讼上程序且更繁杂，故法律规定不得行使声明拒却权。惟拒却之原因在后，或为当事人所未知者，则其鉴定仍不能弭当事人之疑虑，故虽经鉴定人已有所陈述，或提出报告后，亦得声明拒却之。

第一百二十条 声明拒却鉴定人，应将拒却之原因，及前条第二项但书之事实释明之。

前项声明，侦查中由检察官核定之，审判中由审判长或受命推事裁定之。

理　由

本条规定声请拒却鉴定人之程序。声明拒却鉴定人，应有理由，其理由如何，应须释明，以资审核，而防滥行拒却，多废周章。

第一百二十一条 鉴定人应于鉴定前具结。

具保应于结文内，记载必本其所知，为公正之鉴定等语。

理　由

本条规定鉴定人之具结义务及其时期程式。鉴定人有到场具结鉴定之义务，关于证人具结有时得于讯问后行之，鉴定人则必须在鉴定前具结。结文内应记载必本其所知，为公正之鉴定等语。此外第一百零八条及第一百零九条规定，皆应准用。

判　例

查原审认定上告杀死郁氏，非由于精神病之作用，系以广济医院所出鉴定书为根据，但查鉴定书中并未经负责之鉴定人签名盖章，又

未命鉴定人具结，原审根据此项鉴定书，而为判断，实有未合。[最高法院一七年（1928年）上字第三七三号]

第一百二十二条 鉴定人得检阅卷宗及证据物件。

鉴定人得请求讯问自诉人、被告或证人，并许其在场亲自发问。

理　　由

本条规定鉴定人之权能。鉴定人从事鉴定，必先搜集其材料，而后可得正确之鉴定。故关于诉讼卷宗及证据物件，鉴定人得有检阅之权。对于自诉人被告或证人，得请求法院讯问，如经检察官、审判长或受命推事之许可，并得在场亲自发问，使其尽鉴定之能事。

第一百二十三条 鉴定之经过及其结果，应命鉴定人报告。

鉴定人有数人时，得使其共同报告之；但意见不同者，应将各意见及其理由，一并报告。

以书状报告者，遇有必要时，得使其以言词说明之。

文　　义

鉴定之经过云者，因其判断而生之理由也。鉴定之结果，即指鉴定人之判断而言。

理　　由

本条规定鉴定人报告之义务及其程式。鉴定人应将其鉴定之经过及其结果，报告法院，乃当然之理。鉴定人有数人者，对于鉴定事项，互相协力，而报告其研究之结果，应以共同报告为妥善。惟鉴定人对于鉴定判断有所不同，即并应各将其意见及理由，一并报告，俾资审择。报告之方法,依书状抑或言词,依法院之意见定之。如鉴定事项之简易者,使以言词报告,鉴定事项复杂者,使作成鉴定书,以为报告。以书状报告者遇有必要时,如对于其记载事项不明之点,或其报告尚难明了,得使其以言词说明之。

判 例

原审于鉴定结果之报告,更听吉林官医院以院之名义为之,于程序亦有未合。[前大理院一二年(1923年)上字第六七一号]

鉴定人略称笔录纸上郑九用郑碎运所画圆圈花押与就字内其两人姓名下所画圈花押比对笔势,殊不一致,而就字内所圈,实出一人手笔,谓如代笔所造,亦不为无因等语。其鉴别花押不同之点,亦复有所发见,上告人诚不免犯罪嫌疑。惟此项鉴定,仅就主观判别,未能据此以为论断。[最高法院一七年(1928年)上字第六三号]

原填尸格,浑称下部受伤,究竟下部何处,所受何伤,均未鉴定,乃以死身腐烂,仅就额门骨之血荫及牙根衰骨血嚯,以为论断,殊未能谓为明确之鉴定。[最高法院一七年(1928年)上字第一一二号]

第一百二十四条 鉴定有不完备者,得命增加人数,或命他人继续,或另行鉴定之。

理 由

本条为关于鉴定人之增加变更之规定。法院得命增加鉴定人或命他人鉴定。盖前被选任之鉴定人,其鉴定之报告,不能完备,于鉴定事项,难得满足时,则必须增加鉴定人,与原鉴定人共同为鉴定,或选任更佳之鉴定人,使为鉴定。本条之规定,实基于达成鉴定之目的之旨趣也。

第一百二十五条 鉴定被告之心神状况，有必要时，得依鉴定人之声请，预定期限，命将被告送入医院，或其他适当之处所；但其期限，于同一案件，不得逾一月。

前项处分，侦查中由检察官声请该管法院，审判中由法院或受命推事裁定之。

鉴定人于期限未满前，认鉴定已有结果者，应即报告。

理　由

本条规定于法院外处所之鉴定。关于被告之心神状况之鉴定，认为有必要时，得留置被告于医院或其他为鉴定有相当设备之处所。留置被告，事属拘束自由，故先须预定其期限，于同一案件，不得逾一月，此为本条第一项规定。第二项规定此项处分权之所属。至第三项之规定，则因鉴定既有结果，自应即行报告，以免被告徒受无谓之留置，且于审判上亦可早得依据也。

第一百二十六条 本章规定于通译准用之。

文　义

通译因诉讼当事人及诉讼关系人不通语言，而为之转达意思之第三人也。

理　由

本条规定通译准用之例。凡自诉人、告诉人、证人、鉴定人被告，其为陈述，如不通中国语，或不通检察官、推事所用中国语言时，须有救济之方法，是有通译之必要。通译不过传达意思，其在诉讼上之地位，与鉴定人居于证据方法之地位者，原不从同。但通译与鉴定人必具有特别之学识经验，则固一致。故关于通译在刑事诉讼上之义务程序以及指定通译之费用，准用鉴定人之规定，因设本条。

判　例

被告人不通审判官语言时，如该审判官依法院编制法第七十条，置有翻译吏员者，应令该吏员通译，倘无适当翻译吏员时，则由审判衙门选定能胜任者，令其通译。本案上告人籍隶蒙旗，既称不通审判官所用语言，则为便利实施讯问起见，自应依法设置通译，以免隔阂。原审并未设有通译，则其审理结果所认定之事实，是否可信，尚难悬断。〔前大理院七年（1918年）上字第五二九号〕

第九章　扣押及搜索

（第 127—155 条）

本章为关于扣押及搜索一般规定，侦查审判各程序均适用之。按扣押及搜索均为保存证据所实施之诉讼行为。扣押云者，谓以证据物件及可没收物件之占有移转于该管机关之保全处分，搜索即为发见被告或证据之强制处分。凡此行为皆为诉讼上必不可少者，唯应尊重人民自由，故本章既授当该公务员以重大之权限，而保障国家刑事上之公权，复严定各项限制，以保护人民之自由，而昭慎重。

第一百二十七条　证据物件，及可以没收之物件，得扣押之。

扣押应由公署或委托他人，或以其他方法，将扣押之物件保管之。

文　义

可以没收之物件，如违禁物，供犯罪所用及犯罪预备之物，因犯罪所得之物是。

理　由

本条规定扣押物件之范围，及扣押物件之保管。证据对象及可以没收之物件，有扣押之必要时，当然得扣押之。但此等物件有时或并无扣押之必要，或因扣押而于被害人反有种种不便者，则可不扣押之。故本条规定对于扣押物件予法官以自由裁量之权。

扣押处分，仅为证据物件及没收物之占有移转于法院之方法。除占有权外，未尝变更物之实体上之权利关系，故有保护其权利者之利益之必要，同时押收物件为该被告案件判断其事实之资料，所以其物之保管，法律上应有其规，此本条第二项所由设也。

判　例

查枪弹及其袋并刺刀各件，既经警所起获，即使果未解送县署，而如经有与检察官同其侦查职权之县知事，基于扣押之权命令允准委任使保管于警所，则不能以未经扣押论。[前大理院一四年（1925年）上字第一四六九号]

第一百二十八条　扣押物件之持有人拒绝提出或交付，或抗拒扣押者，得以强制力扣押之。并得依第一百十三条之规定，科以罚锾，或易科拘留，使其提出或交付。

持有人如系第九十七条应得允许而为证人之人，或系第九十八条至第一百条得拒绝证言之人者，不得科以罚锾，或易科拘留。

文　义

持有人，即占有该物件之人，是否其自己所有，在所不问。

理　由

本条明定强制扣押之方法并其限制。扣押物件之持有人拒绝提出或交付或拒绝扣押者，得以公力扣押之，并得科以罚锾，其无力缴纳罚锾者，易科拘留，以使其提出或交付。但如系应得允许而为证人之人，因其职务上应守秘密者，或持有人为原有人之亲属，未婚配偶，或法定代理人，监督监护人，保佐人，医师、药师、药商、产婆，宗教师、律师、辩护人、公证人，因业务关系而为持有者，及持有人恐因交付致自身或其特定关系人受刑事追诉者，虽拒绝扣押物件之提出或交付或抗拒提出，仍不得科以罚锾或易科拘留。其理由可参照各该条所举理由，于此不赘。

第一百二十九条 公署保管之文书，及其他物件如于职务上应守秘密者，非经该管监督公务员之允许，不得扣押。

前项允许，除有妨害国家利益者外，不得拒绝。

文　义

公署谓公务员执行职务之处所。文书不限于公文书，即现在公署保管中之私文书亦包括在内。

理　由

本条规定公务上应守秘密文件之扣押。公署保管文书及其他物件，如于职务上应守秘密者，若行扣押，须经该管监督公务员之允许，以昭慎重。但此种允许权，操之该管监督之公务员，于司法上证据之搜集与物件之没收，颇多障碍，且苟无妨害国家之利益，则何不可交付，故本条又有第二项之明文。

第一百三十条 邮件及电报，为邮务局电报局所持有而有下列情形之一者，得扣押之。
一　可没收者。
二　寄交被告，或有事实足认其为被告所投递或系交付被告者。

理　由

本条为扣押邮电之规定。书信秘密之自由，原为约法所明定。惟是绝对遵此原则,有时无以应刑事之要求。故如有本条列举情形,得行扣押。本法因事关书信自由,不依照第一百二十七条及第一百二十八条办理,而特别规定本条。

第一百三十一条　邮务局电报局所持有被告与辩护人往来之邮件及电报,不得扣押。但可认为犯罪证据或被告已逃亡者,不在此限。

理　由

本条规定扣押邮电之限制,实为保持被告行使辩护权利起见。盖国家为保护被告而有辩护制度。邮务局电报局所持有被告与辩护人往来之邮件及电报扣押之,则辩护人无由得知被告之主张及其一切情形,匪特不能达辩护目的,而辩护制度因亦不能维持。故法律对于前条,特设例外规定,惟可认为犯罪证据者,则为搜集证据计,自得扣押之。被告既已逃亡,显见畏罚,均得扣押其书信。

第一百三十二条　扣押应制作收据,详记名目,给予所有人或持有人。扣押之物件,应加封缄,由扣押之公署或公务员盖印。

理　由

本条规定扣押应有之程序。扣押仅为占有权之移转,并非变更物之实体上之权利。所以应制作收据详记其名类件数,给予所有人或持有人。扣押之物件,并应加封缄,由扣押之公署或公务员盖印,以资保存,而昭慎重。

第一百三十三条　开拆前条第二项之封缄,应由参与该案件之检察官或推事行之,并命被告在场;但不能命其在场者,不在此限。

理　由

本条为开拆扣押物件封缄之规定。封缄所以严密保管，以免散失，自不得随意开启，而何人得为开拆，法律亦应有规定，本条之设以此。至命被告在场，无非使其亲目所睹，以昭信实。

第一百三十四条　邮务局电报局送交之邮件及电报，应扣留者，即行通知投递人或收受人，但于诉讼程序有妨害者，不在此限。

理　由

本条规定扣押邮电之通知。邮务局电报局送交之邮件及电报，既予以扣留，为防止关系人损害起见，故须即行知照。但因通知而有妨于诉讼程序者，毋庸通知。

第一百三十五条　扣押之物件，因其物质价格易于损坏或丧失者，得命竞卖。

理　由

本条规定竞卖扣押物件之要件。扣押之物件，其物质价格易于损坏或丧失者，得命竞卖，为实际之便宜也。

证据物件，原为证明之需，若得竞卖，揆之原义，未免不符。故实际能适用本条之规定者，仅以可以没收之物件为限，法条虽未明示，然解释则固应如此。

第一百三十六条　扣押之物件，若无留存之必要者，不待案件终结，应发还之。

扣押之物件，因所有人或持有人之声请，得命其负保管之责，暂行发还。

理　　由

本条规定于案件终结前发还扣押物件之程序。扣押之物件，如无证据之价值或非没收之物，无留置于案件终结之必要者，应发还之。以免物之权利者，受有不当之侵害，此为本条第一项之规定。

第一项规定扣押物件之发还，以法院职权为之。其有留存之必要者，因所有人或持有人之声请，亦得暂行发还。暂行发还与发还不同，扣押关系依然存续。法院所有命令，即当交付。法律设此项规定，不以案件终结以前，必予保存，不无妨碍其物之利用耳，此本条第二项所由设也。

第一百三十七条　扣押之赃物，若无留存之必要者，不待案件终结，应发还被害人；但第三人对于该物有所请求者，不在此限。

赃物之关系人，仍得依民事诉讼程序，主张其权利。

理　　由

本条规定于案件终结前发还扣押赃物之程序。扣押之赃物，若无留存之必要，虽在案件终结以前，应发还被害人，使被害者早得收回其所有物；但第三人对于该物有所请求，则应须权利确定后，分别办理。

赃物虽于案件终结前发还被害人，但被害人之私法上权利，并不因此确定，故凡赃物之关系人对于领还赃物之被害人，仍得依民事诉讼程序，以主张其权利。

第一百三十八条　扣押及扣押物件之发还，侦查中由检察官核定之。

审判中由法院或受命推事裁定之。

理　由

本条规定扣押及发还扣押对象之权限。应否扣押及应否发还扣押物件，在侦查中，由检察官核定之，在审判中由法院裁定之，如系由受命推事讯问被告或调查证据时，则由受命推事裁定之。

第一百三十九条　对于住宅或其他处所及船舰，有相当理由可信为被告或证据物件及可以没收之物件存在者，得搜索之。

对于人之身体及携带之物件，有相当之理由，可信为证据物件及可以没收之物件存在者，得搜索之。

搜索妇女之身体，应由妇女行之，但不能由妇女行之者，不在此限。

理　由

本条规定搜索权及其要件。第一项规定实施于住宅或其他处所及船舰者，第二项规定实施于人之身体及携带之物件者。无论属于被告与否，苟可信为被告或证据物件，及可以没收之物件存在者，均得加以搜索。第三项规定，不外出于男女避嫌之观念，而出妇女行之，惟时机紧迫，不能由妇女行之者，自不一律限以男子，故有但书之明文。

第一百四十条　公署保管之文书，及其他物件应扣押者，应请求交付，但于必要时，得搜索之。

理　由

本条规定对于公署之搜索。公署保管之文书及其他物件应扣押者，为保存公署之威信起见，应请交付，苟非万不得已，不得径施搜索处分。

第一百四十一条 军事上秘密处所或军舰，非得该管长官之允许，不得搜索。

理　由

本条规定对于军事秘密处所或军舰之搜索。军事上秘密处所或军舰，非必要不得搜索，且实施搜索，须得该管长官之允许。是盖豫防军机秘密之漏泄也。故如该长官拒绝时，则绝对不能实施扣押处分。

第一百四十二条 搜索应用搜索票。

发搜索票之权，侦查属于检察官，审判中属于法院或受命推事。

理　由

本条规定搜索之程序及其机关。

第一百四十三条 搜索票应记载下列事项：
一　应搜索之处所或身体；
二　发票之公署。

发搜索票之公务员，应于搜索票署名盖章。

理　由

本条规定搜索票之程式。搜索票应记载搜索之处所或身体及发票之公署，使执行之司法警察官及被告或其他关系人，明了事由。

第一百四十四条 搜索应将搜索票示第一百五十二条第一项在场之人。

理　由

本条规定执行搜索之程序。搜索票应示第一百五十二条第一项在场人，不外证明有搜索权之旨趣。

第一百四十五条　检察官或推事得不用搜索票亲自搜索。

理　由

本条规定推事、检察官亲自搜索之程序。搜索多由司法警察实施，非有发票权者之搜索票，恐易滋流弊。检察官或推事，均系有发搜索票之权者，若亲自搜索，目无必用搜索票之理由。本条之设以此。

第一百四十六条　执行拘提、逮捕或羁押时，得不用搜索票，径行搜索住宅或其他处所及船舰。

理　由

本条规定执行拘提、逮捕或羁押时对于住宅等搜索之程序。因欲达拘提、逮捕或羁押之目的，认为有搜索之必要时，若必须待搜索票之发下，始能实施搜索，则或时机已去，被告免脱。故于此情形，执行拘提、逮捕或羁押之司法警察，得不用搜索票，径行搜索住宅或其他处所及船舰。

第一百四十七条　拘提或逮捕之被告，得不用搜索票，径行搜索其身体。

理　由

本条规定对于拘提或逮捕之被告搜索身体之程序。拘提或逮捕之被告，其身体或携带危险物，苟须待搜索票，则恐被告利用之，于执行拘提或逮捕者，颇多危险，故得径行搜索。

第一百四十八条 有下列情形之一者，得不用搜索票径行搜索住宅或其他处所及船舰。
一　因追踪现行犯或逮捕脱逃人者，
二　有事实足认为有人在内犯罪，而情形急迫者。

理　由

本条规定急迫情形搜索住宅等之程序。上项所列情形，均有急迫实施搜索之必要，若必待有搜索票而后搜索，必致时机坐误，犯人逃亡。

第一百四十九条 夜间非有前条情事之一者，不得搜索住宅或其他处所及船舰。
日间已开始搜索者，得继续至夜间。
称夜间者，谓四月一日至九月三十日，午后九时起至午前五时止。十月一日至三月三十一日，午后九时起至午前七时止。

理　由

本条规定夜间搜索住宅等之例外，及夜间之范围。搜索住宅或其他处所及船舰，均须于日间行之。日间已开始搜索者，不妨继续至夜间。若夜间则不得开始搜索，以有害于人之安静也。但因追踪现行犯，或逮捕脱逃人，或有事实足认为有人在内犯罪而情形急迫者，为免时机之耽误，仍得于夜间搜索之。何谓夜间，法律应定其标准，以免疑义，故又有第三项之设。

第一百五十条　下列处所,夜间亦得搜索之。
一　假释人住居或使用者。
二　客栈饮食店,及于夜间公众可以出入之处所,仍在公开时间内者。
三　以赌博或妨害风化行为为营业者。

文　义

假释人者,即刑法第九十三条规定受徒刑之执行而有悛悔实据者,无期徒刑逾十年后,有期徒刑逾二分之一后,由监狱官呈司法部准许假释出狱之人。本法第七十五条及第八十条限制住居之被告,不包括在内。妨害风化行为为营业者,如妓院及秘密卖淫之处所是。

理　由

本条规定夜间得为搜索之处所。假释人刑罚并未消灭,对于其居住或使用者,虽于夜间自得搜索。客栈饮食店,及于夜间公众可以出入之处所,仍在公开时间之内者,无害于其人之安静,故得搜索之。至于赌博或妨害风化行为为营业者,往往以夜间尤为活动。且此项不法行为,应严加查禁,虽在夜间,自无不得搜索之理由。

第一百五十一条　抗拒搜索者,得用强制力搜索之,但不得逾必要之程度。

理　由

本条规定使用强制力搜索之条件。抗拒搜索有违搜索之目的,自非用强制力不可,而强制力之施,应以适当为限度。如幽闭抗拒搜索者于一室已足得实施搜索,倘必缚而悬诸梁,则逾必要之程度矣。法为尊重人权,故又设但书规定。

第一百五十二条　搜索住宅或其他处所及船舰，由检察官或推事行之者，应命下列之人在场。

一　被告，但不能命其在场，或认为于搜索有妨害者，不在此限。

二　户主、船主或管理人，但不能在场时，得命该住宅处所或船舰内之一人在场。

搜索非由检察官或推事行之者，除前项所列之人外，应更命二人在场。

理　由

本条规定搜索住宅等之在场者。搜索住宅或其他处所及船舰，由检察官或推事行之者，应命被告在场，此处所言搜索系为发见证据物件起见，若为发见被告而搜索，自无所谓被告在场之可言。搜索证据物件与被告有重大关系，故苟非不能命被告在场或认为于搜索有妨害者，均应命被告在场。搜索其他处所及船舰者，应命户主、船主或管理人在场，如各该人等因事不能在场时，得命该住宅处所或船舰内之一人在场，以资证明而杜口实。若搜索非由检察官或推事行之者，搜索时既应命被告、户主等在场，并命其他二人在场，皆所以免流弊而杜口实也。

第一百五十三条　在公署或军事上秘密处所及军舰内搜索者，应通知该管长官在场。

理　由

本条规定搜索公署等之在场者。对于公署于必要时得行搜索，本法第一百四十条有所规定。对于军事上秘密处所或军舰，非得该管长官之允许，不得搜索，本法亦于第一百四十一条，定有明文，均已于各该条中述之。既得实于搜索,尤须通知该管长官在场。盖此等处所为执行国家职务之所在,则于保持其秩序上,应通知该管长官在场,以昭慎重。

第一百五十四条 搜索中发见文书或其他物件与本案无关而显系犯他罪之证据者,应暂行扣押,送交该管检察官处分。

理　由

本条规定搜索中发见他项犯罪证据物件之处置。搜索处分,应对于该被告事件之证据物及没收物为之。然与该案件虽无关系,而显系犯他罪之证据者,殊未便漠然不顾。法为便利犯罪之发觉起见,故设本条。

第一百五十五条 扣押及搜索,应作笔录,记载实施之年月日处所,及其他必要之事项。

扣押物件,应于笔录内详记名目,或别作目录附后。

笔录应由扣押或搜索之检察官或推事署名盖章,并命在场之人署名,或捺指纹。

理　由

本条规定扣押笔录与搜索笔录之制作及其程式。扣押及搜索,均为诉讼进行经过之事实,应以笔录记载所实施之期日处所及其他必要事项。至所扣押物件,于笔录内尤应详记其名目,如为事实上之便利计,别作目录,附于笔录之后,亦无不可。扣押及搜索之笔录,关系重要,不但应由扣押或搜索之检察官或推事署名盖章,并须命在场之人署名或捺指纹,以资征信。

第十章　勘验

（第 156—164 条）

本章关于勘验，设一般规定，凡侦查及审判各程序，均适用之。勘验者，为得事实认定之材料依五官之作用实验物体之谓也。故得依五官之作用而认识者，均得以之为勘验之目的物，无复有人及其他动物，抑为有体物无体物之限制。所谓五官之作用，即凭视听味嗅触各种感觉，就物体之外形为事实证明之意。至若就物体为思想上之证明，则不属勘验范围，而属于证据之判断。察看证据及其他犯罪情形，有时非经勘验，莫由明了，故辑本章。

第一百五十六条　为察看证据及其他犯罪情形起见，应实施勘验。

勘验侦查中由检察官，审判中由法院或受命推事行之。

理　由

本条规定勘验之目的及其机关。司法机关为察看证据及其他犯罪情形起见，应实施勘验。是于一方定司法机关之职责，同时他方认为司法机关之权限。盖刑事诉讼既采用实体的真实发见主义，职权审理主义，故司法机关，对于证据及其他犯罪情形有待察看者，应实施勘验，以臻明了。

判　例

现行法例，系采用直接审理主义，审判官审理案件，固应直接调查证据,无论当日承发吏,曾否亲往勘验,审判官不自调查罪证,已与直接审理主义不合。[前大理院三年(1914年)上字第四四一号]

查自诉案件既系属于法院受理,审判中如认为应予勘验者,自应依刑事诉讼法第一百五十六条第二项规定,由法院或受命推事行之。[最高法院一七年(1928年)解字第二一二号]

第一百五十七条 勘验得实施下列处分:
一 履勘犯所,或其他与案情有关之处所;
二 检查被告或被害人之身体;
三 核验尸体;
四 解剖尸体;
五 检查与案情有关系之物件。

文 义

履勘亲临其地,勘验之义。犯所云者,凡实施犯罪行为之处所,及与实施犯罪行为之处所接近,可以见闻犯罪行为之一切处所之谓也。其他与案情有关系之处所,即指犯所以外之一切处所而言。与案情有关系之物件,如被告犯罪时所着之衣服及存留犯所之物件皆是。

理 由

本条规定勘验之标的及手段。犯所或其他与案情有关之处所,为发见犯罪情形之必要,得亲临勘验,以明真相,此为第一款规定。被告犯罪后身体上往往有犯迹存在,非加搜查,无得而知。至被害人之身体足供证据之用者尤多,故有第二款规定。尸体应予检验,以资保全证据,故有第三款规定。倘既经检验,而不能举其证迹者,则须另用其他之方法,故有第四款之规定。至于与案情有关系之物件,皆得检验之，以期探明真相，此又第五款之规定也。又不可不注意者，本条系设例示之规定，并非谓勘验之标的及手段，仅限于此。

第一百五十八条 履勘得命自诉人、被告及辩护人在场，并得传唤证人、鉴定人前往讯问。

理　由

本条规定实施履勘之在场人。盖自诉人在场足以使其指陈被害情形，被告在场，足以使其陈明加害情形，或实行辩解，辩护人在场，足以俾其搜集辩护资料，至证人陈述见闻，鉴定人判断事实，故并得传唤前往讯问，以便当场指证，益臻明确。

判　例

查诉讼通例，审判衙门于实施检证处分时，应预将日期及处所，通告检察官及辩护人。[前大理院三年（1914年）上字第二二五号]

第一百五十九条 检查妇女身体，应命医师或妇女行之。

理　由

本条规定检查妇女身体之程序。对于妇女之身体检查，无论为被告或被害人，应命医师，不必医师亦能检查者，则命妇女。本条之规定，不外出于重视性别之观念。

第一百六十条 检验或解剖尸体，应先查明尸体有无错误。
检验尸体，应同医师或检验吏行之。
解剖尸体，应医师行之。

理　由

本条规定检验或解剖尸体之程序。检验或解剖尸体，应先讯问认识死者之人，讯明该尸体有无错误。如该尸体已不能认识，则应以其他方法查明。本项规定不外示慎重之意。检验处分非有医学专门知识者不能确定其致死之原因，故应同医师或检验吏行之。解剖与检验不同，自非检验吏所得胜任，故必须由医师行之。

判　例

长沙地方检察厅对于人命案件，竟派书记官偕巡长前往验尸，殊属违法。[前大理院七年（1918年）上字第一〇一号]

第一百六十一条　为检验或解剖尸体起见，得将尸体，或其一部，暂行留存，并得开棺及发掘坟墓。

理　由

本条规定检验或解剖尸体之特别处分。我国习惯向极重视坟墓，尊敬尸体，惟因搜集证据起见，有非发掘坟墓，不足以辩识被害之实状，非解剖尸体，不足以断定犯罪事实之真相者，例如中毒致死案件，非实验尸体或解剖，不能举示证迹，故本条特规定之。

解释开墓查验，于绝无他种证明方法时，依法非不可行，惟因地方情形，宜先劝谕当事人得其同意。[前大理院八年（1919年）统字第九二六号]

第一百六十二条　检验或解剖尸体时，得命死者亲属在场。

理　由

本案规定检验或解剖尸体之在场人。盖以我国习俗对于尸体，素甚重视，故检解尸体，得命其亲属在场。

第一百六十三条　勘验应作笔录，记明实施之年月日处所，及其他必要之事项。

笔录应由勘验之检察官或推事署名盖章。

理　由

本条规定勘验笔录之制作及其程式。既经勘验对于勘验之证象应须记载，此笔录所不可少也。笔录应由勘验之公务员署名盖章，负责证明。

第一百六十四条　勘验得制作图画，附于笔录。

理　由

本条规定勘验图画之制作。勘验结果，务期明确，而勘验情形有时非笔录所能记载，必须制作图书，始能明了者，故有制作图画附于笔录之必要。

第十一章　辩护

（第 165—178 条）

本章规定辩护之选任、指定与辩护人之权限及关于辅佐人之事项。辩护云者，谓对于攻击以书面或言词而防御之之行为也。被告有辩护权，所谓被告之辩护权，指检察官对于被告实行国家科刑权之攻击，被告自依书面或言词而实施防御之权利而言。被告之行使辩护权，即为拥护被告自己利益之方法。惟本章所谓之辩护，非被告自身之辩护，乃辩护人之辩护，即辩护人对于检察官所加被告之攻击而为防御以拥护被告之利益者也。刑事诉讼采弹劾式主义，确认被告当事人之地位，故对于检察官所加之攻击，与以防御权利，使拥护其利益，同时刑事诉讼法基于实体发见主义，其目的在确定国家科刑权之存在及其范围，则为审判机关之法院，实有考虑被告利益之职责。惟是被告之有利情形，有时非被告自己主张，无由知悉，而被告或囿于知识，或拙于词令，不知主张，或恐怖心重，竟不敢主张，如此非特不能与有学识之检察官抗衡，抑且不足以资法院真实之发见，故法律为尊重被告之利益，期裁判之适当，而设置辩护制度，规定本章。

第一百六十五条　被告于起诉后，得随时选任辩护人。

被告之法定代理、人保佐人或配偶，得独立为被告选任辩护人。

文　义

独立即不问被告同意与否之义。

理　由

本条第一项规定辩护人之选任及其时期。被告选任辩护人之时期须在起诉以后，故在侦查中无选任辩护人之权利。选任时期必在起诉后，于真实之发见，不无障碍，惟本书编辑宗旨，重在阐明法意，而不为立法上之批评，故鄙见与立法上主张不同之处，均从阙略。

第二项规定得为被告选任辩护之人。被告之法定代理人、保佐人或配偶，皆在保护被告利益之地位，如被告不选任辩护人，法律为保护被告之利益计，亦与此等人以选任之权利。

判　例

控告审因委任律师系在辩论终结之后，不再传律师出庭讯问，即行判决，不得谓之违法。［前大理院三年（1914年）上字第七四号］

解　释

高等法院受理前特种刑事临时法庭管辖之案件，当然适用刑事诉讼法，被告依该法第一百六十五条第一项之规定，自可随时选任辩护人。［司法院一八年（1929年）院字第一二四号］

令

刑事诉讼法第一百六十五条被告于起诉后得随时选任辩护人各等语，反革命案件既归通常法院依通常程序受理，上开法条，自应适用。况最高法院迭次解释对于以前之特种刑事临时法庭受理反革命案件尚许律师出庭辩护，自不得在通常法院，更为限制。［司法行政部一八年（1929年）指令第四六〇号］

第一百六十六条 辩护人应选任律师充之；但非律师经法许可者，亦得选任为辩护人。

理 由

本条规定辩护人之资格。辩护人原则上须由律师中选任之，即为辩护人者，必须有辩护之能力。律师具有法律上之知识，足以对抗检察官之攻击，而保护被告之利益。律师之资格，依律师章程之规定。至无律师之资格，经法院认为能尽防御之职责者，亦得选为辩护人。

判 例

该省律师公会尚未成立，律师无出庭辩护之权，乃声请延期添附辩护人，是为无期限之声请，自属不能容许，因以延搁诉讼为理由，径行驳斥，并无不合。[前大理院二年（1913年）上字第一一二号]

第一百六十七条 选任辩护人，应通知法院。

理 由

本条规定选任辩护人之程式。被告如已选任辩护人，应即通知法院，因法院于一定情形下且须为被告指定辩护人，故被告已未选任辩护人，有先行明了之必要。

第一百六十八条 被告于许用代理人之案件，得以书状委任辩护人为代理人。

文 义

许用代理人之案件，即最重本刑为拘役或罚金之案件，见第二百七十二条。代理人与辩护人所处地位不同，盖辩护人除本法别有规定外，对于诉讼上保护被告一切利益行为，不受被告意思之拘束，若代理人则仅代行被告之权利，应受被告意思之拘束。

理　由

本条规定委任辩护人为代理人之案件。拘役、罚金，皆为轻微案件，故与被告委任代理人之便利。辩护人处保护被告之地位，最适于代理人之职务，故本条声明之。

判　例

委任关系，因双方合意而生，加具委任状，不过为证明委任之用，如或实际上确有委任行为，仅未提出委任状，要无妨许其补充。〔前大理院九年（1920年）抗字第八三号〕

第一百六十九条　每一被告，选任辩护人，以三人为限。

理　由

本条规定选任辩护人之人数限制。辩护人选任过多，聚讼一堂，于事务之进行不免反有阻碍。必限于一人，则有时被告欲申张自己之利益，以利诉讼之进行，亦未免受其拘束，故本法规定人数，特设本条。

第一百七十条　初级或地方法院管辖第一审之案件，于起诉后未经选任辩护人者，审判长认有为被告置辩护人之必要时，得依职权指定公设辩护人为其辩护。其最轻本刑为五年以上有期徒刑者，应依职权指定之。

文　义

初级法院管辖第一审之案件，即第八条所列举之罪是。地方法院管辖第一审之案件，即于不属初级法院或高等法院管辖之案件是。公设辩护人者，即国家所设之辩护公共机关。

理　由

本条为关于初级或地方法院管辖第一审之案件，由法院指定辩护之规定。关于该审级管辖之案件，如被告于起诉后未经选任辩护人，被告之能力殊有未能尽答辩之责，如被告年龄尚轻，或为聋哑，或系精神障碍，或系无资力选任辩护人，以及其他情形为被告之利益，诉讼上之进行，有应为之置辩护人之必要时，审判长得依职权，指定公设辩护人，为其辩护。至其最轻本刑为五年以上有期徒刑者，为慎重罪刑起见，必应依职权指定辩护人为其辩护。

判　例

上告案件，经已委任辩护人，如果以辩护人名义，具有意旨书者，不问其人曾否在京，均不另选辩护人。〔前大理院六年（1917年）上字第一八三号〕

被告人中有合于应设强制辩护人之条件者。如其未经委任辩护人，或虽经委任，而被委任者未曾出庭，自应选任辩护人，为之辩护。〔前大理院一〇年（1921年）上字第四一八号〕

本案系应科二等有期徒刑以上之刑。被告人又系妇女，依律应指定辩护人出庭，方能公判，乃原审未践此项程序，竟予判决，实属违法。〔最高法院一七年（1928年）上字第一〇一号〕

本案被告人陆某既经检察官认为犯连续行使伪造货币嫌疑，应依刑法第二一二条第一项治罪，而该条项法定最轻本刑，又系五年以上有期徒刑，按之刑事诉讼法第一七〇条规定，自属应用辩护人之案件。该被告及其配偶等既未选任辩护人，原审亦未依其职权，指定辩护人，为其辩护，而遽进行审判，是其诉讼程序之违法，极为显然。上诉人于原判决确定后，本此理由，提起非常上诉，洵属正当。[最高法院一九年（1930年）非字第一九三号]

解　释

审判衙门认为应置辩护人，固得以职权指定。惟应在辩论终结以前为之，不得以此为理由，重开辩论。至审厅受理惩治盗匪法上案件，亦应指定辩护人。[前大理院九年（1920年）统字第一四三九号]

查应置辩护人之案件，无论为直接或书面审理，如无委任辩护人，审判衙门又不指定辩护人出庭辩护，或令出具辩护意旨书，均得据为上告理由。[前大理院一〇年（1921年）统字第一六四六号]

令

据称该省上饶地方法院所在地尚无律师执行职务，则所有应用辩护人案件，自可就该地院候补推检中指定之，若事实上无从指定时，应准暂时通融办理，惟须于判词内声明，不能指定辩护人之理由，以备稽考。[司法行政部一八年（1929年）电江西高等法院第九九号]

第一百七十一条　高等法院管辖第一审之案件，于起诉后未经选任辩护人者，审判长应依职权指定公设辩护人，为其辩护。

文　义

高等法院管辖第一审之案件，即本法第十条所列举之内乱罪，外患罪及妨害国交罪是。

理　由

本条为关于高等法院管辖第一审之案件由审判长指定辩护之规定。凡内乱、外患、妨害国交之罪，关系尤重，故于起诉后被告或其亲属及监护人未经为之选任辩护人者，法律特别慎重公益起见，特规定审判长应依职权指定公设辩护人，为其辩护。

第一百七十二条　指定辩护人后，被告或其法定代理人、保佐人或配偶选任律师为辩护人者，应即将指定之辩护人撤销。

理　由

本条规定指定辩护人之解任。法院为被告指定公设辩护人为其辩护，以未经选任辩护为条件。其虽经选任辩护所选任之辩护人不出庭者，应以未经选任辩护论。若由法院指定辩护人后，复经选任辩护，则无庸指定之公设辩护人，更为辩护，本条之设以此。

第一百七十三条　被告有数人者，得指定一人辩护；但各被告之利害相反者，不在此限。

理　由

本条为指定辩护人人数之规定。指定辩护人之人数无限制，在通例被告一人指定一辩护人。惟关于重大之案件，亦得对于一被告而指定数辩护人。至被告有数人者，不妨指定一人辩护。但各被告之利害相反者，则一人辩护必不能达其目的，故有各别指定之必要，不受一人辩护之限制。

第一百七十四条　被告有数辩护人者，送达文件，应分别为之。

理　由

本条规定辩护人收受送达文件之权。辩护人既经合法选任或指定后，均有收受送达文件之权。被告有数辩护人，文件之送件，如限定对于中一人为之。则于其他辩护人，多有不利，故应就其人数各别送达之。

第一百七十五条　辩护人得检阅卷宗及证据物件，并得钞录卷宗。

理　由

本条规定辩护人检阅卷宗证据物件并钞录卷宗之权。卷宗及证据物件，均于行使辩护上有重要关系，故予辩护人以此项权利。

第一百七十六条　辩护人得接见羁押之被告，并互通书信，但有事实足认其有湮灭或伪造变造证据之虞，或有勾串共犯或证人之虞者，得限制或禁止之。

理　由

本条规定辩护人与在押被告之交通权。辩护人与被告须沟通意思，而后辩护人得以根据事实，为其辩护，倘事实真相不明，于辩护上定感障碍，故与辩护人有此项权利。惟若辩护人与被告借以湮灭或伪造变造证据或勾串共犯或证人者，则匪特无利于公益，且于刑事发见真实主义背驰。故如有事实足认有不法之疑虑者，得加以限制或禁止之。

第一百七十七条　被告之法定代理人、保佐人或配偶，于起诉后，得为辅佐人。

理　由

本条规定辅佐人之资格及时期。被告之法定代理人、保佐人或配偶，均有保护被告之权利义务，故本法亦采辅佐人制度，以保护被告之利益。

第一百七十八条 辅佐人，得在法院陈述意见。

理　由

　　本条规定辅佐人之权限。法律许辅佐人参与诉讼，虽为保护被告之权利起见，但辅佐人之权限太广恐不免流弊。故本法只许辅佐人在法院陈述意见，其他之诉讼行为，概不能参与。

第十二章　裁判

（第 179—187 条）

裁判者，法院就诉讼之实体及程序所表示之有拘束方之意思也。原来法院之诉讼行为，有意思表示与其他行为之别，其非意思表示之行为，如听当事人之陈述及调查证据皆是也。本章则属于意思表示之裁判。凡裁判之种类，裁判之成立，裁判之程式，裁判之宣告及送达，皆于本章规定之。

第一百七十九条　裁判以判决及裁定行之。

文　义

判决者，谓法院就实体法上及诉讼法上之权利关系所表示之意思也。裁定者，谓法院就诉讼程序所表示之意思也。

理　由

本条规定裁判之种类。裁判之性质，有关于刑罚权之存否及其范围者，有关于诉讼程序者，其性质既有不同，而对外表示意思之方式，自应有别。是以本条规定对于前者，以判决行之，对于后者，以裁定行之。

第一百八十条　判决除有特别规定外，应本于当事人之辩论为之。

法院之裁定，于审判时为之者，应经当事人之陈述。

文　义

特别规定云者，指第三百十条、第三百十一条、第三百四十四条、第三百八十二条、第四百三十六条等规定是。法院之裁定于审判时为之者，如关于证据之裁定是。反之，不于审判时为之者，如关于管辖之指定或移转之裁定是。审判时云者，谓审判开庭之时。应经当事人之陈述云者，谓于审判时应使在场之当事人为陈述也。

理　由

本条规定裁判之要件。刑事诉讼于判决程序，采言词辩论主义，故当事人之辩论，实为判决之基础，法院于判决前，须令当事人以言词为辩论。盖为发见真实起见，非经直接调查证据，自不得为之判决也。至关于特别规定，得不待陈述，径行判决之理由，留于各本条述之，兹不先赘。

关于法院之裁定，于审判为之者，应须经当事人之陈述，其理由即在补充或阐明卷宗内已有之资料。因为此项裁定之先，应使当事人尽量提出其主张或证据，以期发见真实而昭诚信。苟当事人放弃此项机会，拒绝陈述，则得不待其陈述，径行裁定。

判　例

凡用决定裁判之案件，本得不经口头辩论。〔前大理院六年（1917年）抗字第一八号〕

原审审理中，被告人实无第二次取保之事实，且并未到庭，自无何种辩论，足为本案判决之基础。〔前大理院七年（1918年）上字第一零号〕

解　释

查县知事受理诉讼案件，若于实体上之裁判，未经传讯当事人，依法辩论者，无论批谕内容如何，不能谓已经第一审判决。［前大理院一零年（1921年）统字第一四七〇号］

现行诉讼规例，采用直接审理主义，虽共犯中一人业已审判，其他共犯被获到案时，仍应依法另审。［前大理院一〇年（1921年）统字第一五四九号］

第一百八十一条　裁判应由推事制作裁判书；但裁定得仅命记载笔录。

文　义

裁判书即记载裁判之文书。记载笔录、如以言词舍弃上诉，或撤回上诉者应记载于笔录之类。

理　由

本条规定裁判书之制作。法院之判决系关于刑罚权之存否及其范围，至为重要，故应由审理之推事制作裁判书。至若裁定，则关诉讼程序，其关系远不及判决，故得仅命记载于笔录。

解　释

查来函所述案件，仅有罪犯判决录，由簿内载某案某日判决文监候字样，别无原审衙门判断之原文，或有负责任人所作足供证明之公文，殊难认为已有判决，应由第一审审判衙门，迅予断续审判。［前大理院九年（1920年）统字第一一八二号］

第一百八十二条 判决及驳回声请，或可以抗告之判定，应叙理由。

文　义

理由指主文所由构成之根据而言。

理　由

本条规定应叙述理由之裁判。判决及驳回声请或可以抗告之裁定，均应叙述理由。叙述理由，所以说明其根据。以判决一端言之，在有罪之判决，则须将犯罪事实及法律之适用而说明之。在无罪之判决，则须说明其无罪之根据是也。若不具理由，诉讼人莫由探知断案之根据，不足以昭诚实而释怀疑。驳回声请之裁定，若不叙述理由，声请人何以知驳斥原因，至可以抗告之裁定，若不叙述理由，则声明不服之人无以为陈明不服意旨之根据，而上级法院亦难审查原裁判之当否，故均应叙述理由，不容或漏。

判　例

查诉讼通例，认定事实，必依证据。苟第二审判决关于犯罪事实虽经认定，然在理由中并未依法证明，即系判决不附理由，不得不谓之违法。本案被告人杨金桂据原判认系与已死杨徐氏通奸。然编查诉讼记录，并无何种供证，足资依据。原判理由中亦未依法证明，则杨金桂有无通奸情事，事实上尚未明了，又何能率然认定为法律上之判断。[前大理院五年（1916年）上字第七〇五号]

解　释

检察厅对于同一被告人指明数罪起诉。审判衙门审判之结果认为仅成立一罪者，判决主文中只须对于有罪部分列举罪刑，其不为罪之部分，无庸列举；但理由中应将无罪之理由声叙。其或因行为法益之异，而一罪数罪之学说不一致者，则无罪部分，亦可于主文中分列以明示准绳，而免误解。又纵非此类原因，而将无罪部分列入主文者，虽不免有繁冗之嫌，仍不能谓为违法。〔前大理院四年（1915年）统字第三〇三号〕

第一百八十三条 裁判书除有特别规定外，应记载下列事项：
一 被告之姓名，性别，年龄，籍贯，职业，住址；
二 有代理人或辩护人者，代理人或辩护人之姓名；
三 经检察官出庭者，检察官之官职姓名；
四 自诉案件，自诉人之姓名，年龄，籍贯，职业，住址。
　　裁判书之原本，应由裁判之推事署名盖章。审判长有事故不能署名盖章者。由推事之资深者，附记其事由。推事有事故者，由审判长附记之。

文　义

　　特别规定，系指本法第三百二十一条至第三百二十四条而言。裁判书之原本，即指推事依第一百八十一条及本条规定所制作之裁判书。

理　由

　　本条规定裁判书程式，并定其签名之程序。第一款意在使其表明被告为何人，俾不致与他人相混。故其姓名，性别，年龄，籍贯，职业，住址均应记载。第二款，因表明有代理人或辩护人时，所应记明于裁判书之事项。第三款，因刑事案件，由检察官提起公诉，审判时检察官并须出庭发表意见，故经检察官出庭者，并须记明其官职及姓名。第四款，因关于自诉案件，与普通刑事案件由国家代表原告者不同，故其告诉人之姓名，年龄，籍贯，职业，住址，均应记明。

第二项规定裁判书应由裁判之推事署名盖章者，盖令担任裁判之正确也。然审判长或推事因事故不署名盖章时，不可不定变通之法，此本项之所由设也。

第一百八十四条 谕知判决，应宣告之；但不经辩论之判决，不在此限。

裁定于审判时谕知者，应宣告之。

文　义

宣告者，以言词判知之谓。不经辩论之判决，如第三百十九条管辖错误之判决等是。

理　由

本条规定裁判之宣告，即谕知判决，应宣告之。宣告所以发表判决之内容，其判决即发生效力，故列为诉讼上重要之程序。惟不经辩论之判决，则无宣告之必要。至裁定于审判时谕知者，亦应行宣告之程序。

判　例

判决之效力，因宣告而发生。其内部之评议，无论为本庭议决及总会议决，均不能即发生效力。［前大理院三年（1914年）上字第五六四号］

解　释

查刑事裁判未经宣示者，仅得视为文稿之一种，不生裁判效力。［前大理院八年（1919年）统字第九二八号］

刑事案审理终结，当庭谕知被告人于某日到庭宣示判决，届期被告人闻知判罪，避不到案，饬传无着，仍得宣示判决。［前大理院八年（1919年）统字第一○三七号］

查裁判未经对外宣布者，为文稿之一种，不生裁判效力，应另审判。若已宣布，则虽有某人处某刑极简单之裁判，不得认为无效。［前大理院一○年（1921年）统字第一五四二号］

第一百八十五条 宣告裁判，应朗读主文。其叙述理由者，并应朗读理由，或告以要旨。

文 义

主文即就为判决标的之事项所为之裁判而宣示本判决事实及理由所生最后之结果者也。

理 由

本条规定裁判宣告之程式。宣告裁判，应践行朗读主文之程序、俾知审判之结案。宣告裁判其叙述理由者，并应朗读理由，或告以要旨，使其即了然于裁判之根据，并以担保宣告之裁判，与记载于裁判书之裁判相符。

第一百八十六条 谕知裁判后，为裁判之推事，应于三日内。将裁判原本，交付法院书记官。

法院书纪官应于裁判原本，记明接受日期，署名盖章，并制作正本，记载证明与原本无异字样。

文 义

裁判原本云者，即依第一百八十一条及第一百八十三条规定作成之裁判书也。裁判正本云者，即抄录原本内容而对于外部与原本有同一之效力者也。

理　由

本条规定裁判原本之交付时期及正本之制作。裁判案件既经宣告，为裁判之推事，应于三日内，交付法院书记官，以便书记官制作正本而送达当事人。但违背此规定者，只生推事旷职问题，于裁判之效力，无何等影响。

法院书记官接受裁判原本后，即须记明接受日期，署名盖章，并制作正本，以为送达。而正本上并应记载证明与原本无异字样，以免接受人有所疑虑。

第一百八十七条　裁判除有特别规定外，应将正本送达于当事人。

前项送达，自接受裁判原本之日起，至迟不得逾七日，其经宣告者，自宣告之日起算。

文　义

特别规定，系指第三十二条第三项等规定而言。送达云者，谓关于诉讼之文件在一定方式之下交付于诉讼关系人之程序也。

理　由

本条规定裁判之送达及期限。本法规定告知裁判之方法有二种：一为宣告，则于法庭之裁判告知是。其一则于法庭以外为裁判告知之方法，所谓送达是也。裁判除有特别规定外，均应送达，宣告与否，所不必问。盖虽经宣告而以语言文字之关系，仍或不能明了其意义者，为求达告知之目的，所以认送达为一方法也。

裁判书之送达，若不有期间限制，则恐延搁稽迟，于诉讼当事人至感不利，故有第二项之设。惟若违背规定，送达延迟，亦只生书记官职务问题，于裁判及送达之效力，并无何等影响。

第十三章 文件

（第 188—193 条）

本章关于文件，设一般规定。文件之种类甚多，如传票、拘票、扣押、搜索笔录、公判笔录，及起诉上诉书状等是。其程式要件，类皆于各本条规定之。至为各项文件共通适用之点，法律亦不可不有规定，此本章所由设也。

第一百八十八条 法院或检察官文件，除有特别规定外，应由书记官制作之。

文　义

法院文件云者，即指在法院之各项诉讼行为依本法之规定，应制作之文件也。检察官文件云者，即指在检察处之各项诉讼行为，依本法之规定，应制作之文件也。特别规定，指第一百八十一条、第二百四十六条、第二百五十六条等规定，应由审判长、推事或检察官制作者是。

理　由

本条规定负制作文件职责之人。书记官职掌制作文件，故关于诉讼之文件有制作之职责者，以书记官为原则。但法院应事由之必要，有须审判长、推事或检察官自行制作者，则应由审判长、推事或检察官制作。此项制作，法律以条文规定之。其非有特别之规定者，均应由书记官制作之。

第一百八十九条 文件应由公务员制作者，应记载制作之年月日及处所，由制作者署名盖章，盖用各该公署之印，并于每页盖骑缝印。

文　义

署名即亲自签书姓名之义。盖章系盖公务员之私印。公署即指其所属之公署。

理　由

本条定公务员制作文件之程式。文件应由公务员制作者，其制作之年月日，与其处所，均应记载，并须署名盖章，盖用各该公署之印，至每页亦须盖骑缝印，皆所以示确实而防弊窦。

第一百九十条 公务员制作之文件，不得窜改或挖补。若有增加删除或附记者，应盖章其上，并记明字数，其删除处，应留存原文，以便辨认。

文　义

增加谓于本文添入文字。附记指于本文外添记文字而言。

理　由

本条规定文件订正附记之程式。法设本条，亦无非示文件之正确而防变造之流弊。

第一百九十一条 文件应由非公务员制作者,应记载年月日,并署名盖章。

文　义

非公务员者,即本章所称之公务员以外之人。告诉人或被告以及证人、鉴定人等,非无法院检察处或他公署为公务员者,然既以告诉或被告等之关系为诉讼人,则不属本章所称公务员之范围,应以非公务员论。非公务员制作之文件,如告诉状,告发状,声请书状,自诉书状,上诉书状,以及抗告书状,提起再审书状皆是。

理　由

本条规定非公务员制作文件之程式。

第一百九十二条 非公务员于文件,应行署名盖章而不能者,使他人代行署名盖章。代行人应记载事由,一并署名盖章。

文　义

事由即不能署名盖章之原由是,如因疾病创伤不能署名,即应记明因疾病创伤是。

理　由

本条为前条补充之规定。非公务员制作刑事诉讼之文件,唯一要件,为记载年月日及署名盖章。然若因不能书而不能署名,不备印章而不能盖章,以及其他事由而不能署名盖章,事所恒有,设以不具备前条之要件为理由而认其文件为无效,实于公私均感不便,故法律有设置补充规定之必要,本条之设以此。

第一百九十三条 文件应由书记官编为卷宗。

文　义

卷宗者，关于一切文件汇齐而保存之谓也。

理　由

本条规定文件保存之方法，及编制之职责。文件为明示诉讼事件颠①末之书状，务须保存。否则稽考为难，必多窒碍，故应由书记官编为卷宗。至其编订方法，应于各法院处务规则定之。

---

① 颠：头顶。

第十四章 送达

（第 194—203 条）

本章为关于送达之一般规定。送达之义，已于第十二章第一百八十七条文义中言之。关于刑事诉讼文件之送达，其接受者之权利义务，关系至巨，故其方法须郑重行之，所不待论。惟若失之过重，则恐诉讼迟延，费用增加；流于粗漏，则有害于公私之利益；是应权衡轻重，明定准则，此本章所由设也。

第一百九十四条 当事人辩护人、辅佐人，为接受文件之送达起见，侦查中应将其住址或事务所向检察官声明，审判中应向法院声明之。

于管辖法院所在地，无一定住址或事务所者，应委托居住该地之人为代受送达人，并声明其姓名住址。

代受送达人之住址，以本人之住址论。送达于代受送达人，以送达于本人论。

文 义

声明即告知之义，其方法或以言词，或以书状，法律并无定式之规定。住址包括住所、居所而言。

理 由

本条为关于诉讼关系人住址之声明及代受送达人之规定。当事人有收受送达之权利，所不待言。而辩护人、辅佐人既对于诉讼进行负一定之义务，自亦有收受送达之权。惟为接受送达起见，应将住址或事务所向检察官或法院声明，以便送达，此第一项之所由规定也。

当事人、辩护人、辅佐人于管辖法院所在地，无一定住址或事务所时，法律不可不有救济方法，故得委托居住该地之人为代受送达人，并声明其姓名住址，此第二项之所由规定也。

对于无一定住址事务所者，法律既有救济之道，而有代受送达之规定。惟代受送达与送达于本人其效力有异，则仍无以达送之目的。故代受送达人之地址，以本人之住址论，送达于代受送达人，以送达于本人论，此第三项所由设也。

判　例

对被告人当庭宣告之刑事判决，不适用送达之规定。［前大理院五年（1916年）抗字第一四号］

送达方法，通常须送交于受决定之当事人，或其代受送达人，始生送达之效力。惟限于当事人住址，或代受送达人之姓名住址，未向审判衙门呈明以致无从送达。本案请求再审状内已注明代诉人住址，原审乃不按照送达，遽以牌示①行之，是送达不合法，抗告期间，即无从进行。［前大理院一〇年（1921年）抗字第二八号］

第一百九十五条　前条之声明，其效力及于同地之各级法院。

理　由

本条规定声明之效力。当事人、辩护人、辅佐人以及代受送达之

---

① 牌示，为公示送达。

人既经向检察官或法院声明住址或事务所，即于各级审理皆可实行送达。法律为节省每易审级即须另将声明之烦，故有本条规定。

第一百九十六条 在监狱或看守所之人，毋庸为第一百九十四条之声明。

文　义

在监狱之人，指已决之囚而言。在看守所之人，谓未决之被告而被羁押者。在监狱或看守所之人，包括对当事人、辩护人、辅佐人而言。

理　由

本条规定不行声明程序之特例。住址或事务所之声明，原为实行送达起见，若在监狱或看守所之人，纵其人原有一定之住址或事务所，但既被拘束于看守所或监狱之中，即可径向监狱或看守所送达，更无求便利送达之问题，本条之设以此。

第一百九十七条 应受送达之住址或事务所，虽未经声明而为检察官或法院所知者，得将应送达之文件，以挂号邮信送达之。

理　由

本条规定邮信送达之例。应受送达人之住址或事务所，因虑检察官或法院有所不知，故应声明，而便送达。若应受送达之住址或事务所，诉讼关系人虽未经声明，而检察官或法院已明知之，自不妨将应受送达之文件，以挂号邮信送达。惟本条规定，系由检察官或法院酌核，并无强制之性质，检察官或法院者因未经声明，概依住址不明之例，径以公示送达，不得谓为违法。

第一百九十八条 送达于在监狱或看守之人，应嘱托监狱或看守所长官送达之。

理　由

本条规定嘱托送达之例。诉讼关系人既被拘置于监狱或看守所，自应守纪律，若对于此等人直接送达，殊非维持纪律之道。故应嘱托监狱或看守所长官代为送达。

判　例

应行送达被羁押人之文件，仅送达于看守所之号房，显于刑事诉讼条例（已失效）第二零五条（即本条）之规定，有所误解，不能执号房受送达之送达证书，断定被押人之受送达，即为号房受送达之日。〔前大理院一四年（1925年）抗字第一八六号〕

应送达于在看守所人之判决正本，而仅送达于看守所，并未嘱托送达于在看守所之人者，显非合法。〔前大理院一五年（1926年）上字第五六〇号〕

令

查裁判除有特别规定外，应将正本送达于当事人，其向在监狱或看守所之人，为送达时，应嘱托监狱或看守所长官送达之，此在旧刑事诉讼条例及现行刑事诉讼法，均有明文。缘所送达之判决，虽经依法确定，如果在法律上或事实上有重大错误，受送达人尚可依法别谋救济，如不送达，宁非绝人救济之途。若为预防危险起见，在行政方面非无办法，断不能因此而竟不送达（刘寿杀死等亲属一案）。前大理院于十六年（1927年）二月十五日，所为之判决，该天津看守所向不转发，习非成是，殊属不合。〔司法行政部一八年（1929年）指令第二六六八号〕

第一百九十九条 当事人有下列情形之一者，得为公示送达。

一　住址不明者。

二　挂号邮信而不能达到者。

三　因居住于法权所不及之地，不能以其方法送达者。

文　义

住址不明者，如不声明住址，又不委托代受送达人之类是。挂号邮信而不能达到者，如受送达人之住址所在地不能通挂号邮信者是。因居住于法权所不及地，不能以其他方法送达者，如被告居住于外国公使馆内，公使拒绝收受，又如被告居住外国，因无国际条约，不能向外国官署嘱托送达之类是。

理　由

本条规定公示送达之要件。公示送达不过公示应送达之文件之内容，视作已交付应受送达人，与普通送达，本人必可确知文件之内容者，固自有异。故必须限于非公示送达之方法外，别无其他方法可以送达者，始得为之；且以该文件应送达于当事人者为限。若应送达于辩护人、辅佐人之文件，不适用公布送达之规定。

第二百条 公示送达，属于审判者，应经法院之许可，属于侦查者，应经首席检察官之许可。

公示送达，由书记官将应送达之文件张贴于牌示处行之。

第一次审判之传票，应公示送达者，遇有必要情形，除依前项规定外，并应登载报纸，或以其他方法通知或布告之。

公示送达，自张贴牌示之时起，经十五日，其登载报纸者，自最后登载之时起经三十日，以已经送达论。

理　由

本条规定公示送达方法及公示送达之生效时期。公示送达，原出于救济之方法，不得滥行，以保诉讼关系人之利益，而免审判侦查之遗误，故属于审判之公示送达，应经法院之许可，属于侦查之公示送达，应经首席检察官之许可，此第一项之所设也。

公示送达其方法如何，即由书记官将应送达之文件，张贴于牌示处行之，此第二项之设也。

牌示之方法，于诉讼关系人及检察官或法院皆有便利。惟第一次审判之传票，设仍于牌示行之，则因牌示于一定处所之内，传播不广，必使其确知，容有疑义。法律又不可不有补充之方法，此第三项之所设也。

公示送达，该接受送达人，何时始能阅视，或竟不阅到，无从悬测。故须明定公示效力之发生时期，俾其他关系日期之进行，与期限之起算，有所依据，此第四项之所设也。

第二百零一条　对于检察官之送达，应向检察官为之。

理　由

本条规定对于检察官之送达方法。法院对于检察官之送达文件，应向检察官本人为之，而不得仅送达于检察处。

判　例

依本院最近解释，仅系就送达于检察官时为关于处所之规定而受送达者，仅系诉讼当事之检察官，法院所应向送达者，亦即诉讼当事人之检察官，而不得代以所属之检察厅，更不得以所属之检察厅视同检察官。故对于检察官为送达时,以送达之通则言之,恒即直付由检察官收受,若仅如普通公文之送交检察厅,除有特别情形外,尚难遽以已经送达于检察官论(原法院之送达即误于此)。如是则检察官既直受判决之送达,关于详细或简要理由书之作成,又有相当之准备期限。抗告意旨中所称登录分配,须经若干时日,收到判决已逾上诉期间,或将届满之事实,根本上即不致发生,自毋庸鳃鳃[①]过虑。〔前大理院一五年(1926年)抗字第一三二号〕

第二百零二条 送达文件,由司法警察执行之。

理　由

本条规定送达之执行机关。其理甚显,无庸多述。

第二百零三条 送达文件,除本章有特别规定外,准用民事诉讼法。

理　由

本条为关于送达准用民事诉讼法之规定。关于送达文件之规定,民事诉讼法有详细规定,本法无再设详细规定之必要,故除本章有特别规定外,其余送达之事项,得准用民事诉讼法。

判　例

查法院文件应送达者,依刑事诉讼条例(已失效)第二百零九条(即本条)及民事诉讼条例(已失效)第一百四十九条之规定,应由法院书记官依职权为之,嘱托他之司法机关送达者,依刑事诉讼条例

---

① 鳃(sāi)。

第二百零九条，及民事诉讼条例第一百五十一条之规定，亦应由法院书记官嘱托他法院之书记官为之。嘱托者与受托者均系法院之书记官，原不容法院外他种之权限者于中越俎，即在托者系属县知事公署之情形，因县知事之兼理司法者，于司法事项具有审判及检察两种职权。在职务上所与发生密切关系者，法院而外尚有检察在署内设置之书记官，亦未必按照审判及检察各部类分别任人各司其事，而既以同一公署分理两类之事务者，署内书记官之职任，自亦如是。故受托或受命而为送达时，如嘱托者系法院之书记官，则恒属审判部类之事，即以其法院书记官之资格应之，若嘱托或命令者系检察厅或检察厅之某公务员，则恒属检察部类之事，即以其检察厅书记官之资格应之，统系本极分明，不容互有紊乱。若检察厅将判决，本令由县署送交当事人收受，是以检察厅代法院书记官司嘱托送达之事，殊属无权。〔前大理院一五年（1926年）上字第六六八号〕

刑事诉讼法第二百零三条，及修正民事诉讼律第一百八十条规定，对于军人之送达，应向该管长官为之。原审当时系将谕知没入保证金之裁决书，送达于抗告人住所，如果抗告人于是时已经取得军人身分，其送达即有未合。〔最高法院一七年（1928年）抗字第一四三号〕

查其送达证书载明交付抗告人之妻黄胡氏收受，依刑事诉讼法第二百零三条之规定，准用民事诉讼法，惟民事诉讼法尚未颁布，自适用修正民事诉讼律。按该律第一九十条第一项规定，自与交付抗告人本人同一生效，是抗告人既非不在管辖法院所在地居住，即无扣除在途期间之可言。〔最高法院一七年（1928年）抗字第一三九号〕

解 释

刑事诉讼条例（已失效）第二百零九条（即本条）所称，送达文件除本章有特别规定外，准用民事诉讼条例云云，自系指准用其送达程序而言，尚不得以此为收费之根据。〔前大理院一一年（1922年）统字第一七五三号〕

第十五章　期限

（第 204—212 条）

本章规定关于期限一般之准则。期限者法律预定一定时间，使诉讼主体于此一定时间内为诉讼行为或不为诉讼行为也。期诉讼手续进行迅速，与其确实，故法院及诉讼关系人有一定期限为之或不为之之必要。依期限之性质言之，可分为可变及不可变两种。如上诉期限，抗告期限皆属于不可变者，学者谓之失权期限。如提出上诉理由期限，被告未决羁押期限，皆属可变者，学者谓之进行期限。失权期限，如欲再为诉讼行为，预具备一定条件。此项条件，亦规定于本章中。

第二百零四条　期限以月或年计算者，从历。

文　义

从历云者，依历计算不复以日计也。例如侦查期限二月至四月，不论其中有无二十八日或三十一日，须以历上有以二十八日为一月或三十一日为一月者，俱作一月计算是。

理　由

本条定期限之计算方法。期限以月或年计算者从历，所以省计算之烦。

解　释

计算刑期，应从刑律（已失效）时例之规定，与刑事诉讼条例（已失效）计算期限之规定无涉。〔前大理院一二年（1923年）统字第一八四一号〕

第二百零五条　期限以日月或年计算者，不算入第一日。

理　由

本条规定期限之起算点。期限以日月或年计算者，其第一日大抵不足，为便于实际，故其第一日不复算入，自翌日起算。

第二百零六条　期限以月或年计算者，以最后之月或年与起算日数目相当之前日，为期限之末日；但最后之月无数目相当日者，以其月之末日，为期限之末日。

期限之末日，若系星期日、庆祝日，或其他普通休息日，不得算入。

文　义

以最后之月或年与起算日数目相当之前日为期限之末日者，例如羁押被告期限侦查中为二月，又经检察官声请延长一月，为三月，以五月三十日为起算日，应至七月二十九日为起算日数相当之前日是。最后之月无数目相当日者，以其月之末日为期限之末日者，如前例之七月以二十八日为末日，并无数目相当之三十日，则以其末日为期限之末日是。

理　由

本条规定期限之终期。期限以月或年计算者，应依历以最后之月或年与起算日数目相当之前日，为期限之末日，但最后之月无数目相当日者，应以是月之末日为期限之末日。法律为恐对期限满了日适用上发生疑义，故有本条第一项之设。

期限之末日若系星期日、庆祝日或其他普通休息日，原则上皆不执行检察审判事务，故不得算入期限之内，其期限应于其翌日终竣。此为本条第二项之设。

判　例

上诉期间内，遇有星期日，不能除去计算。必其星期日在期间之末日，始得展限一日。[前大理院三年（1914年）抗字第五号]

期间末日，适值司法衙门休息日者，应作不算入。[前大理院六年（1917年）抗字第二七二号]

解　释

现值政体更新，该省法院于是日，① 均照常办公，该日自不得认为包括刑事诉讼法第二百零六条第二项所定庆祝日之范围内。[司法院一八年（1929年）院字第一五八号]

第二百零七条　当事人不在管辖法院所在地居住者，计算法定期限，应扣除其在途之期间。

应扣除之在途期间，以司法部命令定之。

---

①　四月八日国会开幕纪念。——编者注

理 由

本条规定在途期间之扣除。凡为诉讼行为,有法定期限,不复问其特别情形,胥受法定期限之限制,则必因当事人之居住与管辖法院所在地距离之远近,而生不平之结果,是不可不求弥补此缺憾,故设本条。

应扣除之在途期间,前刑事诉讼律草案第二百四十九条,定其方法。每海陆路五十里展限一日,未满五十里而在十里以上者亦同。海路以一海里作三里计算。其住在外国或交通不便之地者,并得由各该法院检察厅分别情形,特定附加期间,惟法定期限应扣除其在途之期间,宜按实际在途期间而定,概以里数计算,殊未平允。故本法则由司法部命令定之,自较该草案为善。

第二百零八条 当事人非因过失不能遵守期限者,得声请回复原状。
许用代理人之案件,代理人之过失,以当事人之过失论。

文 义

回复云者,即于期限经过后仍得为其所应为之诉讼行为之谓也。非因过失云者,谓不遵守期限之原因,出于当事人意料之外,如天灾地变,及其他不可抗力之事故是。

理 由

本条规定声请回复原状之条件。法定期限,为刑事诉讼法上之强行规定,自不容视无轻重,任意声请回复原状。但若对于期限之不遵守,既非出于过失,乃基于天灾地变及其不可抗力之事故,不与以声请回复原状之权利,实未免过酷,故本法限于非因过失不能遵守期限者,有声请回复原状之权。

代理人既代理当事人为诉讼上一切行为，则其行为与当事人法律上无有歧视，故代理人之过失，须以当事人之过失论。

判　　例

当事人声明上诉，经以逾期为理由，决定驳回之案，如能提出并未逾期或虽逾期之缘由非可归责于己之确证，固得声请回复上诉权，但既曰回复上诉权，则必本有上诉权而后有回复之可言。若抗告人依覆判章程第七条之规定，处刑并未重于初判，本不得声明上诉，先既无权，何从回复。[前大理院九年（1920年）抗字第八一号]

解　　释

上告审认定控告逾期，将控告审原判撤销之件，若有确据足证明其控告逾限之原因，并非出于当事人之过失者，准其另件向原控告审衙门声请回复原状（即回复已丧失之控告权）。原控告审应调查有无回复理由，如无理由，径以决定驳斥，若有理由，该项控告，并别无不合法者，即应另行控告审审判。[前大理院八年（1919年）统字第九六九号]

代诉人仅以函询本人需费时日为请求回复上诉权之原因，自属不应许可。[前大理院八年（1919年）统字第一〇一六号]

上诉后提出理由书逾期，如非由于上诉人之过失，依刑事诉讼条例（已失效）第二一四条，（即本条）本许声请回复原状。[前大理院一三年（1924年）统字第一八九二号]

计算上诉期间，以法院收受上诉状之日为准，在途期间并应扣除，倘因病逾期，依声请回复原状之规定办理。[最高法院一七年（1928年）解字第七四号]

回复原状之声请权，依刑事诉讼法第二零八条第一项之规定，属于当事人，而关于当事人之定义，又经同法第三条规定为检察官自诉人及被告，其原告诉人既非当事人，对于不起诉处分，经过再议期限，自不得向法院声请回复原状。［司法院一九年（1930年）院字第四三九号］

第二百零九条 声请回复原状，应于不能遵守期限之原因消灭后五日内，以书状向该案件所属法院为之。其逾上诉期限者，应向原审法院为之。

声请回复原状之原因，应释明之。

理　由

本条规定声请之期限及其程式。声请回复原状，应于不能遵守期限之原因消灭后五日以内，经过五日以内之期限不声请者，则系甘自放弃权利，不再与以声请之权。至声请之方法，应以书状向该案件所属法院为之。但逾上诉期限而声请回复原状者，应向原审法院声请，以关于声请之原因，原审法院调查自属便利也。

声请回复原状，声请人应释明其声请之原因，以证明其确无过失。法律为此规定者，亦借以防声请权之滥行，而并以易审查其有无理由也。

判　例

刑事诉讼条例（已失效）第三百七十三条至第三百七十五条（即本法第三百五十八条至第三百六十条）于得为上诉或代为上诉之人，有列举规定，而被告人等亲属不与焉，自不得声明不服。但如被告本人对于原审判决，本亦所有不服，误以尊亲属之上诉，为即其上诉，以致未能如期上诉，仍得于受驳斥判决送达后五日内，释明前项原因，声请回复原状。［前大理院一二年（1923年）上字第四六三号］

第二百十条　声请回复原状，应于声请时，补行期限内应行之程序。

文　义

补行期限内应行之程序，如因上诉逾期声请回复原状者，应向原审法院一面声请回复原状，一面另状声明上诉是。

理　由

本条规定期限应行之程序之补行。回复原状之声请，应由声请之法院裁定。如经许可裁定后，始补行期限内应行之程序，则徒增纷扰，无裨实际，故列为声请方法之一，而定本条。

判　例

抗告人以送信之人，被军事征发，拉充挑夫，致不能遵守期限为理由，声请回复原状，复末同时补具上告理由书，自系不谙诉讼程序，原审应明白指示，令其补具，然后再就障碍原因，予以审定，始臻允当，乃以未将理由书同时并递，遽将声请驳斥，尚觉未洽。〔最高法院一七年（1928年）抗字第一六号〕

第二百十一条　回复原状之声请，应由声请之法院裁定之。
声请经驳回者，得于五日内抗告。

理　由

本条规定声请回复原状之裁判。声请之有无理由，由声请之法院裁定。此项裁判，以裁定之形式行之。回复原状之声请，若经声请之法院，认无理由被驳斥时，声请人得提起抗告。此项抗告期限，若不规定，殊非尊重诉讼程序，诉讼事件，必致迟延不结，故须于裁定送达后五日以内为之。

判　例

原法院驳回声请回复原状之裁定，于民国十七年（1928年）九月三十日送达于抗告人，取有回证附卷，乃迟至十月八日始行提起抗告，按之刑事诉讼法第二百十一条规定，已逾法定期限，自属违背程序。〔最高法院一七年（1928年）抗字第一七三号〕

第二百十二条　声请回复原状，于裁定前，得停止执行裁判。

理　由

本条规定声请回复原状时裁判执行之停止。当事人声请回复原状，许可与否，在裁判以前，无从而知，故得停止裁判之执行。惟此种停止与否，法院有裁量之权，固不以停止为原则也。

第二编　第一审

　　刑事诉讼法为确定科权之有无及其范围之诉讼程序，采用三审制度。故公诉之提起必于第一审法院为之，对于第一审判决有不服者，得上诉于管辖第二审之法院，对于第二审判决有不服者，更得上诉于管辖第三审之法院，是审判程序又有第一审程序，第二审程序，第三审程序之别。本编即为规定第一审程序而设。惟检察官或自诉人之起诉，必须向第一审法院为之，其一般准则亦应编入第一审程序之内，故本编第一章规定公诉，第二章规定自诉。

第一章 公诉

刑事诉讼以确定国家科刑权之存否及其范围为目的，故由抽象方面言之，刑事诉讼之客体，得谓为国家与犯罪嫌疑者间刑罚法上之权利关系。此项权利关系，依处诉追地位之检察官请求法院确定其存否及范围。此请求之范围，则为具体诉讼之客体。对于法院诉追犯罪之请求权，谓之形式公诉权。或以为此项请求权须经行使，始得称之公诉。实则在成法上及学说上，公诉一语，其意义常错综而用，并无严格之区别。惟依本编条文编制上观之，本章所谓公诉应认为对于自诉之称谓，即在刑事诉讼法中除特定犯罪被害人得径自追诉外，以由检察官追诉犯罪为原则，故关于检察官之侦查起诉以及因此开始之诉讼程序，得称为公诉程序，反之，则为自诉程序。

刑事诉讼之目的，在确定科刑权之存否及其范围，故公诉之目的，即在证明犯罪适用刑罚。证明犯罪虽系适用刑罚之当然手段，然若以公诉仅以刑罚之适用为其唯一最高之目的，仍有未妥。盖刑罚之主要目的，虽在改善犯人反社会的性格而预防将来之犯罪，但刑罚之其他作用，即刑罚之一般的预防作用及对于被害者之作用，均须俟犯罪之证明，从而在法律上应免除刑罚者，亦得以犯罪之证明为目的，而提起公诉。

刑事诉讼法采用弹劾式主义，国家科刑权客观的存在与否，须由诉追权者向法院请求为确定之审判。在请求审判时，不能决定客观的科刑权之成立与否。是以有追诉权之检察官，对于犯罪之嫌疑者，主观认为应予处罚时，亦得发生公诉权。依本法之规定，凡犯罪证据不足及法令上应免除刑罚不认科刑权之存在时，应为无罪或免刑之裁判，可知国家之科刑权非其本质上无公诉权，则不能实行，特以采用弹劾式之故，限于有公诉权之行使始致其实现而已。其认公诉权为科刑权之当然作用者，谬也。要之，形式公诉权与科刑权观念各别，科刑权系实体法上之权利，其目的在刑罚之实行，故因犯罪而发生，因刑罚之执行而消灭，形式公诉权，则为诉讼法上之权利，其目的在裁判，故因犯罪之嫌疑而成立，因判决确定而消灭。兹尚有应注意者，则为科刑权作用之刑罚请求权。刑罚请求权，得称之实体公诉权，此权利为实体法上之权利，与形式公诉权之为诉讼法上之权利，应有区别。

本章规定分三节，第一节规定准备起诉之侦查，第二节规定起诉，第三节规定审判。

第一节　侦查

（第 213—257 条）

刑事诉讼法采用弹劾式主义，由检察官行使公诉权。公诉权之行使，即提起公诉。提起公诉应为相当之准备，故须搜集关于犯人与犯罪之内容及处罚条件、诉讼条件之证据而调查阐明之。此种搜集保全之程序，谓之侦查。提起公诉在期科刑权之适正确定，故侦查之目的，不仅为明了科刑权之存否，而对于科刑权之范围程度为正当之确定所必要之一切事物，亦应有以调查阐明之，即对于犯人及犯罪一切之事实各项证据，不问于犯人之不利有利各方面，均应调查搜集，以资科刑权之确定得其适当。

检察官于刑事诉讼法上之职责，不限于公诉之提起实行，且负请求法律之正当适用及监督判决执行之职责，故检察官及其补助机关，于各项有关系之事件证据，亦须调查搜集。此种行为，亦属侦查行为，例如再审之请求（第四百四十六条），非常上诉（第四百三十三条）是。

侦查为提起公诉之准备程序，故侦查之权性质上与形式公诉权相伴。形式公诉权之发生，不限于科刑权客观的发生时，即有行使公诉职权之检察官，对于犯罪抱有嫌疑在主观方面认为科刑权成立时，亦发生形式公诉权。故为公诉准备程序之侦查权，于有侦查权者主观认为犯罪成立时，亦得谓已存在，至其存续期间应至科刑权绝对确定时为止，故在起诉后或上诉中，检察官固可续行侦查，即在谕知科刑，无罪，免诉，不受理之判决确定后，亦得续行侦查，而再行起诉或提起再审及非常上诉。

侦查程序为诉讼之准备程序，故侦查本体当然不生诉讼法之效力，须因检察官进为诉讼当事人，以侦查之结果，提出法院，始生诉讼法上之效力。但侦查程序，于相当范围内，亦得发生诉讼法上之效力，尤于检察官所为之强制处分（如拘提、羁押、扣押、搜索、勘验证人鉴定人之讯问等）为然。

凡一切犯罪如经历时日，则罪证散佚，存在莫究，且犯罪手段方法之巧妙，与文明之进步相伴，犯人于犯行前预防发觉，深谋苦虑，无所不用其极，冀使侦查之困难，而在实施犯行后，亦多利用各种巧妙之利器，湮灭罪证，故从事侦查，务须迅速敏捷，努力于证据之搜集保全，所不俟论。虽然，进行侦查，关系人民权利，至为重大，是以又当慎重将事，以重人权。故本法参酌公益上之要求与个人利益之保护，设适当之法则，期无偏重之弊，规定本章。

第二百十三条 犯罪之被害人，得为告诉。

文　义

犯罪之被害人谓因犯罪被侵害之法益主体。告诉云者，谓犯罪之被害人依法律申告有侦查机关请求处罚犯人之行为也。故告诉为犯罪之被害人及其他有告诉权（见以下各条）者之申告犯罪。此等告诉权者以外人之申告犯罪，则非告诉，而为自首或告发。告诉须以犯罪事实申告于侦查机关，向侦查机关以外之官署申告，其告诉无效，告诉必须表示请求处罚犯人之意思，若仅申告犯罪事实，亦非告诉。请求处罚犯人，申告犯罪之书面，通常称为告诉状，仅申告犯罪事实之书面，通常称为被害始末书。

理　由

本条规定被害人之告诉权。被他人不法之侵害，自得请求国家保护救济，故本条明定被害人之告诉权。告诉系权利而非义务，苟放弃此项权利，不为告诉，虽非法律之所要求，但为法律所容许。

判　例

　　妇人被人拐逃，中途经警查获，解送检察厅侦查后，该妇人仍得告诉。［前大理院六年（1917年）上字第一零零号］

　　地方保卫团如有刑事被害者时，团总以代表资格，当然得行告诉。［前大理院七年（1918年）抗字第七三号］

　　刑事告诉人得委律师出庭，与有无上诉权无涉。［最高法院一七年（1928年）上字第五一六号］

解　释

　　告诉权不因年龄而受制限。即未成年女子被诱，该女子亦有独立告诉权。［前大理院一零年（1921年）统字第一五六六号］

　　有告诉权人并未表示不告诉，检察官厅尚应传讯明确。［前大理院一零年（1921年）统字第一六一一号］

　　刑事告诉，虽得委人代行，所委之人亦不问其系属律师与否，然律师代行告诉，依现行法令尚不能与民事代理人、刑事辩护人视同一律。［司法院一八年（1929年）院字第一二二号］

　　查最高法院解字第二零二号解释，因认告诉告发得委律师代行，但已明言与律师出庭辩护性质不同，其以律师代行告诉者，自不能与辩护人视同一律，司法行政部指字第七二二号指令否认告诉人延请律师出庭办法，核与前开解释，尚无冲突。［司法院一八年（1929年）院字第一四九号］

　　告诉乃论之罪，其告诉权属于何人，在刑事诉讼法第二百十三条以下已有列举规定。未满十六岁之女子被人奸淫，该女子及其行亲权之父母,如均不愿告诉,他人无论是否亲属,既无独立告诉之权,其告诉自属无效。〔司法院一九年(1930年)院字第四一二号〕

第二百十四条 被害人之法定代理人、保佐人或配偶,得独立告诉。

被害人已死亡者,得由其亲属告诉;但不得与被害人明示之意思相反。

文　义

独立告诉者,谓告诉权为其独立权利,不问被害人之意思如何也。配偶云者,即夫或妻之谓,以被害人死亡时为其配偶为限。亲属之意义,依刑法第十一条之规定。不得与被害人明示之意思相反,例如甲乙二人友谊甚笃,争弄手枪,甲偶失慎致乙饮弹,当乙垂毙之际,声言因是过失,毋庸告官者,即乙之亲属亦不能告诉。

理　由

本条至二百十七条,均系规定被害人以外之人行使告诉权之范围。有告诉权者应以被害人为限,但绝对遵守此原则,事实上殊有未便,故本条及以下各条虽被害人以外之人,亦与告诉权。

被害人之法定代理人、保佐人或配偶,与被害人关系密切,或告诉能力胜于被害人,既处保护被害人之地位,自应与独立告诉权。所谓独立告诉权,得不问本人意思如何而行使之,固不待论,对于被害人本人之告诉权,亦无何等影响。

告诉权原为被害人所有之公权,专属诸被害人一身,不能认有移转之性质,故被害人死亡,其告诉权亦归消灭,实为当然。惟依此理论,既非保护被害人之道,且犯人幸免罪责,揆之刑事政策,尤有未当,故法使其亲属仍有告诉之权。但被害人生前曾明白表示反对之意思者,则为尊重其意思起见,不得告诉。

解　释

查代行告诉,如能证明确系本人委任,自无庸本人到庭。[前大理院八年(1919年)统字第一一四九号]

依刑法第三百二十二条第二项,及刑事诉讼法第二百十五条第三项关于刑法第三百十五条第一项之罪,亲属告诉,固以不违反被略诱人之意思为限,如告诉者系被略诱人之本夫,按照刑事诉讼法第二百十四条第一项,得独立告诉,并不受其限制。[司法院一八年(1919年)院字第八九号]

查刑事诉讼法第二百十四条第一项之独立告诉,乃就其对于被害人之意思而言,即不问被害人之意思如何,均可自行告诉也。与第二项之亲属告诉,不生相互关系,假使被害人业已死亡,其配偶与其他亲属并存,被害人之配偶,固得独立告诉,其他亲属于不违反被害人明示意思之范围内,亦得告诉,各自行使告诉之权。遇有告诉而又撤回之情形,除撤回之本人,应受同法第二百十九条第二项之制限外,于他人之行使告诉权,不生影响。[司法院二零年(1931年)院字第四七零号]

第二百十五条　刑法第二百四十五条之妨害风化罪,非下列之人,不得告诉。
一　本夫或其父母,祖父母,曾祖父母,高祖父母。
二　妇女之父母,祖父母,曾祖父母,高祖父母。
　　刑法第二百五十六条之妨害婚姻及家庭罪,非本夫不得告诉。

刑法第三百十五条第一项之妨害自由罪，被略诱人之亲属，亦得告诉，但不得与被略诱人之意思相反。

文　义

刑法第二百四十五条之妨害风化罪，即以诈术使妇女误信有夫妻关系而听从其奸淫之罪。刑法第二百五十六条之妨害婚姻及家庭罪，即有夫之妇与人通奸罪。刑法第三百十五条，第一项之妨害自由罪，即意图使妇女与自己或他人结婚而略诱之罪。

理　由

本条规定告诉主体之限制。盖对于特定犯罪，法律斟酌人情，权衡公益，于告诉之权利，不得不有限制。苟有告诉权人以为干涉益彰，名誉损害益大，自愿放弃公诉权利者，则他人及国家，均不得告诉，予人难堪。如何之犯罪告诉乃论，于刑法规定之，而告诉之主体，则定诸本条。兹将本条三项规定，略述如下：

第一项于刑法第二百四十五条妨害风化罪之告诉权人，设其限制。盖四等亲内之宗亲和奸罪，事乖伦理，易损家声，故非本夫或夫之尊亲属及妇女之尊亲属，不能告诉。

第二项关于刑法第二百五十六条妨害婚姻及家庭罪之告诉权，设其限制。因有夫之妇之奸非行为，并非屈于强胁，原属同意，其利害关系最大者，厥维本夫，故惟本夫有告诉权。

第三项关于刑法第三百十五条第一项妨害自由罪之告诉权人，设其限制。意图使妇女与自己或他人结婚而略诱之者，被略诱人固自有告诉权，被略诱人之亲属，亦与有利害关系，应亦有告诉权，惟如被略诱人不愿告诉，以免事件宣扬，名誉愈形损害者，则其亲属不得行使告诉权。

判　例

刑律（已失效）第二八九条之和奸罪，依第二九四条第二项后半之规定，本夫事前纵容事后得利而和解者，其告诉为无效。按告诉无效，系丧失亲告权，与本有此权而未经行使告诉者有别，亲告权既经丧失，公诉亦即消灭不能存在。[前大理院五年（1916年）上字第四一七号]

因他人和奸其妻后，恋奸情热，相约同逃者，得舍弃关于奸罪之亲告权，而专对于和诱部分告诉。[前大理院六年（1917年）上字第五二二号]

某女为他人童养媳，被人和奸和诱，如其童养翁及生父均未明白表示告诉之旨者，则诉追条件，即属欠缺，应为驳回公诉之判决。[前大理院六年（1917年）上字第八二七号]

告诉权专属于妇女尊亲属之亲告罪，如行亲权之父在除有不能告诉之情形外，应由其父行使告诉权，若行亲权之父不为告诉，而其母违反其意思所为之告诉，即不能认为适法。[前大理院一零年（1921年）上字第一三九号]

奸妇与本夫虽已经判决离婚，然被告所犯奸罪与本夫之告诉，均在判决离婚以前，离婚之效力，既不能追溯既往，则被告成立之罪名，与本夫所为之告诉，均不因后来之离婚而稍受影响。[前大理院一二年（1923年）上字第二〇七号]

查被害人雪宝，并未以言词或书状亲告，而韩日录告诉孙焕根诱拐函内，虽有被奸之语，但韩日录为天主堂司铎，究难认为雪宝之亲属，是本案并无合法告诉，其诉追条件，即有欠缺。[最高法院一七年（1928年）上字第二四二号]

廖高氏与廖占云、刘德安相奸及廖占云和奸，系犯刑律（已失效）第二百八十九条第二百九十条之罪，依同律第二百九十四条第二项第三项之规定，须本夫及尊亲属告诉乃论，卷查本案并无合法告诉，即于诉追条件，有所欠缺，应将公诉驳回。[最高法院一七年（1928年）非字第五号]

按刑律（已失效）第二百八十九条及第二百九十四条第二项，须本夫告诉乃论。朱贾氏之夫朱昌既经被害身死，关于相奸罪之诉追条件，显已欠缺。原更正判决仍论处朱贾氏相奸等刑殊属违法。[最高法院一七年（1928年）非字第一零号]

解　释

犯二亲告罪，已经亲告，审理中又发见一罪，仍须亲告乃论。[前大理院四年（1915年）统字第三零五号]

亲告罪之告诉，原不以书状为限，其到案陈述请求处罚者，自可认为有告诉权者之告诉。到案陈述是否请求处罚，意思不明者，讯问官应当庭询明其意见，以凭核办。[前大理院四年（1915年）统字第三六零号]

须亲告之案件，既经审判衙门以欠缺诉追条件，或判驳回公诉，显未就本案实体上裁判。嗣后如有合法告诉，仍可另案办理。[前大理院八年（1919年）统字第一零五五号]

甲乙系犯相和奸罪，丙既纵容，自无告诉权。[前大理院九年（1920年）统字第一三二六号]

须尊亲属告诉乃论之罪，本生父母虽得告诉，但以所继父母均已亡故，或事实上不能告诉时为限。若能告诉而不告诉，或有法律上不得告诉原因，本生父母自不得告诉。[前大理院一零年（1921年）统字第一四七七号]

本夫告诉强奸，审系和奸者，其和奸罪，应认为已有告诉。[前大理院一零年（1921年）统字第一五六七号]

和奸一节，刑律补充条例既经废止，除系刑律（已失效）第二九零条情形，得由尊亲属告诉外，不成立犯罪。［最高法院一七年（1928年）解字第五六号］

奸夫因奸谋杀本夫，奸妇若仅构成刑律（已失效）第二八九条之相奸罪，并未经本夫生前告诉，现在刑律补充条例已经废止，自应认为欠缺诉追条件，谕知驳回公诉。［最高法院一七年（1928年）解字第一二四号］

查告诉乃论之罪，非有合法告诉，检察官自不提起发诉，但已违法提起公诉，经有第一审法院判决时，仍得提起上诉或请求提起非常上诉。［司法院一八年（1929年）院字第六二号］

告诉乃论之罪，未经告诉者，检察官不应有何处分。［司法院一九年（1930年）院字第二一七号］

第二百十六条 被害人之法定代理人、保佐人或其亲属为被告者，被害人之亲属，得独立告诉。

理 由

本条关于特别情形，规定亲属之告诉权。盖以被害人为未成年人或禁治产者时，其法定代理人、保佐人，依第二百十四条第一项之规定，得独立告诉。倘被害人之法定代理人、保佐人，自为被告，则诉追自己，人情所难，如其亲属为被告，亦恐顾全亲谊，告诉非易，法为保护被害人计，故使被害人之亲属有告诉权。

解 释

所称或其亲属，乃指法定代理人、保佐人之亲属而言。［前大理院一一年（1922年）统字第一七七四号］

和奸他人之妾，除得由依尊亲属告诉外，不成立犯罪。［最高法院一七年（1929年）解字第五六号］

和诱之妾，如经被该妾告诉，或由利害关系人请求检察官，指定代行告诉人，自可论罪，妾母仍不失为尊亲属，但其女如已成年，即非法定代理人，不得独立告诉。［最高法院一七年（1928年）解字第五六号］

第二百十七条 告诉乃论之罪，于第二百十四条第二项及第二百十六条情形，而无被害人之亲属，得以告诉者，管辖检察官，得依利害关系人之声请，指定代行告诉人。

文　义

管辖检察官，谓该告诉乃论之罪有事务或土地管辖权法院检察处之检察官也。利害关系人，谓有法律上及事实上利害之关系者。所谓利害关系，不限于财产上之利害关系，其他凡有利害关系者皆属之。

理　由

本条为告诉乃论罪，无得告诉者时，创设告诉权人之规定。告诉乃论罪，本法既分别规定被害人死亡时，及被害人之法定代理人、保佐人，或其亲属为被告时，均许被害人之亲属，得独立告诉。但倘无被害人之亲属，得以告诉，则告诉无人，势必至犯罪幸逃刑责，处罚无由。法律为弥缝此种缺憾，故设本条。依本条规定，指定告诉人一须限于告诉乃论之罪，如非告诉乃论罪，检察官可以职权检举，无庸有指定告诉人之规定。二须由利害关系人声请，故无利害关系者，不能有声请指定之权利。三须由管辖检察官指定，故无管辖权之检察官，不能有指定告诉人之职权。

判　例

查刑律（已失效）第三百五十三条之罪，依第三百五十五条之规定，须告诉乃论，至亲告之人，除被害者及其法定代理人并已故被害人之亲族外，虽检察官得因利害关系人之声请，或本其职权，均可指定代行告诉之人；但此乃为保护无诉讼能力之被害人而设，自应视被害人有无诉讼能力为断，非无限制也。［前大理院四年（1915年）上字第七六七号］

与被诱人成婚，如已举行相当礼式，即形式上之要件，业经具备，纵主婚者为其未婚夫之父，并无主婚之权，订婚手续，不无错误，亦仅得据为撤销婚姻之原因，不必谓其婚姻关系根本无效，则按照刑律（已失效）第三百五十五条第二项之规定，除另有独立告诉权者之告诉外，即本人自愿告诉，且属无效，更何得为之指定代行告诉人。［前大理院九年（1920年）上字第六一号］

解　释

被和诱之妇女，自己不告诉，而又无本夫或法定代理人行使告诉权者，该管检察厅检察官，因利害关系人之声请，可以指定代行告诉人。如某甲之婢女被人和诱，则某甲对于其婢女，自可认为利害关系人，得声请检察官指定代行告诉人。［前大理院四年（1915年）统字第二八一号］

僧尼对于其徒，本无告诉权，但僧尼被诱，若无告诉权者之告诉，其师自可声请检察官，指定代行告诉人。［前大理院六年（1917年）统字第五八五号］

有类情形：

某甲与妻离婚，妻适乙家，甲有子五岁，约明归妻抚养六年后，准甲领回，乙及甲妻均允如约办理。惟甲子在乙家抚养时期中，甲子与乙，可否认为有亲子关系，甲子被人和诱，乙有无告诉权。甲子与乙并无亲子关系，惟可认为利害关系人，得声请检察官指定代行告诉人。[前大理院六年（1917年）统字第六三一号]

亲告权之专属于尊亲属者，与一般亲告罪不同，不能指定代行告诉人。[前大理院六年（1917年）统字第六五三号]

童养媳与人奸通，未婚夫无告诉权，但得声请检察衙门，指定代行告诉人。[前大理院八年（1919年）统字第九八四号]

查刑律（已失效）第三百五十五条之亲告罪，虽得由检察官指定代行告诉人，但依本院最近成例，应以被害人事实上不能告诉，现在又无得行使告诉权者为限。甲既有姑能告诉而不告诉，检察官已不得指定代行告诉人；况甲亦非不能告诉，其被略诱后，且已托人代为告诉，惟又经撤销，检察官不得反乎被害人明示之意思，而指定代行告诉人，更不待言。[前大理院八年（1919年）统字第九九四号]

检察官指定代行告诉人，其指定方法，虽无一定制限，如以命令批示或言词记明笔录者，均属有效。其在县知事审理之案件，若经叙入判词或列明为告诉人何人姓名，亦得认为业经指定；但仅对于告发人无相反之意思表示，不得谓有指定事实。[前大理院八年（1919年）统字第一零五五号]

查父母强卖子女，翁姑强卖子媳，及夫强卖妻，既父母、翁姑及夫自为被告人，依本院最近意见，被卖人之其他尊亲属，得独立告诉，此外审判厅试办章程第五十四条所列举之人，当然得为代诉人（当然代诉人）。若无独立告诉人，及当然代诉人时，刑律第八十二条第二项所列其余之亲属，得由检察厅酌量情形，准其为代行告诉人（指定代诉人）。和卖时亦同。代诉人均应以不违反被害本人之意思为限，如果讯明本人甘愿不告诉，则代诉人之告诉即归无效。惟被

害人若系未成年者则否。[前大理院九年（1920年）统字第一二零零号]

指定代行告诉人之告诉权，除被害本人系未成年者外，不得违反被害人之意思而舍弃。既经合法明示舍弃，不得再行声请指定代行告诉人。[前大理院一零年（1921年）统字第一五三一号]

查刑事诉讼条例（已失效）第二编第一章第一节，并无检察官得以职权指定告诉人之规定，统字第八号解释，应不复适用。至同条例第二百二十三条所称关系人者，凡法律上事实上与被害人有利害关系之人均属之。[前大理院一二年（1923年）统字第一八三五号]

第二百十八条 告诉乃论之罪，其告诉应于告诉人知悉犯人之时起，六月内为之。

理　由

本条规定告诉乃论罪行使告诉权之期限。一般犯罪在起诉权未消灭以前，无论何时，均得告诉，追诉机关亦径得以职权起诉，均无时期之制限，然告诉乃论之罪，诉追与否，胥依被害人或其他告诉权人之意思而定。倘被害人及告诉权人懈怠表示诉追之意思时，则诉追机关不能决定其诉追与否，是以务须明定期限，使告诉于一定期间以内为之，苟在此期间内不为告诉，则使其告诉权归于消灭。否则久悬不定，实非妥当，刻由知悉犯人之时起，以六月之期间，亦得详细决定告诉之意思，无虞不足。

解　释

刑事诉讼条例（已失效）第二百二十四条（即本条）第一项，既于告诉人之告诉设限制，则告诉人逾期不告诉，即不得行使告诉权。

检察官自亦不能提起公诉。[前大理院一一年（1922年）统字第一七七四号]

第二百十九条 告诉乃论之罪，告诉人于第一审辩论终结前，得撤回其告诉。

撤回告诉者，不得再行告诉。

文　义

撤回告诉，即指告诉后表示消灭告诉之效力之意思而言。

理　由

本条规定告诉乃论罪撤回告诉之时期及其效果。告诉乃论之罪，以私人之利益为重，告诉权者有告诉之权利而不负其义务，故于告诉后撤回告诉，乃法律所许。惟事件已经第一审辩论终结，则已无撤回之必要，仍许撤回，更足失坠审判尊严。故撤回告诉，应于第一审辩论终结以前为之。

对于同一事件，不得再行告诉，故撤告诉者即丧失其告诉权，藉弭①告诉人轻举妄动，而法院亦可免无益劳费。

判　例

和奸罪经告诉后，其夫续又表示不应惩办其妻者，即应认撤销告诉。[最高法院一七年（1928年）上字第三九号]

亲告罪若在开始第一审辩论后，亲告罪且不许撤销，其非亲告罪，更不得由告诉人撤销告诉，自属显然。[最高法院一七年（1928

---

① 弭（mǐ）：止，息。

年）上字第三五八号]

适用刑法无须告诉者，不生撤回告诉问题。[最高法院一七年（1928年）上字第五一五号]

解　释

查案经覆判审发回复审，已在第一审辩论终结之后，自不在刑事诉讼条例（已失效）第二百二十五条（即本条）第一项得撤回告诉之列。[前大理院一三年（1924年）统字第一八九九号]

第二百二十条　告诉乃论之罪，对于共犯之一人告诉或撤回告诉者，其效力及于其他共犯。

理　由

本条规定告诉不可分之原则。告诉系报告犯罪事实，非告诉被告人，故全未指明被告人或系误指，于告诉之效力，均无影响，对于共犯中之一人为告诉，其效力及于其他共犯，撤回告诉之效力亦然，此为告诉不可分之原则，固毫不容告诉者之自由选择限制。就撤回告诉言之，告诉人既对于共犯中之一人撤回告诉。而其他之共犯不受撤回之利益，核与认许撤回之精神不能贯澈，例如和奸有夫妇罪因暴露奸事，有害本夫之名誉，故认许得撤回告诉，若仅对于奸夫或奸妇一方面有撤回之效力，其未撤回之他一面，仍须开庭审理，则奸事终不免暴露，法又何必认许告诉之撤回。就告诉言，盖亦如此。

解　释

对于共同犯罪者之告诉，本不可分，如共犯一人业经告诉审判，

或告诉后又经撤回，则其他共犯，自不得歧异。〔前大理院九年（1920年）统字第一四五一号〕

第二百二十一条 不问何人，知有犯罪之嫌疑者，得为告发。

文　义

不问何人，系指告诉权人、犯人及侦查机关以外之第三人而言。告发者谓第三人将犯罪事实，报告于侦查犯罪机关之行为也。

理　由

本系规定告发之原则。国家为维持社会之安宁，对于犯罪必须处之以刑，而资惩警，而犯罪事实之明了，除被害人或其他告诉权人之告诉，犯人之自白，及有侦查犯罪权限机关之报告而外，则有恃乎第三者之告发，故法予任何人皆有告发之权利。

第二百二十二条 公务员因执行职务而知有犯罪之嫌疑者，应为告发。

理　由

本条规定义务之告发。公务员对于主管事务有充分职权，应负相当责任，因执行职务，而知有犯罪之嫌疑者，若不促其告发，任其惰怠，实不能完全贯澈执行职务之本旨。故法使负告发之义务。但非因执行职务而知有犯罪嫌疑者时，则告发与否，全任自由，与一般告发同。

解　释

查民事审判中，发见刑事案件时，审判衙门自系以告发者之资格，用公函送交同级检察厅起诉，若同级检察厅于该案件，无第一审管辖权时，则由该厅转送有第一审管辖权之检察厅起诉，若检察厅为不起诉处分，则审判衙门民庭，只能就民事争点为裁判，不得判及罪刑。[前大理院二年（1913年）统字第九零号]

收税机关长官，因其属员，有侵占税款嫌疑而举发，自系告发人。[最高法院一七年（1928年）解字第一二二号]

第二百二十三条 告诉、告发，应向检察官或司法警察官为之。

理　　由

本条规定告诉、告发之管辖，侦查起诉属检察官之职权，司法警察官亦有侦查犯罪之职权，与检察官同，故法律明定检察官及司法警察官为受理告诉、告发之机关。至受理告诉、告发之检察官或司法警察官，对于该案件有无管辖权，于告诉、告发之效力，毫无影响。

解　　释

依修正刑事诉讼律（已失效）第三九条第一项，原告职务由检察官执行之规定，刑事被害人自应仍向检察官告诉。[最高法院一七年（1928年）解字第四四号]

查刑事诉讼法，告诉、告发，无不许委人代行之规定，自应仍许委代，其律师经人委代，于侦查时出庭，究与出庭辩护之性质不同，但应否特为设席，不属解释范围。[最高法院一七年（1928年）解字第二零二号]

第二百二十四条 告诉告发，以言词为之者，检察官或司法警察官应作笔录，向告诉人、告发人朗读，命其署名或捺指纹。

理　由

本条规定告诉告发之程式。告诉告发如以书面为之，别必已具名，对于事实必已申述。如以言词为之，检察官或司法警察官应为之作笔录，以免遗忘而资凭证，笔录应向之朗读，使明了记载无误，并须命其署名或捺指纹，负告诉告发之责。

第二百二十五条　刑法第一百二十二条及第一百二十六条请求乃论之罪，外国政府之请求，得经外交部长咨请司法部长令知该管检察官。

外国政府之请求，准用第二百十九条及第二百二十条之规定。

理　由

本条为请求乃论罪特定请求程序。并准用撤回告诉与告诉不可分原则之规定。刑法第一百二十二条对于友邦元首犯故意妨害名誉罪，第一百二十六条，意图侮辱外国，公然损坏除去或污辱外国之国旗国章罪，皆关于外国之名誉，刑法第一百二十七条规定均须外国政府之请求乃论，此项请求，事关国际，故得经外交部长咨请司法部长令该管辖检察官行之。

请求乃论之罪，与告诉乃论之罪，性质从同，故外国政府之请求准用第二百十九条及第二百二十条之规定，即其请求仅限于第一审辩论终结前，得撤回之，一经撤回，不得再行请求，对于共犯之人请求或撤回请求者，其效力及于其他共犯。

第二百二十六条　自首准用第二百二十三条及第二百二十四条之规定。

文　义

自首者对于未发觉之罪，自首于该管公务员，受裁判者之谓也。

理 由

本条规定自首之程序。即自首应向检察官或司法警察官为之。若以言词为之者,检察官或司法警察官应作笔录,向自首人朗读,命其署名或捺指纹,告诉告发及自首之程序,盖皆从同,法避繁杂,故定本条。

第二百二十七条　下列各员,于其管辖区域内,为司法警察官,有侦查犯罪之职权,与检察官同;但于查获犯罪嫌疑人后,除有必要情形外,应于三日内移送该管检察官侦查。
一　县长。
二　公安局长。
三　宪兵队长官。

理 由

本条及次条均定司法警察官,本条所定为第一种之司法警察官。县长,公安局长,宪兵队长官,要皆与刑法犯有密切接触之关系,本法因此关系,委令兼任侦查犯罪职务,与地方检察官有同等之权限。

判 例

有检察职权之县知事,于公诉时效期间内,随时皆得提起公诉,并不以曾否有注销之批示而受限制。[前大理院四年(1915年)抗字第一四号]

查县知事审理诉讼暂行章程第四六条,县知事对于诉讼案件,不仅有审判之权,且兼有检察官之权。[前大理院四年(1915年)抗字第五一号]

解释非亲告罪,警察官厅自可径依司法警察职权办理。[前大理

院一零年（1921年）统字第一六一一号]

查刑事诉讼条例（已失效）第二百三十三条，既谓县知事于其管辖区域内，为司法警察官有侦查犯罪之职权，与地方检察官同。而同条例第七十五条第二项，又有发押票之权，侦查中属于检察官，但以受有检察长之命令者为限之规定，则非兼理诉讼之县知事，无论在官制或其他法令上与司法长官有无统属关系，但其侦查犯罪之职权，固由本条例付与，且明定为与地方检察官同，自应遵守本条例关于地方检察官之规定，不得独异，县知事与地方检察长并非同署办事，似有不便，而非县知事兼理诉讼之区域，无不设有地方检察厅者，亦不致发生困难事实。[前大理院一二年（1923年）统字第一八二二号]

宪兵队长官应以中级以上直接有指挥命令部队权之长官为限。如无直接指挥命令部队权之辅助官，不问阶级如何，仍应以宪兵官长论。[司法院一八年（1929年）院字第一一一号]

县政府于公诉案件，兼有检察审判两种职权，其行使两权之界限，依诉讼进行之程度定之。于诉讼正在进行中经移转于法院管辖，则应否先之以侦查，抑应径行审判，亦应以原诉讼进行之程度为断。[司法院一九年（1930年）院字第二一零号]

刑事诉讼法第二百二十七条所称必要情形，无论法律上之必要及事实上之必要，均包括之。前者例如证据即将湮灭，共犯即将逃亡，非带同嫌疑人实行搜索不能获得时，后者例如嫌疑人忽罹重病或交通有阻碍时。凡此之类，关于移送均得不拘于三星期限。惟此种例外，应从严格解释，且不得因此而牵涉羁押权之行使问题。[司法院一九年（1930年）院字第三零六号]

刑事诉讼法第二百二十七条所称县长、公安局宪兵队长官有侦查犯罪职权者，系单指有侦查犯罪之职权与检察官同，并非谓检察官应有之其他职权，上开各员均得行使。[司法院一九年（1930年）院字

第三零六号]

刑事诉讼法第二百二十七条第二款所谓公安长,在京指警察厅长、各警察署署长,在各省指省会公安局局长、市公安局局长或县公安局局长而言。[司法院一九年(1930年)院字第三五八号]

第二百二十八条 下列各员,为司法警察官,应听检察官之指挥,侦查犯罪。
一 警察官长。
二 宪兵官长,军士。
三 依法令规定,关于税务、铁路邮务电报、森林及其他特别事项,有侦查犯罪之权者。

理 由

本条定第二种之司法警察官。检察机关之职员有限,检举犯罪,尤恐鞭长莫及,难于实行。法律因之于第一种司法警察官而外,复为之设定听检察官指挥侦查犯罪之第二种司法警察官。

解 释

刑事诉讼法第二百二十八条所称下列各员,系包括县政府之警卫队队长而言,检察官关于侦查犯罪,自有直接指挥之权。[司法院一九年(1930年)院字第三零六号]

第二百二十九条 下列各员,为司法警察,应受检察官及司法警察官之命令,侦查犯罪。
一 警察。
二 宪兵。

理　由

本条规定有司法警察之资格者及其地位权限。警察为维持地方秩序之平安，宪兵掌司稽查军人之犯罪。军人本有专职，惟以检察机关，未能专练多数之司法警察，不得不将行政或特种警察及宪兵兼司法警察职务，以资补助侦查。

第二百三十条　检察官因告诉告发自首或其他情事，知有犯罪嫌疑者，应即侦查犯人及证据。

文　义

其他情事，指检察官所闻见之情形而言。例如目击现行犯，报纸记载，匿名报告，或风闻传说等是。

理　由

本条规定侦查之原则。提起公诉权专属于检察官，侦查处分，为准备起诉之程序，故侦查属检察官之职权。实施侦查贵乎迅速，否则犯人兔脱，证据湮灭，匪特重为起诉之障碍，且恐无以维持国家权力，故检察官因告诉告发、自首及其他情事知有犯罪嫌疑者，为发见犯人及证据起见，应速实施侦查处分。

判　例

刑事诉讼，采用国家诉追主义，除亲告罪外，虽无人告诉告发，检察官亦可起诉，自不许被害人和解。〔前大理院三年（1914年）上字第一三四号〕

解　释

　　匿名告发，毋庸受理；但检察官因其情形，亦可以实施侦查。[前大理院四年（1915年）统字第三三八号]

　　公判中检察官无论何时，均得行侦查，但不能妨碍公判之进行。[前大理院五年（1916年）统字第五三五号]

　　查财政部呈准各省查追官产，归该管地方行政官厅办理，毋庸交由法庭审判，系定查追之方法，于刑律并不发生何影响。原呈内所称侵占冒认及欠租霸庄各情形，如可认为犯罪行为，检察官厅仍应侦查起诉。[前大理院九年（1920年）统字第一三八七号]

　　纠匪杀人暨掳人勒赎重案，省内军民长官在统一或独立期间，以命令准其和解。此项命令，司法衙门不受拘束，仍应依法办理。[前大理院一零年（1921年）统字第一五二一号]

　　查前江苏陆军审判处对于普通人民所犯盗匪案件所为之判决，既系违法审判，自应认为无效，应由该管检察官重新侦查，依法起诉。[最高法院一七年（1918年）解字第二九号]

　　查本院本年九十五号解释，所谓已在审理中者，自系专指已开始审理中者而言。若前此之县法院或县司法公署仅经受理而未开始审理之刑事案件，由正式法院接收后，自应仍经检察官侦查程序。[最高法院一七年（1918年）解字第一四四号]

　　检察官知有犯罪嫌疑者，无论该嫌疑人是否公务员，及其已否停职，均得实施侦查处分。[司法院二零年（1931年）院字第四六七号]

第二百三十一条　牵连案件，经二以上之检察官分别开始侦查者，得经各该检察官之同意，由其中一检察官，并案侦查。

理　由

本条规定侦查之合并。牵连案件，已经二以上之检察官分别开始侦查时，为便利起见，如各该检察官之同意，得由其中一检察官，并案侦查。至其管辖是否属于一法院，自可不问。

第二百三十二条　检察官知有犯罪嫌疑而不属其管辖者，或于侦查后认为案件不属其管辖者，应即分别通知，或移送该管检察官侦查。

理　由

本条规定无权管辖案件之处置办法。关于土地及事物之管辖，法律既经各有其规定，故检察官接受告诉告发自首或其他情形，发见该案件属于他处法院管辖者，如尚未开始侦查，或侦查处分未完备者，应即通知该管检察官侦查。如认为侦查处分既完备者，应将文件及证据移送该管辖检察官，以清权限而便侦查。本来检察官实施侦查，应适用一体不可分之原则，惟法律为便利及划清权限起见，又于本条设具特别规定。至在通知移送前之程序，并不失效，所不俟论。

第二百三十三条　司法警察官知有犯罪嫌疑等，应即通知该管检察官，于检察官开始侦查前，应实施下列处分。
一　记载可为证人者之姓名性别住址，及其他足资辨别之特征。
二　调查易于消灭之证据，及其他犯罪情形。
三　犯罪时在场之证人，恐侦查时不能讯问者，得先行讯问。

理　由

本条规定司法警察官知悉犯罪嫌疑者时之处置方法。司法警察官虽为辅助检察官之机关，但无起诉之权。故知有犯罪嫌疑者应即通知该管检察官。于检察官开始侦查前并应实施本条所列各款之处分。盖各款情形皆属急速处分，非速实施，则于侦查进行，必倍增困难，重为起诉之障碍，本条之设以此。

第二百三十四条 司法警察知有犯罪嫌疑者，应即报告司法警察官，或该管检察官，遇有必要时，并应实施前条第一款及第二款之处分。

理　　由

本条规定司法警察知悉犯罪嫌疑者时之处置方法。司法警察应受检察官及司法警察官之命令指挥，故对于知有犯罪嫌疑者时，应向司法警察官或该管检察官报告。遇有必要时，并应须实施急速处分。

第二百三十五条 检察官、司法警察官、司法警察，遇有急迫情形，得请在场或附近之人，为相当之辅助。

理　　由

本条规定得请辅助实施急速处分之规定。侦查或实施急速处分，遇有急迫情形，间不容缓，得请在场或附近之人，为相当之辅助，免误机宜。

第二百三十六条 检察官遇有急迫情形，得请附近军事官长派遣军队辅助。

理　　由

本条规定检察官得请派遣军队辅助之权限。检察官之辅助机关，既有司法警察官及司法警察,即实施侦查,自可随时指挥或命令之,无更求其他辅助之必要。惟侦查为公诉之准备程序,对于犯罪人或犯罪嫌疑人之利害影响至大,则有时实施侦查不无受不法之抗拒,与其他不利侦查之情事,是即于检察官本有之辅助机关而外,又需其他之辅助,故法律于前条规定得请在场或附近之人为相当之辅助,于本条规定得请附近军事长官派遣军队辅佐,均以有急迫之情形为限。

第二百三十七条 侦查不公开之。

理　由

本条规定侦查秘密之原则。侦查须严守秘密,盖侦查犯罪,必须搜集证明犯人,及其犯罪事实之证据。进行搜集侦查之手段方法等,倘漏泄于外,则犯人易致免脱,而证据亦易湮灭,匪特不能达侦查之目的,抑亦不免为传播犯行之媒介;矧复被侦查之人,易招他人怀疑,故为保护其名誉信用计,亦有秘密之必要。是以实施侦查程序概不公开,讯问之时,亦禁傍听,而该案件之内容及文件,亦不许宣泄,流布于外。再本条规定,检察官施行侦查,固应适用,即司法警察官及司法警察,实施侦查,亦适用之。惟本条为训示规定,虽违背规定,公开侦查,于侦查处分效力,亦无影响。

第二百三十八条 被告因疾病或其他正当理由,不能传唤到案者,检察官得就其所在讯问之。

理　由

本条规定讯问被告之例外情形。传唤被告无正当理由不到案者,得命拘提。如被告因正当理由而不能到案,不得径命拘提,检察官得就其所在讯问，以资保护。惟检察官就讯与否，全任检察官之自由决定，固无就讯之义务也。

第二百三十九条 被告得声请检察官为有利于被告之必要处分。

理　由

本条规定被告之声请权。刑事诉讼法采发见真实主义，不问于被告有无利益之证据，均应详为调查，不可偏废。本法已于第二条明文规定，以促注意。但征诸实际检察官每急于查明犯罪事实，偏重被告不利方面，而于被告有利情形，往往忽略，故又于本条规定被告声请为有利于己必要处分之权。有此声请时，检察官有准许施行之义务。学者间有谓准否仍出检察官决定者，谬也。再本条不仅对于检察官始有适用，即对于司法警察官及司法警察，亦应准用。

第二百四十条 检察官关于侦查事项，得请该管公署报告。

文　义

该管公署，指该侦查事项有权掌管之机关。

理　由

本条规定侦查机关有要求其他公署报告之权限。检察官对于其他公署，为达侦查之目的，得请求该管侦查事项之公署报告。该公署受此请求时，有必应报告之义务，无正当理由，不得拒绝。至检察官请求之程式，文件言词，均无不可。面对于检察官之报告，亦不以文件为限，如经检察前往该机关当面请求，则以言词报告亦无不可。

第二百四十一条 讯问被告证人鉴定人，搜索扣押及勘验，应命书记官在场；但有急迫情形者，检察官得亲自执行书记官应行之职务。

理　由

本条规定实施侦查程序时书记官之在场。检察官讯问被告证人鉴定人，及实施搜索扣押及勘验时应命书记官在场，以便记录，而昭慎重。但在急迫情形时，检察官如不亲自执行书记官应行之职务，则恐贻误事机，故又有但书之规定。

第二百四十二条 讯问证人鉴定人，如被告在场者，被告得亲自诘问；但与案情无关者，检察官得禁止之。

预料证人鉴定人于审判时不能讯问者，应许被告在场；但恐证人鉴定人于被告前不能自由陈述者，不在此限。

理　由

本条关于讯问证人鉴定人时被告在场之规定。证人及鉴定人，均为证明事件真象之人，其所证言，与其鉴定意见，关于被告诉讼，关系甚巨。故讯问证人鉴定人如被告在场时，被告有亲自诘问之权利，俾明证言及鉴定意见之理由真象。惟与案情无关者，若又详细盘诘，徒费时间，无益实际，故检察官得加以禁止。

预料证人鉴定人于审判时不能讯问者，应许被告在场，以便被告诘问。惟证人鉴定人之陈述不尽不实，均有背乎证言鉴定之主旨。如被告在场，恐证人鉴定人有所顾虑，不能自由陈述者，则应不许被告在场。

第二百四十三条 案件有下列情形之一者，犯罪之起诉权消灭。

一　时效已满期者；
二　曾经判决确定者；
三　曾经大赦者；
四　犯罪后之法律已废止其刑罚者；
五　告诉或请求乃论之罪，其告诉或请求已经撤回者；
六　被告已死亡者。

文　义

　　起诉权，即代表国家而为刑事原告之检察官，对于被告提起公诉之权也。时效者，在一定时间之内权利得失关系者之谓，刑事时效有起诉权之时效及行刑权之时效之二种，兹所指时效，即起诉权之时效。刑法第九十七条规定："起诉权逾下列期限而不行使者，因时效而消灭。（一）死刑、无期徒刑，或十年以上有期徒刑者二十年。（二）一年以上十年未满有期徒刑者十年。（三）一年未满有期徒刑、拘役或罚金者三年，前项期限自犯罪成立之日起算，但第七十五条之连续犯自犯罪最终之日起算。"判决确定，非指一切确定判决，乃指因判决确定而生起诉权消灭之效果者而言。故不受理及管辖错误之判决，不属本款之范围内。大赦即对于一般或特定之犯罪，不问已决未决，均抛弃刑罚权之谓。死亡指自然死亡而言，虽经宣告死亡，而实生存者，起诉权并不消灭。

理　由

　　本条规定起诉权之消灭原因。起诉权有基于某种原因，必须归诸消灭者，本条列举其事由如下：
　　一、时效已满期者。时效可分得权时效及免责时效之二种。刑法上只有免责时效。起诉权之时效，即其一端。

盖犯罪行为虽足以破坏社会秩序，然阅时既久，社会已安之若素，设起诉权仍不归消灭，则牵动各种之生活，不啻扰乱社会之秩序，基此理由，起诉权因时效完成而消灭。

二、曾经判决确定者。公诉之目的，在确定刑罚权之范围，如判决有罪，则起诉之目的已达，起诉权自归消灭；如为无罪之判决，则起诉不当，失其根据，亦断无不自归于消灭。

三、曾经大赦者。既经大赦，刑罚权已不存在，起诉权亦当归于消灭。

四、犯罪后之法律已废止其刑罚者。犯罪时法律须加处罚，而至犯罪发觉后，法律已废止其刑，则刑罚既不存在，犯罪时之起诉权，无所附丽[①]，归于消灭，理之当然。

五、告诉或请求乃论之罪，其告诉或请求已经撤回者。

告诉或请求乃论之罪，因告诉请求而发生起诉权，未经告诉或请求，不能提起公诉，则告诉或请求后而又撤回，与未经告诉未经请求者从同，起诉权自应归消灭。又法律规定不及舍弃，而在解释上，则固可以与撤回同论也。

六、被告已死亡者。被告为刑事诉讼当事者之一，攸关刑事诉讼之要素，故被告死亡，则不得维持其诉讼关系，刑罚之主体既不存在，起诉权自无由行使。

判　例

查因公诉而生之责任，为刑事上责任，因私诉而生之责任，为民事上责任，二者性质，本自迥然不同。强取谷物，有害国家公益，应受刑事上之制裁，虽经赔偿被害者所受之损害，不得即谓公诉权为消

---

① 附丽：依附、附着。

灭。〔前大理院二年（1913年）上字第四号〕

检察官对于刑事案件，苟应为证据不实得为不起诉之处分，嗣后对于同一之案件，如发见确凿之罪证，仍可再行侦查，提起公诉。〔前大理院四年（1915年）抗字第一四号〕

被告人死亡，公诉权即行消灭，应为驳回公诉之判决。〔前大理院六年（1917年）上字第二一号〕

大赦之义，不仅免除其刑，并消灭其审判之效力，质言之，受大赦者即与未犯罪之人同。〔前大理院二年（1913年）六月上字第二一号〕

本院检察官转据河南高等法院首席检察官呈称，上告人孙印堂止于本年五月十二日夜间七时病故，并经覆验在案，应请先行判决驳回公诉等情。查被告人死亡，公诉权即已消灭，本院检察官请求先行判决，自属允当。〔最高法院一七年（1928年）上字第一九三号〕

兹据本院检察官函，据安徽高等法院首席检察官呈报，丁曰海于十七年一月二十三日在所因病死亡等情，是犯罪主体既不存在，当然为公诉权消灭之原因。〔最高法院一七年（1928年）上字第二七六号〕

查被告人亡故，公诉权即行消灭，法院以当事人请求先行决判为理由者，应为驳回公诉之谕知。本件上告人因越狱跌伤身死，经原审法院首席检察官呈报在案。查被告人死亡，依法应为公诉权消灭之原因，本院检察官请求先行判决，并无不合。〔最高法院一七年（1928年）上字第二七九号〕

解　释

查刑事案件之起诉权，在适用暂行刑律时代，已因罹时效消灭，不能因新刑法施行而复活。〔最高法院一七年（1928年）解字第一一号〕

未经国民政府明文承认之前敌总指挥赦令难援用。〔最高法院一

七年（1928年）解字第八二号］

　　前北京临时执政赦令，依第一九号解释，因与国民政府法令抵触，在各省区隶属国民政府领域以后，自不能援用，惟从前检察厅，如已依当时法令处分，免予执行，其处分仍应有效。[最高法院一七年（1928年）解字第一七零号]

第二百四十四条　检察官认为案件有下列情形之一者，应不起诉。
一　起诉权已消灭者；
二　犯罪嫌疑不足者；
三　行为不成犯罪者；
四　法律应免除其刑者；
五　对于被告无审判权者。

文　义

　　起诉权已消灭者，如因前条所定之原因而归于消灭者是。犯罪嫌疑不足者，即检察官依侦查所得之证据，对于犯罪之嫌疑认为不能达到成立犯罪之程度是。行为不成犯罪者，即行为于法律上不为罪者是，如刑法规定，非故意之行为不罚（第二十四条）。未满十三岁人之行为不罚（第三十条第一项）。依法令之行为或正当业务之合法行为不罚（第三十四条）。依所属上级公务员命令之职务上行为不罚（第三十五条）。如有一情形，应不起诉。法律应免除其刑者，即依实体法之规定，应免除其刑者。是如刑法第一百八十三条，意图保存自己或亲属之自由名誉而犯第一百七十九条（伪证罪）之罪者，免除其刑，及第三百七十八条规定，于直系亲属配偶或同财共居亲属之间，犯本章（第三十三章赃物罪）之罪者，免除其刑之规定是。至如刑法第三十六条，第三十七条第一项，第三百四十一条第一项，第三百六

十一条第一项，第三百六十八条第一项之得免除其刑之规定，与法律应免除其刑有别，不得为不起诉之处分。对于被告无审判权者，例如军人犯罪不能由普通法院审判是。决定审判权之有无，以侦查终结时为标准。

理　　由

本条规定检察官应不起诉处分之条件。检察官认为案件有本条所列各款情形之一者，应不起诉。盖如第一款起诉权已归消灭，自无起诉可言。第二款未达提付审判之程度，不能起诉，免累无辜。第三第四两款刑罚权既不存在，公诉权自无所附丽。第五款则因审判权不存在，自无庸起诉，多费周章。

判　　例

检察官对于刑事诉讼案件，苟认为证据不实者，得为不起诉之处分。嗣后对于同一案件，如新发见确凿之罪证，仍可再行侦查，提起公诉。[前大理院四年（1915年）抗字第一四号]

解　　释

甲地检察官曾因证据不足，为不起诉处分之案件，乙地检察官如果查有可以起诉之证据，自得起诉。[前大理院一零年（1921年）统字第一四七七号]

查刑事诉讼法第二百四十五条，检察官得不起诉之案件，必须具备该条下列各款之情形，与第二百四十四条仅有该条下列情形之一，即应不予起诉者迥异。至被害人虽告诉于前，而其后即不希望处罚，自仍合于该条第三款之情形，其第二款所谓不起诉有实益之标准如何，自应由检察官斟酌认定。[最高法院一七年（1918年）解字第一

八八号〕

刑事诉讼法第二百四十五条第三款之被害人，则以私人被害时为限。〔司法院一九年（1930年）院字第二五二号〕

检察官对于告诉或告发案件，侦查结果无待传唤被告，已足认为所告事实为嫌疑不足或行为不成犯罪者，即可径为不起诉之处分。〔司法院一九年（1930年）院字第四零三号〕

第二百四十五条 检察官认为案件具有下列情形者，得不起诉。
一 属于初级法院管辖者；
二 情节轻微以不起诉为有实益者；
三 被害人不希望处罚者。

文　义

属于初级法院管辖者，即本法第八条所揭之罪是。情节轻微以不起诉为有实益者，即指犯罪情节及损害均不重大，而处罚并无实益者而言。

理　由

本条规定检察官得不起诉之条件。检察官代表国家对于触犯法律破坏秩序者，应须提起公诉，以罚有罪。但其案件如具有本条所列各款条件者，得与不起诉处分。因属于初级法院管辖之案件，大率轻微之罪，而其情节又较轻微，以不起诉为有实益，被害人亦不希望处罚，则斟酌情形，不予起诉，于国家刑罚权亦无妨碍，于刑事政策上亦不无实益，故予检察官以自由裁量之权，即具有各款情形，起诉与否，其权操诸检察官，故曰得不起诉，与前条应不起诉，自不相同。又凡有合乎前条列举情形之一，即应不起诉，而本条则以具备所列各款之情形为检察官得不起诉之要件，亦与前条迥异。于此又有应注意者，检察官得不起诉，自须合于三款条件，但该罪本无被害人，或被害人为国家或公署，事实上难得有不希望处罚之主张者，亦得不起诉。

解　释

检察官依刑事诉讼法第二百四十五条所为不起诉之处分，以被害人不希望处罚为条件。如果被害人提起自诉，其希望处罚之意，至为明显，被害人希望处罚，在公诉案件，检察官尚不能不予起诉，在自诉案件，更不能免予判罪。[司法院一八年（1929年）院字第一八四号]

县政府兼有审检两职之权者，遇有刑事诉讼法第二百四十五条各款情形，得依该条办理。[司法院一九年（1930年）院字第一九八号]

第二百四十六条　案件不起诉者，应制作处分书，叙述事实上及法律上之理由。

理　由

本条规定不起诉处分之程式。不起诉之处分，于被告及告诉人至有利害关系。故应由检察官制作不起诉处分书。叙述事实上及法律上之理由，则告诉者可明了处分之理由，上级法院检察官得审查其处分是否允当。

第二百四十七条　不起诉之处分书，应以正本送达于被告及告诉人。前项送达，自处分后至迟不得逾七日。

理　由

本条规定不起诉处分书之送达。侦查处分，于被告及告诉人，均有重大利害关系，侦查终结之处分，应使知晓。故不起诉之处分书，应亦一律送达，并须于处分后七日以内送达之。惟此项期限，为训示规定，虽不遵守，亦非违法。

<h2 style="text-align:center">解　释</h2>

刑事案件之不起诉处分书，既以送达于告诉人为必要程序，则遇有住址不明时，只得准用刑事诉讼条例（已失效）第二百零六条（即本法第一九九条）以为送达，并应经检察官之许可。[前大理院一四年（1925年）统字第一九五六号]

不起诉之处分书，固应依照刑事诉讼法第二百四十七条第二项所定期限而为送达，但此项送达之期限，系对于检察官职务之规定，不能因其逾期影响及于被告或告诉人，而认其处分为无效。[司法院一九年（1930年）院字第三七五号]

第二百四十八条　告诉人接受不起诉处分书后，得于七日内以书状叙述不服之理由，经由原检察官声请再议。

原检察官认为声请有理由者，应撤销其处分，继续侦查或起诉。

原检察官认为声请无理由者，应将该案卷宗及证据物件，送交上级法院首席检察官。

<h2 style="text-align:center">理　由</h2>

本条规定声请再议及其核定。不起诉处分，难保不无失当，苟非予以声请再议之权，未能谓为平允，故许告诉人有此项权利。声请再议，须经由原检察官者，以期间是否经过，原处分机关易于计算，如系逾期即可驳回，可省无益之程序；如原检察官认为声请有理由，即可撤销其处分，继续侦查或起诉，可免再多程序上之劳费；如认为声

请无理由者,应将该案卷宗及证据物件,送交上级检察官,因之原检察官可附带声明不起诉之理由,以便上级检察官易于调查准驳。

判　例

不服审判衙门决定或命令者,始能向上级审判衙门提起抗告。若对于检察官之处分,只能向上级检察厅请求再议,不能向审判衙门提起抗告。[前大理院三年(1914年)抗字第一八号]

县知事审理诉讼,照现行规例,本兼有审判检察两种职权。如对于其以检察职权所为之不起诉处分,除得经由原县知事声明再议外,不得向上级审判衙门请求救济。[前大理院五年(1916年)抗字第四九号]

解　释

逾期声明再议,应予驳回。[前大理院九年(1920年)统字第一四五三号]

查现制初级管辖案件,暂归地方厅办理,既可由该地方审判厅受理上诉,则再议案件,自以向该地方检察厅检察长声请为宜。[前大理院一四年(1925年)统字第一九一四号]

地方法院检察官就初级案件为不起诉处分后对于声请再议,认为无理由者,应将卷证径送高等法院首席检察官。[最高法院一七年(1928年)解字第二二六号]

查解字第二二六号解释文,系于地方法院检察官就初级案件所为处分经声请再议者,认为应送高等法院首席检察官。如系对于兼理司法之县政府就初级案件所为之处分声请再议,则其上级法院首席检察官,原为地方法院之首席检察官,自应按照现行刑事诉讼法送交地方法院首席检察官。[司法院一八年(1929年)院字第二六号]

各院分庭初级案件声请再议,应送地方法院首席检察官。[司法

院一八年（1929年）院字第五零号］

刑事初级管辖不起诉之案件，经当事人声请再议，已由地方法院首席检察官依法分别处分，告诉人并未声明不服其处分，自应认为无效。［司法院一八年（1929年）院字第五二号］

凡未经专设办理初级案件检察官之地方法院，应以高等法院首席检察官为上级，其已经专设者，应以该地方法院首席检察官为上级。［司法院一八年（1929年）院字第八二号］

刑事诉讼法第二四八条第一项规定不服不起诉处分之声请再议，以告诉人为限。至公务员为告发时，自不得声请再议。［司法院一九年（1930年）院字第二五八号］

县法院之组织与地方法院不同，原告诉人就其初级管辖案件声请再议，应由地方法院首席检察官受理，送卷程式，准用上诉程序中送卷之办法办理。［司法院一九年（1930年）院字第三二三号］

就县法院初级管辖不起诉之案件，声请再议，应由地方法院首席检察官受理。［司法院一九年（1930年）院字第三二五号］

第二百四十九条 地方或高等法院管辖案件，其声请再议，除依前条规定外，原法院首席检察官，得于送交上级法院首席检察官以前，指定其他检察官，再行侦查。

前项侦查，系维持原不起诉之处分者，应即依前条第三项之规定，送交上级法院首席检察官。

理　由

本条规定对于声请再议案件之再行侦查。检察官随时有侦查犯罪之权，地方或高等法院管辖案件，其检察官不止一人，故对于声请再议，依前条规定外，得于未送交上级检察官以前，原法院首席检察官得指定其他检察官再行侦查，以便迅速了结。此项侦查，仍系维持原不起诉之处分者，即应将该案卷宗及证据物件，送交上级法院首席检察官，由其处分，以昭慎重。

解　释

高等分院首席检察官既兼辖该院附设地方庭首席检察官之职务，则该地方庭检察官就地方管辖案件为不起诉处分后对于声请再议认为无理由者，自得由该分院首席检察官，依刑事诉讼法第二百四十九条，指定其他检察官再行侦查。如仍维持原处分，即应依同法第二百四十九条第三项，送交该省高等法院首席检察官处理。［最高法院一七年（1928年）解字第二四二号］

第二百五十条　上级法院首席检察官认为声请无理由者，应驳回之；其声请有理由者，应分别为下列处分：
一　侦查处分未完备者，命令下级检察官续行侦查。
二　侦查处分已完备者，命令下级检察官起诉。

理　由

本条规定上级法院首席检察官对于声请再议之处分。上级法院首席检察官如认声请为无理由，应为驳回声请之处分，该声请事件，即因驳回而终结。如认声请为有理由，而认侦查处分未完备者，应命令下级检察官续行侦查，以求完备，如认侦查处分已经完备，则应命令下级检察官起诉。

解释统字第三七四号解释，所谓声求再议，其准驳之权，仍属于上级检察厅。［前大理院六年（1917年）统字第六七一号］

上级检察厅发现原厅不起诉处分错误时，得令原厅重行侦查，提

起公诉。[前大理院九年（1920年）统字第一四五三号]

刑事诉讼条例（已失效）于告诉人依第二百五十二条声请再议，经上级检察长依二百五十三条驳斥后，并未另定有救济方法，则告诉人自不得再行声请。[前大理院一二年（1923年）统字第一八一一号]

刑事诉讼法第二百五十条，上级法院首席检察官认为声请无理由者，为驳回之，所谓驳回，自应制作处分书。[最高法院一七年（1928年）解字第二一零号]

刑事初级管辖不起诉之案件经当事人声请再议，已由地方法院首席检察官依法分别处分，告诉人并未声明不服，其处分自应认为有效。[司法院一八年（1929年）院字第五二号]

上级检察官认定声请有无理由，得用书面审查。[司法院一八年（1929年）第八二号]

告诉人对于上级法院首席检察官驳回声请再议之处分不服时，得再向上级法院首席检察官，声请再议，至管辖该案之终审法院首席检察官为止。其不服续行侦查之不起诉处分，仍得声请再议。[司法院一八年（1929年）第八二号]

查处分再议时应据法条（一）适用刑事诉讼法第二百五十条，（二）依第二百五十条，由首席检察官负责署名盖章。[司法院一八年（1929年）院字第一四二号]

对于上级法院首席检察官驳回处分声请再议，准用刑事诉讼法第二百四十八条所规定之七日期限。[司法院一八年（1929年）院字第一六二号]

上级法院首席检察官认为再议为有理由命令续行侦查或起诉者，应叙明理由，毋庸制作处分书。[司法院一八年（1929年）院字第一六八号]

第二百五十一条 羁押之被告，受不起诉之处分者，以撤销押票论；但再议期限内及声请再议中，遇有必要情形，得命羁押之。

扣押之物件，应即发还；但应没收或为侦查他罪或他被告之用者，不在此限。

文　义

没收指刑法第六十条第一款违禁物而言。

理　由

本条第一项定不起诉处分对于羁押之效力。侦查既经终结，羁押之被告，受不起诉之处分者，应即释放，免致拘禁无辜。但侦查虽已终结，法律许有再议之声请权，在再议期限，及声请再议中，遇有必要情形，仍得羁押之，以免被告之逃亡。

第二项定不起诉处分对于扣押之效力，羁押之被告既因不起诉处分而释放，扣押之物件，自应同时发还。但如违禁物之应没收者，或为侦查他罪或他被告之用者，则为执行没收保全证据物起见，不得发还之。

解　释

查声明再议期间内，及再议中，得按其情形，停止撤销押票，扣押及保管处分，固可不待明文规定。〔前大理院九年（1920年）统字第三七三号〕

第二百五十二条 不起诉之案件，非发见新事实或新证据者，不得对于同一案件再行起诉。

文　义

新事实即指未曾发见之事实而言。例如不起诉处分以时效期满为理由者，嗣又发见时效停止之事实是。新证据即指未曾发见之证据而言。例如不起诉处分以犯罪嫌疑不足为理由，嗣又发见证物是。

理　由

本条规定就不起诉之案件再行起诉之例。不起诉之案件，经过声明再议，即为确定，自不得再行起诉，否则非特不起诉之效力失之薄弱，而被告应否处罚，久悬不定，亦非善策，故不起诉之案件，以不得再行起诉为原则。惟不起诉处分，系决定诉讼进行之程序，犯罪之侦查权，并未因不起诉而归消灭，故若发见新事实或新证据者，仍许对于同一案件，再行起诉。

判　例

检察官对于刑事诉讼案件，苟认为证据不实者，得为不起诉之处分。嗣后对于同一案件，如新发见确凿之罪证，仍可再行侦查，提起公诉。[前大理院四年（1915年）抗字第一四号]

解释对于经过不起诉处分之案，以另一理由告诉，该管衙门，仍应受理。[前大理院九年（1920年）统字第一四五三号]

上级法院首席检察官以职权检举犯罪，命下级检察官侦查之案，经下级检察官为不起诉之处分后，除发见新事实或新证据外，上级法院首席检察官不得径命续行侦查起诉。[司法院一九年（1930年）院字第二二三号]

刑事案件已经送达不起诉处分后，（一）上级机关复令侦查，或（二）原诉人于经过再议期限后以发见新事实或新证据为理由请求继续侦查究办,检察官查明并无可以起诉之新事实或新证据,只须将不应起诉之理由,分别呈报上级机关或通知原告诉人,均不必再为不起诉之处分。[司法院一九年(1930年)院字第二八四号]

第二百五十三条 检察官依侦查所得之证据,足认被告有犯罪嫌疑者,应向该管法院起诉。

被告所在不明者,亦同。

理　由

本条规定检察官起诉之情形。刑事诉讼采用国家诉追主义,行使起诉权除自诉案件允许被害人径自诉追外,其余犯罪概由代表国家公益之检察官担任诉追之责,故检察官侦查之结果,得有证据足认被告有犯罪嫌疑者,自应向该管法院起诉。

检察官之起诉,仅须指明一定被告,并不以记载被告居住处所为要件,故虽被告所在不明者,亦应向该管法院起诉。

判　例

刑事案件,除私人告诉为法所特许外,均应由检察官代表公益为原告诉追。[前大理院三年(1914年)上字第九六号]

解　释

于判决确定之犯,发觉余罪,应由该检察官侦查起诉。[前大理院四年(1915年)统字第二六七号]

被告未经拘保或传到,其犯罪已有确据者,亦得起诉。[前大理院九年(1920年)第一三一四号]

第二百五十四条 犯人不明者,于起诉权消灭前,不得终结侦查。

文 义

犯人不明者,谓只知犯罪事实而未悉犯罪者为何人也。

理 由

本条定不得终结侦查之例。检察官须随时侦缉犯罪,犯人虽属不明,但于起诉权消灭前不得终结侦查,使犯人难幸逃法网。

解释犯人不明之案,于起诉权消灭前,本不得终结侦查,虽已传案讯问,仍不能认为开始审理。[司法院一八年(1929年)院字第一五零号]

第二百五十五条 牵连案件,由二以上之检察官分别侦查者,得经各该检察官之同意,由其中一检察官,并案起诉。

理 由

本条规定牵连案件之并案起诉。关于牵连案件,由二以上之检察官分别侦查,如认为合并起诉较为适当者,得经各该检察官之同意,由一检察官并案起诉。

第二百五十六条 起诉之案件,准用第二百四十六条及第二百四十七条关于制作处分书及送达之规定。

理 由

本条定起诉处分书及送达起诉之案件,准用不起诉各条关于制作处分书及送达之规定办理。盖起诉,对于被告,固重有关系,而告诉人亦甚关切，故对于起诉案件，应制作起诉书，叙述事实上及法律上之理由，此项处分书应于处分后七日内以正本送达于被告及告诉人。

第二百五十七条 侦查应作笔录，记载一切程序。

笔录应由检察官署名盖章。

理　　由

本条规定侦查之笔录。检察官为侦查亦应作笔录，记载传唤，拘提讯问，羁押，以及扣押搜索等各种程序，以俾受诉法院采证。侦查笔录，应由检察官署名盖章，以昭慎重而明责任。

第二节 起诉

（第 258—264 条）

本节规定起诉之程式，起诉之效力，起诉之声明及起诉之声请等规定。犯罪不成立，则国家之科刑权不发生。而刑事诉讼以确定国家科刑权之存否及其范围为目的，确定之须有待乎裁判，确定科刑权之请求，是为公诉，其请求权，谓之公诉权。公诉应如何提起，法律须有规定，本节之设，职此之由。

第二百五十八条 起诉应以书状为之，记载下列事项：
一 被告之姓名性别年龄，及其他足资辨别之特征；
二 犯罪事实，起诉理由，及所犯之法条。
起诉应将该案卷宗及证据物件，一并送交法院。

理　由

本条规定起诉之程式。起诉程式，应用书状，因公诉之提起，为刑事诉讼开始之基本行为，故以书面明确记载为必要，被告之姓名性别年龄，及其他足资辨别之特征，如不记载，则无以推知被告为何人，诉讼关系无由成立。犯罪事实，所以明确公诉之客体，不容或漏，否则法院之裁判将无范围而背弹劾或诉讼之本旨，故被告之指定及犯罪事实之表示，为提起公诉之要件，缺一则起诉之程序，即归无效。本条对于起诉理由，及所犯之法条，与指定被告及犯罪事实，虽规定应载明之事项，然其趣旨，不外借以供实际之便利，偶有缺漏，其起诉之程序，尚难遽认为不合法，法律于此虽无明文，解释则应如是。

起诉应将该案卷宗及证据物件，一并送交法院，以便法院调查裁判。

判　例

提起公诉及声明上诉，均应将被告人姓名，明确表示。［前大理院六年（1917年）抗字第三号］

本案被告人纠众拘捕被害人至某号门口，即有数人出来开枪，核其逮捕行为，实为本案发生之端倪，本案公诉事实，自以私擅逮捕为始，以枪毙为终，均以第一审审讯当然包括于地方检察厅提起公诉之事实以内。［前大理院四年（1915年）上字第一三五号］

解　释

查起诉书状，依刑事诉讼条例（已失效）第二百八十一条第一项第二款，本应记载被告犯罪事实，及所犯之法条。伤害案内，被害人受伤程度，于被告犯罪事实及所犯法条，关系至巨，自应明白认定，如未记明，或在审判中始行发见其情形，又与已经过之程序未合时，只得由法院自行补救。［前大理院一三年（1924年）统字第一八九零号］

来说甚是，即查照办理可也。前县司法公署，依新法制受理刑事案件已在审理中者，应否再由检察官补行起诉程序，其说不一，但按新法制提起公诉，并不限于检察官受理既系在前，依法律不溯既往之原则，及类推钧院二八号解释，似可由刑庭继续审判，以免延累，至案件辩论终结时，则由检察官莅庭陈述意见，以符现制。［最高法院一七年（1928年）解字第九五号］

检察官认被告有犯罪嫌疑者，纵被告所在不明，尚应起诉，可见起诉之案，不以被告到案为必要。［司法院一八年（1929年）院字第一五零号］

第二百五十九条 法院不得就未经起诉之行为审判。

文　义

法院不得就未经起诉之行为审判，如以窃盗起诉者，虽发见另犯吸食鸦片烟罪，只能就起诉之窃盗行为审判，不得就未经起诉之吸食鸦片烟行为一并审判。

理　由

本条规定刑事诉讼不告不理之原则。法院若对于被告之行为，漫无限制均будет审理，有违弹劾式诉讼之精神，故认不告不理，为刑事诉讼之大原则。法院之审判，以检察官（在自诉案件则为自诉人）既经起诉之行为为限，不得就未经起诉之行为而为审判。惟此系各个独立之行为，并无牵连关系，若因和奸而和诱之案件，检察官虽但起诉和诱，其和奸行为并未起诉，或但起诉和奸，其和诱行为并未起诉，然既为牵连犯罪，则包于其行为之一切部分，均有审判之权义，不得诿未经起诉。连续犯、结合犯、集合犯亦同。

判　例

法院编制法第九十条第一款之规定，采用国家诉追主义，对于犯罪提起公诉之权，专属之检察官，未经检察官提起公诉之案件，审判衙门不得遽予受理，盖不告不理为刑事上之原则。［前大理院三年（1914年）上字第五三号］

本案应否起诉乃检察官之职权，非审判衙门所得干与。［前大理院三年（1914年）上字第一九八号］

查诉讼通例，法院审判案件，应以该案起诉之犯罪事实为范围，而不为起诉及所指定之罪条罪名所拘束，故牵连犯一罪既经起诉，则

其犯罪事实所牵连之罪，亦应予以受理及裁判。［前大理院四年（1915年）上字第六零二号］

查法院不得就未经起诉之行为审判，刑事诉讼法第二五九条有明文，本件伤害部分，据原起诉书所载犯罪事实，只以李罗氏被殴为限，并未及于其他之被害人，纵令李春秋亦经验明有伤，然原起诉检察官既未请求审判，自应置之不论，乃原审竟予一并判决，分别宣告罪刑，并基此以定其执行刑，于法有违。［最高法院一九年（1930年）非字第一二四号］

第二百六十条　起诉之效力，不及于起诉书状所列被告以外之人。

理　由

本条定起诉之对人的效力。起诉之效力所及范围，不及于起诉书状所列被告以外之人。故如起诉书状并无列举，纵令与被告有共犯之关系，不受起诉之效力，法院对之不得为裁判。法律为此规定，盖不外贯澈不告不理之原则。

判　例

检察官向第一审提起公诉，正文仅列被告一人，而审判衙门对于案内未经提起公诉之余人，一并宣告罪刑，殊不适法。［前大理院二年（1913年）上字第八九号］

查起诉应以书状为之，其效力不及于书状所列被告以外之人，此在刑事诉讼法第二五八条、第二六零条定有明文。本案巴县地方法院检察官对于天生堂药房刊登广告，妨害他人业务之信用，认为构成当时有效之刑律三五九条之罪，其起诉书状中所列被告为该药房经理刘廷文，法院检察官虽于莅庭陈述要旨时，有应该天生元号东黄庆荣负责之语；但黄庆荣既非诉讼书状中所列之被告，法院纵认其犯罪属实，依上开法条，亦不得径行审判。乃巴县地方法院遽对黄庆荣论处罪刑，第二审不予纠正，且将其上诉驳回，均属达法。[最高法院一九年（1930年）非字第二四号]

解释案件审理中发现有未经起诉之犯罪人，莅庭检察官用口头起诉，若经补具起诉文，或记明笔录者，均可一并判决。[前大理院三年（1914年）统字第一八六号]

第二百六十一条 被告犯数罪时，其一罪已受或应受重刑之判决，检察官认为他罪虽行起诉，于应执行之刑无重大关系者，得不起诉；但应于笔录记明之。

前项情形，其他罪起诉在前者，法院得依检察官之声请，停止其审判。

因一罪应受重刑之判决而停止他罪之审判者，检察官于该一罪判决确定后一月内，得因其情节，声请将他罪审判。

文　义

被告犯数罪时其一罪已受或应受重刑之判决者，如犯杀人及吸食鸦片烟两罪，杀人一罪，已起诉判决无期徒刑之例是。其他罪起诉在前者，如被告犯杀人及吸食鸦片烟两罪，先起诉吸食鸦片烟罪，杀人罪在后起诉之例是。因一罪应受重刑之判决而停止他罪之审判者，如因杀人罪而停止吸食鸦片烟罪之审判之例是。

理　由

本条规定对于并合论罪之案件，检察官认他罪无重大关系，得不起诉。盖被告犯数罪时，其一罪已受或应受重刑之判决，检察官苟认为他罪虽经起诉，于应执行之刑无重大关系者，则于刑事政策上已无起诉之必要，于审判之程序，亦可消灭，故得不起诉，惟应记于笔录以资稽考。

检察官认为于应执行之刑，无重大关系之他罪，已先于应受重刑判决之罪起诉者，检察官得声请法院停止审判，而免徒劳。法院对于该声请之准驳，得审查有无必要，自由裁定之。

停止他罪之审判，专就应受重刑罪而判决，原以虽经一并审判，于定应执行之刑，并无重大关系故也。但检察官认为应受重刑判决之该罪，经法院谕知免诉，或无罪判决，或谕知科刑，而所处之刑不甚相宜者，检察官得于该罪判决确定后一月内，声请将他罪审判。

第二百六十二条 一罪是否成立，以他罪为断，而他罪已经起诉者，检察官于该一罪起诉时，应声明其起诉以他罪之成立为条件。

前项情形，其一罪起诉在前者，法院于他罪判决确定前，应停止其审判。

文　义

一罪是否成立以他罪为断者，如收受赃物罪之与窃盗罪，从犯之与正犯是也。

理　由

本条规定以他罪成立为断之起诉。刑事诉讼有以他罪为先决问题者，而法院之裁判，则除法有明文外，彼此独立不受拘束，遂不免互相冲突，法律为免冲突起见，故对此以明文规定，此本条之所设也。

一罪先于有先决的关系之他罪起诉，法院于他罪判决确定前，应停止其审判，以免诉讼程序徒滋劳费。

第二百六十三条 犯罪是否成立，及刑罚应否免除，以民事法律关系为断，而民事已经起诉者，检察官于该罪起诉时，应声明其起诉以民事之裁判为条件。

前项情形，其刑事起诉在前者，法院于民事裁判前，应停止其审判。

文　义

犯罪是否成立及刑罚应否免除以民事法律关系为断者，如甲和奸与乙男同居之丙妇，其和奸有夫之妇罪是否成立，应以乙与丙民事上有无婚姻关系为断之例是。

理　由

本条规定以民事裁判为断之起诉。犯罪是否成立及刑罚应否免除，以民事关系为断者，自应先解决民事问题，而后刑事裁判有所依据。故如民事已经起诉者，检察官于该刑事起诉时，应声明其起诉，以民事之裁判为条件。

刑事法院裁判不受民事法院裁判之拘束，是为原则，惟民事裁判，如为犯罪是否成立及刑罚应否免除之条件者，为求凭据起见，纵刑事起诉在有先决的民事诉讼以前，亦应停止刑事诉讼之审判，而待民事诉讼之裁判。

判　例

查刑事被告共犯罪是否成立，及刑罚权应否免除，以民事关系为断者，法院于民事裁判前，固应停止审判。若刑事部分并不以民事法律关系为断,自无停止之必要。此刑事诉讼法第二百六十三条一二两项规定至明。抗告人因告诉李来姓窃盗而犯诬告嫌疑,则诬告罪之能否成立,自应与其原诉李来姓窃盗事实是否虚构为断,与李来姓继承涉讼一案,并无何项关系,自不能将诬告一案停止审判。[最高法院一七年(1928年)抗字第一六六号]

第二百六十四条 起诉于第一审审判开始前,得撤回之。

起诉经撤回后,不得再行起诉。

理　由

本条规定检察官撤回起诉之时期及撤回起诉之效果。检察官于起诉前既得斟酌情节不为起诉,于起诉后自得撤回起诉,诚以检察官于起诉后,始知犯罪轻微,诉追无益,故许撤回起诉,其理由与得不起诉,固相同也。惟于审判后亦许撤回,则干涉审判,实有未协,故起诉于第一审审判开始前得撤回之。

起诉一经撤回,起诉权即因以消灭,不容以后再行侦查或起诉,告诉人于诉讼上无其他不服之方法,故撤回起诉之效力,与不起诉案件告诉人仍得声请再议,检察官仍得继续侦查起诉者,实不相同也。

解释案件如经移转管辖,则原管辖法院之检察官,对于该案已不得行使检察职权,即不得撤回起诉。至原管辖法院,业经开始审判之案,依例已不得撤回起诉,后虽移转管辖,但既曾一次开始审判,自亦不得撤回。[前大理院一四年(1925年)统字第一九三一号]

特种刑事案件在特种刑事临时法庭未取消以前,依当时有效之特种刑事临时法庭诉讼程序暂行条例第一条之规定,既不论何人均得起诉,则凡起诉之人自均得依同条例第十一条之规定,准用刑事诉讼法第二百六十四条第一项,撤回起诉权限,自特种刑事临时法庭取消后，特种刑事案件，已分别改由高等法院或地方法院依通常程序受理第一审，则撤回起诉，须由检察官为之。〔司法院一九年（1930年）院字第三二八号〕

检察官提起之诉，只检察官得依刑事诉讼法第二百六十四条第一项撤回。被害人如向法院为撤回之声请，除案系告诉乃论之罪，得认为撤回告诉外，法院应以裁定驳回之。若被害人于检察官公诉之外，别有自诉所谓撤回者，系就自诉言，则应视自诉在公诉之前或后分别办理。如自诉在后，该自诉原应依同法第三百四十三条第一项第一款，以裁定驳回。关于撤回之声请，自无庸裁判；但在告诉乃论之罪，其声请可认为撤回告诉，如自诉在前，既经自诉，又复撤回，应即依同法关于撤回自诉各条以为判决。〔司法院一九年（1930年）院字第三四九号〕

第三节 审判

（第 265—336 条）

本节规定审判之诉讼程序，审判为法院所行之诉讼程序，以确定科刑之存否及其范围为目的，实为刑事诉讼程序之中枢。审判以弹劾主义为基础，其诉讼主体有三，检察官代表国家处诉追者地位，请求确定科刑权，被告本其所有之防御权，与之对立，法院处二者之间而为审判，故审判有三面之法律关系之存在，并不认对于不告不理之原则而有例外，以贯彻弹劾主义之精神。

第二百六十五条 审判长应指定审判日期，传唤被告，并通知检察官、辩护人、辅佐人。

文　义

指定审判日期者，谓审判长定法院及当事人其他之诉讼关系人会集时日而进行审判程序也。

理　由

本条规定审判日期之指定及使被告检察官、辩护人、辅佐人出庭之程序。日期之指定，为开始审判最重要之事。此种职权，属诸审判长。盖诉讼指挥权均为审判长所掌，指定日期，亦诉讼行为之一也。日期既经指定，应即传唤被告，检察官当然有出庭之义务，故须即通知之。辩护人、辅佐人其地位与被告不同，故不用传票传唤，惟通知之，使知悉审判之日期。

解　释

公诉案件之告诉人，虽非当事人，然如法院为证明事实起见认为有讯问之必要时，自得适用刑事诉讼法关于证人之规定，予以传唤。[司法院十九年（1930年）院字第二四五号]

第二百六十六条　第一次审判之传唤，至迟应于审判日期三日前送达；但初级法院管辖之案件，不在此限。

理　由

本条规定传唤被告之犹豫期间。第一次审判日期，须至迟在被告受传票之送达三日以后。盖被告到案行使防御权，须有相当之准备。不然，急迫到案，无暇准备，于其有利事实，必至多所放弃，故无犹豫期间于被告实多不利，法律因此而设本条。但属于初级法院管辖之案件，其事情既不重大，设仍予被告以此项期间，程序上殊失繁重，故又有但书规定。

第二百六十七条　被告接受传票后，得声请将审判日期提前。

被告因预备辩护，得声请将审判日期展缓。

理　由

本条规定被告受传唤对于审判日期声请提前或展缓之权。被告接受传票后如欲期速结，则得声请将审判日期提前，如因预备辩护日期过促，则得声请将审判日期展缓。法律为被告之利益起见，故规定本条。至允准与否，审判长得以职权自由裁定，不受声请之拘束，声请人对于声请之裁定，亦不得抗告。

第二百六十八条 审判长依职权或依被告之声请，变更审判日期者，应通知检察官及被告辩护人、辅佐人。

文　　义

变更审判日期者，谓审判日期，经审判长指定后，于其日期开始前又另行指定时间是也。

理　　由

本条规定变更审判日期之通知程序。审判日期之提前或展缓，除被告有声请权外，审判长有指挥诉讼行为之权，关于审判日期，认为有提前或展缓之必要者，自得变更之。惟无论审判长依职权或依被告之声请而变更日期者，均应通知检察官及被告，辩护人，辅佐人，以免徒劳往返，而便出庭。

第二百六十九条 审判长应将当事人声请传唤并其他认为应讯问之证人，开列名单，分别传唤。

当事人声请传唤之证人，法院认为与案情无关者，得以裁定驳回之。

理　　由

本条规定证人之传唤。盖期采证之确实，求裁判之无误，须有待乎证言，所不俟论。证人之传唤，或由当事人之声请，或由审判长认为应讯问者，均应开列名单，分别传唤。

传唤证人，所以讯问关系案件之事项，若其人与案情无关，漠不知悉，纵传唤到案，于实际仍无裨益，亦何必多费传讯程序。故当事人声请传唤之证人，如法院认为与案情无关，得以裁定驳回其声请。当事人对于驳回声请之裁定，不得抗告。

判　例

传讯证人与否，法院自有权衡，非被告人所请求者，皆须传唤。〔前大理院二年（1913年）上字第七号〕

传讯证人与否，为审判衙门独立之职权，被告人以未经传讯证人，据为攻击理由，其上告不能成立。〔前大理院三年（1914年）上字第三号〕

证人在第一审既具有供结，第二审认为毋庸传讯，不能谓为违法。〔前大理院三年（1914年）上字第二六号〕

法庭审理案件，其搜集证据如已认为有充分之证明者，则其他证人之应传唤与否，或是否尚须对质，审判官原有自由裁酌之权。〔前大理院三年（1914年）上字第一零零号〕

传讯证人，审判厅有自由酌量之权。上告人犯罪既已证确，自不得以未经对质，据为上告理由。〔前大理院三年（1914年）上字第一四六号〕

本案重要证人自应到庭质讯，始能发见真实。乃原判对于此项证人，始终并未直接审讯，仅据呈缴信件，以为判决之基础，自难认为合法之证言。〔前大理院四年（1915年）上字第五号〕

第二百七十条　审判日期，应由定数推事始终出庭，并得由审判长另指定推事一员莅视，为补充推事。

补充推事于前项定数推事有疾病及其他事故不能继续审判时，有代行继续审判之职权。

检察官及法院书记官，亦应出庭。

文　义

定数推事云者，谓组织法院推事之法定员数也。始终出庭者，指审判不准更易推事而言。

理　由

本条规定审判开庭之构成要件。本法采用直接审理主义，故审判日期，须由定数推事始终出庭，不准更换。否则继续审判之推事，恐不能通观前后事理，致生不当之裁判，故明定其限制。

定数推事如因疾病及其他事故，不能继续审判，诉讼进行，既不能因之停止，更新审判，程序亦失之繁重，于是有补充推事制度之必要。

检察官及法院书记官，亦属审判上之必要职员，有一不备，即属组织不合法，可为上诉原因。惟检察官书记官不必始终系同一人出庭。盖检察官上下一体，彼此皆可替代。且检察官所主张之理由，文书纪录，自可稽览，变更其人，并无妨碍，至于书记官出庭职务只在纪录，尤无始终出庭之必要。

解　释

查审判衙门审理刑事案件，检察官有莅庭之职务，自不能拒绝，犹之检察官提起公诉之案件，审判官不能拒绝裁判也。审理程序，纵有违法，检察官应于莅庭时陈述意见，或于裁判后提起上诉，自有救济之法。〔前大理院六年（1917年）统字第六六八号〕

查普通审判衙门审判案件，系采用直接审理主义，须由定数审判官始终出庭审理，并应由该审判官为判断之评议，若在为评议以前更换审判官，则须更新实施一切审理程序。惟议决裁判后宣示时，于判决内容已无关涉，不必以审判本案之审判官为限。〔前大理院八年（1919年）统字第一零四七号〕

第二百七十一条　审判日期，除有特别规定外，被告不出庭者，不得审判。

文　义

特别规定指第二百七十二条及第三百八十二条之规定而言。

理　由

本条规定被告出庭为审判要件。盖刑事诉讼以真实发见主义为基础，于刑事诉讼中枢之审判，更采用言词辩论之主义。是以除特别规定外，被告不出庭则不得审判。因被告不出庭，不但审理易流于形式，且只有检察攻击之主张，不闻被告之辩解，实反于言词辩论主义之原则，亦戾实体发见主义之精神，故设本条规定。

判　例

原审未提被告人讯问而遽予判决，系属违法。[前大理院三年（1914年）上字第一九二号]

刑事诉讼通例，凡审理诉讼案件，以发见真实为目的，必采用直接审理主义，为认定证据之根据，始与原则之精神相合。[前大理院六年（1917年）上字第三二二号]

第二百七十二条　最重本刑为拘役或专科罚金之案件，被告得委任代理人出庭，但法院认为有必要者，得命本人出庭。

理　由

本条规定被告得不出庭之例外。最重本刑为拘役或专科罚金之案件，情节较轻，故被告得不亲自出庭而委任代理人到案。唯有时法院认为非直接审理不可者，仍得命本人出庭。

第一章 公诉 245

判 例

查现行法例,于正式法院,除拘役罚金案件有时得置代理人外,非被告人出庭,不得审判,至案件之是否徒刑以上,抑系罚金拘役,应以犯罪所该当本条最重主刑为标准,而不应以被告人被处之刑为标准。[前大理院三年(1914年)上字第二一七号]

查刑事诉讼,采直接审理主义,非被告人到庭不得开始公判,虽各级审判厅试办章程第三十六条第二项有特别判决规定,然以应处拘役罚金之被告人,取保前曾经辩论者为限。本案被告人始终匿未到案,而原判所处又为四等有期徒刑,尤与该条第二项之规定不符。原判误引关系民事之第三十九条,为即时判决,显有未合。[前大理院七年(1918年)非字第四四号]

查现行诉讼规例,应科徒刑以上之被告人,采用直接审理之原则,当然不能为缺席之判决。本案被告人等,既经原审认为成立骚扰损坏等罪,该被告人等,又未缉获到案,自不能为缺席判决。乃竟援引该省自定简章,对于未经到案之被告人,遽科徒刑,殊属不合。[前大理院七年(1918年)非字第一四〇号]

解 释

法定刑拘役罚金之案,斟酌条理,自得置被告代理人,但因调查事实有必要时,仍得命本人到场。确有逃匿或湮灭罪证之情形者,亦得勾摄,惟应审慎办理。[前大理院九年(1920年)统字第一一九三号]

第二百七十三条 被告出庭时,不得拘束其身体;但得命人看守。

文 义

拘束其身体,如施以枷锁等刑具,或缚其手足之类。

理 由

本条规定保障出庭被告身体之自由，于审判庭不许拘束被告之身体。盖使被告行使其防御权之权利，毫无遗憾，则须与被告身体上完全之自由。否则被告之身体，既被拘束，精神受重大打击，随而心神不宁，致不能自由辩论，而尽防御之方法。故本法为保障被告身体之自由，而有本条规定。但因豫防被告逃走或暴行起见，得命人看守，以免紊乱法庭秩序。

第二百七十四条 被告出庭后，非经审判长许可，不得退庭。

审判长因命被告在庭，得为相当之处分。

文 义

相当之处分，如命庭丁或司法警察以腕力强使在庭之类。

理 由

本款规定被告之在庭义务。被告出庭，实为真实发见起见，而有对于案件之辩解，陈述证据调查之意见，以及对于事实及法律适用为辩论之目的，故不容擅自退庭，苟违反在庭义务，审判长为阻止离庭，得施以相当之强制处分。

第二百七十五条 审判以书记官朗读案由为开始。

文 义

朗读案由，即宣言本日审讯某某犯某某事件一案等语是。

理　由

本条规定审判之开始程式。审判开始前后之别，于诉讼程序，颇有关系，如当事人认推事执行职务有偏颇之虞者，得声请推事回避，但当事人于审判开始后已就该案件有所声明或陈述，则不得声请推事回避。他如起诉之撤回，亦限于审判开始前为之。是审判何时开始，应有明文，以为标准，故设本条。

第二百七十六条　审判开始后，推事有更易者，应更新审判之程序；但由补充推事代行继续审判者，不在此限。

文　义

更新审判之程序者，废弃以前审理程序之效力，而更施行新审理程序之谓也。

理　由

本条规定更新审判程序。审判程序既采用直接审理主义及言词辩论主义，应由原推事始终审理，若有更易，后之推事既未参与以前之审理，继续审理，实无以副直接审理主义及言词辩论主义之精神，因之有更新审理之必要。但由补充推事代行继续审判者，曾经莅视，无殊参与审理，与本法所取原则，既不违背，自无庸更新，多费程序。

判　例

审判衙门判决案件应由审理本案之审判官为之，即或于审判终结后原审判官有所更换，除宣告判词于判决内容本无影响得由更易之员代行出席外，若更易之员，使其参预判决，则非履行更新审理之程

序，不足以符直接审理之原则。［前大理院三年（1914年）上字第六零三号］

凡审判衙门判决案件，应由审理该案之推事为之。审判中或审判终结后，原审判官若有更换，则承接审判或判决之审判官，亦应更新审判，以符直接审理之原则。惟宣告判决，于判决内容既无影响，故不以审理本案之审判官为限。［前大理院七年（1918年）上字第二号］

解　释

查更新审理，应于诉讼纪录内记明更新程序。更新后既采为本案证人，仍应传讯。［前大理院七年（1918年）统字第七四一号］

查普通审判衙门判决案件，系采用直接审理主义，须由定数审判官始终出庭审理，并应由该审判官为判断之评议。若在为评议以前，更换审判官，则须更新实施一切审理程序。惟议决裁判后宣示时，于判决内容已无关系，不必以审判在案之审判官为限。至参与审判之审判官，如因故不能署名盖印，可由审判长或资深陪席审判官附记其事由。来文所称甲审判官既在审理中因病不能出庭，改由乙审判官参与审理，终结后，始改派并未出庭之丙审判官补充审判，遂由丙审判官参与判断之评议，则按照上述条理，此项判决无论甲乙丙审判官均无署名盖印之责任，且即署名盖印，亦系不合法之判决，或则另行审理，或仍由乙审判官为判断之评议，即由该审判官署名盖印为宜。［前大理院八年（1919年）统字第一〇四七号］

第二百七十七条　审判长依第五十九条讯问被告后，检察官厅陈述案件之要旨。

文　义

陈述案件之要旨者，即陈述被告所犯案件及其嫌疑程度，请求审判科刑各要旨是。

理　由

本条定最初审判之程序。被告既经出庭，审判长应讯问被告姓名年龄职业住址，以征验其人有无错误，以免徒费程序。被告经讯问后，检察官即应陈述案件之要旨。盖使法院诉讼关系人知对于该案请求之目的，而植法院审判之基础，必须经检察官陈述案件要旨后而法院始得为之审判也。

判　例

本案既由原检察官上诉，乃原判并误列原告诉人等为上诉人，于开始审判时未经检察官依刑事诉讼法第二七七条陈述案件要旨，又不依同法第三八〇条，由上诉人陈述上诉意旨于审结后复不宣告辩论终结，显有未合。〔最高法院十九年（1930年）非字第九四号〕

第二百七十八条　检察官陈述案件之要旨后，审判长应依第六十三条，讯问被告。

理　由

本条规定对被告关于犯罪嫌疑之讯问。检察官陈述案件要旨后，审判长应就该案件讯问被告。此项讯问，在使被告辩明犯罪嫌疑及陈述有利之事实，以为审判之趋向，故于检察官陈述后，即须开始讯问。

第二百七十九条 被告不认犯罪，而于侦查时曾经自白者，审判长得命将其自白，当庭宣读。

文 义

自白云者，谓被告承认起诉之犯罪事实也。

理 由

本条规定自白之宣读。被告之自白，即系犯罪证据之一种。被告于侦查既经自白其犯罪事实，于审判时不承认者，审判长得命书记官将侦查笔录所载明之自白，当庭宣读，以征验其有无错误，而定去取。

第二百八十条 被告之自白，非出于强暴胁迫利诱诈欺及其他不正之方法，且与事实相符者，得为证据。

被告虽经自白，仍应调查必要之证据，以察其是否与事实相符。

理 由

本条规定自白得为证据之要件。刑事诉讼以实体真实发见主义为原则，故被告之自白得为证据，亦须视自白之真实与否为断。被告之自白，如出于强暴胁迫利诱诈欺及其他不正之方法者，固不得取为证据，即非因于不正方法之加而其自白与事实不相符者，亦不得取为证据。故被告虽经自白，仍应调查必要之证据，以察其是否与事实相符，以符实体真实发见主义之原则。

判 例

审判衙门审判案件，认定事实，应依证据，而证据之证明力，由审判官自由心证判之。被告人之自白，虽可为证据之一种，然原审以

该被告在该县初供,系出于刑讯,不采为证据,并非违法。[前大理院三年(1914年)上字第六七号]

犯罪人之自白,虽为证据之一种,然众证供确,可不待犯罪人之自白而为判决。即使自白,设有他种反证,足以证明其为虚伪时,亦无采用之余地。[前大理院三年(1914年)上字第三六三号]

自白为证据,苟无相当之反证,不能任意撤销。[前大理院三年(1914年)上字第三九七号]

刑事诉讼,被告人不利于己之供述,原可为有力之证据,然审判衙门并非必须采用其供。如认为有疑义者,仍应以职权调查,以期发见真实。[前大理院四年(1915年)上字第九八九号]

被告人于起诉后之陈述,较之起诉前之陈述,有重要变更而无理由者,审判衙门得以起诉前由检察官司法警察官之所对于该被告及共同被告人之讯问笔录及甘结为证据。[前大理院六年(1917年)上字第五二六号]

被告人于自白前既供尔若定要说我在场,我情愿自己碰死,即于自白时,复供他们两人,既供我在场,情愿照他们的供办我,其一种愤懑不平之气,尤觉溢于言表。是被告人之自白,是否绝无瑕疵,尤应斟酌。[前大理院九年(1920年)上字第四二四号]

查刑事诉讼,本以发见真实为要义。犯罪虽经自白,而刑事诉讼条例(已失效)第三百零三条,第二项规定有仍应调查必要之证据,以察其是否与事实相符者,因自白之原因,难以指数,人心之诚伪,人各不同,如必一经自白即认为案无可疑,则或以认定之事实,据为真正事实,因一毫而差及千里者有之,完全错误者亦有之。故条例本于其第二条所定,于被告有利及不利各情形应一律注意之精神规定,对于自白,仍应查察也。[前大理院一五年(1926年)上字第六一四号]

刑事案件被告虽经自白，仍应调查必要证据，察其与事实是否相符。〔最高法院一七年（1928年）上字第五二一号〕

解　释

查刑事诉讼，被告人自白固可采为证据，然事实有疑窦者，自不能专据被告供词定案。〔前大理院四年（1915年）统字第二九六号〕

刑事诉讼，以实体真实发见为原则，被告自白，虽可为一种证据，但是否虚伪，有无别情，审判官仍应详细审查。至第二审亦系事实审，并不受第一审讯问笔录之拘束，若检察厅之侦查笔录，要不能拘束审判衙门。〔前大理院五年（1916年）统字第四九四号〕

查被告人在审判外复述在审判中业经审核之自白，即非审判外之自白，不得据以请求再审。〔前大理院八年（1919年）统字第一〇七八号〕

第二百八十一条　讯问被告后，审判长应调查证据。

文　义

证据云者，谓认识诉讼上事实之材料。实含二种意义，其一谓于事实认识可利用之材料，其二指因利用此材料而发生事实认识之直接数据，依前义，以证人鉴定文件物件为证据，依后义，以证人之证言，鉴定人之鉴定，文件之旨趣，物件之状态为证据。

理　由

本条规定证据之调查。审判长关于犯罪嫌疑，讯问被告后，应即从事调查证据。调查证据，为审判上必要之程序，系审判长应有之职权，调查之范围，调查之程度以及调查次序之先后，均由审判长定之。

判　例

巡警调查报告，本非审判衙门直接调查所得，不足为判决资料。[前大理院三年（1914年）上字第二八号]

书记官之报告，本不能为证，况系密查，尤不合法。[前大理院三年（1914年）上字第三一二号]

公差窃听之说，究非正当查得，即难保无误，不能认为合法证凭。[前大理院三年（1914年）上字第三一二号]

现行法例，采用直接审主义，审判官审埋案件，固应直接调查证据，无论当日承发吏曾否亲往斟验，审判官不自调查罪证，已与直接审理主义不合。[前大理院三年（1914年）上字第四四一号]

审判衙门审理案件，本应直接调查证据，不得于业经起诉之案件，移送检察厅重行侦查。控告审之控告案件亦然。[前大理院三年（1914年）上字第五二四号]

凡为判决数据之证据，固以审判衙门直接查得者为限，虽遇审判衙门不易直接调查之证，亦得援起诉前检察官厅所作记录定案，然究属例外办法，非确有不易直接调查之情形，自不得照此办理。[前大理院五年（1916年）上字第五四七号]

解　释

查诉讼成例，系采用心证主义，取舍证据，一任审判官之判断。凡调查证据，合于法则（或补充法则之条理）者，均可以为裁判资料。惟认定犯罪事实所取证据，须有确切之证明力，并无他种合法资料，可以动摇及有他种可信资料，足供佐证者，始得据为肯定之断定，所称乙之指供以外，尚应调查甲之素行，以及犯行时之所在动作及其他关系各项，借资佐证。[前大理院九年（1920年）统字第一二四二号]

刑事案件，审判衙门，应以职权调查证据，亦不得以被告人未能举证，遽科以罪刑。［前大理院九年（1920年）统字第一四四九号］

查调验烟瘾，不外实施调查证据程序，自可依法为之。［前大理院一一年（1922年）统字第一六六一号］

第二百八十二条　犯罪事实，应依证据认定之。

文　义

事实者，指肯定科刑权存在，及其范围之事实，换言之，即实体法上之事实是也。

理　由

本条明定裁判上认定事实须依证据之大原则。科刑之确定，依法院之裁判，而裁判为法院因认定事实适用法律所生之结果之意思表示。故裁判应先认定事实，而认定事实，须依证据，不许妄断臆测，以免罚及无辜。

判　例

查诉讼通例，审判衙门审判案件，认定事实，应依证据。［前大理院四年（1915年）上字第一〇四二号］

查诉讼通例，认定事实，必依证据。苟第二审判决关于犯罪事实，虽经认定，然在理由中并未依法证明，即系判决不附理由，不得不谓之违法。本案被告人经原判认系与妇女杨徐氏通奸，然遍查诉讼记录，并无何种供证，足资依据，原判理由中，亦未依法证明，则被告人有无通奸情事，事实上尚未明了，又何能率然认定为法律上之判断。［前大理院五年（1916年）上字第七〇五号］

被告人不利己之陈述，得采为共同被告人犯罪之证据。［前大理院六年（1917年）上字第七八三号］

原审乃用种种推测，复据地方检察厅书记官之调查报告，认定上告人等，为意图贩卖，以此采证违法，自不足以资折服。［前大理院八年（1919年）上字第八八〇号］

报纸之纪事或评论，当然不能为审判衙门认定事实之根据。［前大理院一〇年（1921年）上字第四五号］

查刑事诉讼，关于有利于被告或不利之情形，生有疑问时，除特别事实，如正当防卫，精神之类外，凡不利于被告者，须待证明，而不能为不利益之证明时，恒得为有利之认定者，观于认定犯罪事实，则须依证据，而认为犯罪嫌疑，不能证明，即应为无罪判决之，立法意可得当然之结果。［前大理院一一年（1922年）上字第九一〇号］

查法院认定犯罪事实，应凭证据，本为刑事诉讼条例（已失效）所明定。

关于证据之判断，虽同条例又任诸法院之自由，而必该证据适法，并可认为真实者，始得引为认定犯罪事实之基础，此在同条例，虽未总作一条，以资信守，而就其分见于各条者，已足见此旨已被发挥，毫无遗蕴也。又即如讯问证人及命鉴定之类，除关于证人具有特殊情形外，法院须命其人具结，则命具结者，法也，而所以命具结者，在使负责任，不敢为虚伪之陈述及鉴定，以期可以发见真实也。

不但此也，同条例又定为于必要情形，得命证人与他证人或被告（第一百十条）对质，又定为于证人陈述后，为使其陈述臻于明确，或为判断其真伪起见，应为必要之讯问（第一百十八条），又定为鉴定有不完备者，得命增加人数，或命他人继续，或另行鉴定（第一百三十一条），凡此各节，条例上所以不惮烦琐者，亦恐有稍不真实而

已。[前大理院十五年（1926年）上字第七一六号]

审判上关于核对笔迹，虽足供自由心证之资料，究不足以为犯罪之唯一证据。原判理由除指摘上告人与周某所述写票时情形，微有不符外，纯以该花押一圈一横一点之姿，致未尽吻合，遂认其为伪造，殊欠率断。[最高法院一七年（1928年）上字第五六号]

本案原审于调查奇来及青峰利两款账目时，并未将其关系之摊台租金簿存折及进支单簿提示被告人，询其有无意见，亦未告以得提出有益之反证，乃竟根据此项簿折，认定事实，其所履行之程序，显有未合。[最高法院一七年（1928年）非字第一九号]

解　释

审判官应查明犯罪事实，是否与法定要件相符。[前大理院八年（1919年）就字第一〇四二号]

凡调查证据，合于法则（或补充法则之条理）者，均可以为裁判资料。惟认定犯罪事实，所取证据，须有确切之证明力并无他种合法资料，可以动摇，及有他种可信资料，足供佐证者，始得据为肯定之断定。[前大理院九年（1920年）统字第一二四二号]

第二百八十三条　证据由法院自由判断之。

理　由

本条系采用自由心证主义而设。犯罪事实须依证据认定之，惟其证据是否可靠，不复加以参酌，以定取舍，根据证据而认定其事实，殊不合于刑事诉讼实体发见真实主义，故声明采用自由心证主义，规定本条。

判　例

按证明事实，全凭证据，而该证据是否可靠，则须参酌各方面情形。故诉讼通例，特许审判官以自由取舍证据之权。是第二审与第一审，对于同一证据，纵为歧异认定，但能说明理由，即当查其理由正当与否而认定其判决有无不合，不能以未得反证，即谓其变更事实为违法。〔前大理院四年（1915年）上字第七三号〕

查诉讼通例，审判衙门审判案件，认定事实，应依证据，而证据之证明力，由审判官自由心证判断之。〔前大理院四年（1915年）上字第一〇四二号〕

法院认定犯罪事实，应凭证据。关于证据之判断，虽任诸法院之自由，而判断之结果，仍须有证据存在，始足以资为犯罪事实之认定，以防专断。〔前大理院一五年（1926年）上字第六九四号〕

法院核对笔迹，本为调查证据方法之一种。除特种书据（如古书画或书家精于摹仿各种字体者之笔迹），须选任专门智识技能之鉴定人，为精密之鉴定外，若通常书据，一经核对笔迹，即能辨别真伪异同者，法院本于核对之结果，依其心证而为判断，虽不选任鉴定人，实施鉴定程序，亦不得指为违法。〔最高法院一七年（1928年）上字第三四六号〕

纵系被害人亲族，其证言于法并无不得采取之制度。〔最高法院一七年（1928年）上字第四四九号〕

解　释

查诉讼成例，系采用心证主义，取舍证据，一任审判官之判断。〔前大理院九年（1920年）统字第一二四二号〕

审判官取舍证据，本不受何项拘束，当就案件情形，审查认定。〔前大理院十年（1921年）统字第一七二一号〕

第二百八十四条 证据物件，应示被告，命其辨认，并询其有无辨解。

理　　由

本条规定证据物件之调查程序。证据物件，应以举示被告，以便征取其辨解及意见，而观察其虚实真伪。刑事诉讼以直接审理言词辩论主义为原则，故一切证据物件，必须履行此项程序，始得以为裁判之基础。

判　　例

为判决资料之证据，须于公判时示诸被告人，询其意见。控告审之于新证据，亦应照此办理。如所调查之证据，公判时不能直接示被告人，则应以所调查之纪录举示。［前大理院三年（1914年）上字第二二五号］

匿名信虽系告发原因，究不能采为有罪无罪之证据，自无举示被告人之必要。［前大理院五年（1916年）声字第五号］

第二百八十五条 卷宗内之文件，可为证据者，应由审判长或命书记宣读；但有下列情形之一者，审判长得只告以文件要旨，以代宣读。
一　当事人无异议者，
二　有关风化或妨害公安之虞者，
三　有毁损他人名誉之虞者。
被告不解文件之意义者，于宣读后，并应说明之。

文　　义

卷宗内之文件可为证据者，如告诉告发之笔录之类是。卷宗以外之书证，即为证据物件，应适用前条之规定。当事人无异议者，谓当事人当场表示无异议也。有关风化或有妨害公安之虞者，如供述涉于猥亵，或其供述系属反革命之主张等是。有毁损他人名誉之虞者，如妨害风化，婚姻名誉等罪案内之供述是。

理　由

本条规定证据文件之调查程序。即卷宗内文件之可为证据者，应由审判长命书纪官宣读，使当事人审察要旨，而有答辩之机会，以冀发见真实，是为原则。例外则只告以文件要旨，以代宣读。盖本条所列各款，除第一款无大关系外，其余二款，若令当庭宣读，究有未妥，故又有但书之规定。

宣读文件，端在征取意见，而冀发见真实，苟被告不解文件之意义，则不足副此目的，故应于宣读后，加以说明。

判　例

卷内文件，孰可采为证据，刑诉法内虽未加以何种制限，然就其他之取证方法，既规定为应如彼之详慎，则文件自必来源明白，内容无疵，而后合乎其所谓可为证据者，规定宣读、代宣读及说明意义之程序，而不规定曰卷内之文件，均得为证据，其意旨以适法真实为准，已无疑义。［前大理院十五年（1926年）上字第七一六号］

第二百八十六条　证人鉴定人应依下列次序讯问之。
一　由审判长依第一百零四条、第一百零七条及第一百十条讯问；
二　由声请传唤之当事人诘问；
三　由他造之当事人诘问；
四　由声请传唤之当事人覆问，但以他造当事人请问所发见之事项为限。

理　由

本条规定讯问证人鉴定人之次序。证人鉴定人之讯问，本为审判长之职权,所不待言,即对于当事人亦应予以讯问之权利,以易发见其实。然证人鉴定人之讯问先后程序,究应如何?倘无其规,则纷乱错杂,法庭之秩序,将不能维持。故应由审判长首先讯问,次由声请传唤之当事人诘问,再次由他造之当事人诘问。他造当事人诘问后,声请传唤之当事人尚得覆问,但以他造当事人诘问时所发见之事项为限,不得逾越范围。当事人之诘问覆问,系当事人之权利,如经当事人声明,审判长即应许其为之,除对于覆问之逾越范围外,不得加以禁止。

第二百八十七条 当事人诘问证人鉴定人时,审判长认为有不当者,得禁止之。

理 由

本条规定不当诘问之禁止。当事人之诘问权自有一定范围,固不许滥用,以免妨碍诉讼进行,而维法庭之秩序。故当事人诘问证人鉴定人时,审判长如认为不当,得加禁止。

第二百八十八条 证人鉴定人经当事人诘问后,审判长得续行讯问。

理 由

本条为续行讯问之规定。证人鉴定人既经当事人诘问,审判长仍得续行讯问,以期证人鉴定人之陈述,益臻明确,而发见真实。

第二百八十九条 证人鉴定人陈述后,审判长得命将该证人鉴定人在侦查时讯问之笔录,当庭宣读。

理 由

本条规定宣读证人鉴定人在侦查时讯问之笔录。在庭讯问证人鉴定人,毋庸将笔录宣读。惟侦查时讯问之笔录,因证人鉴定人前后陈述不符,故将前所讯问笔录宣读,以资比较。

第二百九十条 审判长预料证人鉴定人共同被告,于被告前不能自由陈述者,得命被告退庭,再行讯问,但陈述完毕后,应再命被告入庭,告以陈述之要旨。

理 由

本条规定证人鉴定人共同被告之陈述中得命被告退庭之例。在审判庭之证人鉴定人等,对于审判长之讯问,于被告前,因有所顾虑,不能自由陈述,实为发见案件真相之障碍,故审判长预料其不能自由陈述者,得命被告退庭。惟其陈述完毕后,应再命被告入庭,告以陈述之要旨,以便被告答辩。

第二百九十一条 证人鉴定人虽经陈述完毕,非得审判长之许可,不得退庭。

理 由

本条规定证人鉴定人在庭之义务。证人鉴定人虽经陈述完毕,非得审判长之许可,不得退庭,盖以案件尚在讯问中有时不无重行讯问之必要也。

第二百九十二条 在侦查时曾经讯问之证人鉴定人,依第一百十六条不得再行传唤，或因死亡疾病及其他事故不能再行讯问者，审判长应命将侦查时讯问之笔录，当庭宣读。

共同被告，因死亡疾病及其他事故不能再行讯问者，亦同。

文　义

疾病指疾深病危之人而言。若微恙则非本条之所谓疾病。其他事故，范围甚广，如其人为外国人而回国者亦属之。

理　由

本条规定宣读侦查笔录之原因。在侦查时证人鉴定人共同被告，曾依法定程序讯问其陈述无疑义者，以及死亡疾病，其他事故，不能再行讯问者，惟有将前所讯问笔录宣读，以代讯问，以期诉讼程序进行迅速。

判　例

证物如已消灭，证人如已死亡，或离国或经拒绝证言，自不能直接审理，亦可引用侦查笔录。〔前大理院三年（1914年）上字第三五六号〕

查刑事诉讼通例，凡为判决资料之证据，固以审判衙门直接查得者为限，虽遇审判衙门不易直接调查之证据，亦得援起诉前检察官厅所作纪录定案。然究属例外办法，非确有不易直接调查之情形，不得照此办理。〔前大理院五年（1916年）上字第五四七号〕

第二百九十三条　依第九十四条就证人所在讯问者，当事人亦得在场，并得依第二百八十六条之规定讯问。

前项讯问之笔录，于审判时，应当庭宣读。

理 由

本条规定就证人所在地讯问之程序。证人有正当理由不能到案者,得按其情形,就其所在讯问。为当事人答辩之便利,期事实真相之发见,故当事人亦得在场,并得依第二百八十六条之规定,讯问证人。

惟此项之讯问,系就证人之所在行之。故关于讯问之笔录于审判时应当庭宣读,以符审判公开主义,及言词审理主义之本旨。否则,该项笔录不得为裁判之基础。至其讯问,系由法院,抑或受命推事、受托推事,在所不问。

第二百九十四条 审判长得依职权或依当事人之声请,传唤名单所列以外之证人。

理 由

本条规定添传证人。证人为刑事诉讼最普通之证据方法,审判于审判日期前应开列名单传讯,所不待言。惟审判长对于传唤名单以外之人,认有传讯之必要,或当事人声请添传证人时,均得传唤名单以外之证人,以贯澈真实发见主义之精神。

判 例

传唤证人及鉴定物证,审判衙门,自得以职权决定。〔前大理院三年(1914年)上字第三七三号〕

第二百九十五条 审判长对于特定事项,认为已臻明了,毋庸讯问证人者,得以裁定省略证人之讯问。

理 由

本条为省略讯问证人之规定。审判长对于特定事项,认为已臻明了，毋庸传讯证人者，设仍须受传讯证人之拘束，则徒费程序，延缓诉讼之进行，故得以裁定省略之。

判　例

传讯证人与否，为审判衙门独立之职权，被告人以未经传讯证人，据以为攻击之理由，其上告不能成立。［前大理院三年（1914年）上字第三号］

法院审理案件，其搜集证据，如已认为有充分之证明者，则其他证人之应传唤与否，或是否尚须对质，审判官原有自由裁判之职权。［前大理院三年（1914年）上字第一〇〇号］

查原审办理此案，因室内人证，或因农忙，或因道远资乏，不能传集赴省，遂决定委托某地方厅，一面派员调查，一面就近提讯，旋据某地方厅将调查属实情形，及抄录供词，具报在案。是本案真相，既经某地方厅调查明晰，又经该被告人当庭自白，案情明了。第二审自无再行提传证人到案质讯之必要。［前大理院四年（1915年）上字第一八〇号］

第二百九十六条　讯问被告证人鉴定人时，列席推事，得向审判长声明亲自讯问。

理　由

本条规定列席推事得讯问被告证人鉴定人。讯问被告等原则上应由审判长实施之；但列席推事亦得亲自讯问，以资补充。惟须向审判长声明。审判长对于此项声明，并无许可拒绝之职权。

第二百九十七条　审判长得于庭员中指定受命推事，命其讯问被告，或调查证据之全部或一部。

理　由

本条规定中间准备程序。讯问被告及调查证据，依直接审理主义及审判公开主义，原则上自应由法院为之。惟关于案情之过于繁杂者，审判长得于庭员中，指定受命推事，负讯问被告或调查证据之责，以俾诉讼易于进行。但此项程序，系属准备程序，受命推事讯问或调查所得之结果，应于审判时依法公开，才可为裁判之依据。

判　例

调查证据，法院原可委任受命推事前往调查，是受命推事之调查，根据直接审理主义而发生，故经法院认定后，自可一律采用。〔前大理院三年（1914年）上字第三九一号〕

第二百九十八条　审判长每调查一证据毕，应讯问被告有无意见。

审判长应告知被告得提出有益之证据。

文　义

每调查一证据毕，谓每调查一证据方法完毕。

理　由

本条规定于调查证据程序而与被告行使防御权之机会。证据物件之数，有时不止一端，若合多种证据，为一次之讯问，被告之答辩，或恐遗漏，故应各个证据分别审问，以照慎重。

被告有能提出证据，而不知提出，或不知其为有益证据，皆于审理上重有障碍，故审判长应告知被告得提出有益之证据，促其注意，而利发见其实。惟此项程序，不必逐次为之，只一次已足。至审判长如未为此告知，即属违法，所不待言。

判 例

为判决资料之证据，须于公判时示诸被告人，询其意见。控告审之于新证据，亦应照此办理。如所调查之证据，公判时不能直接示被告人，则应以所调查之记录举示。[前大理院三年（1914年）上字第二二五号]

查法院认定犯罪事实，应凭证据，关于证据之判断，虽任诸法院之自由，而判断之结果，仍须有证据存在，始足以资犯罪事实之认定，盖所以防专断也。且每一调查证据毕，即应询问被告，有无意见，并应告以得提出有利之证据，更不仅用以照示公平，借资折服，盖非此无以防偏断之渐，而发见事实之真也。[前大理院十五年（1926年）上字第六九四号]

第二百九十九条 当事人对于审判长或受命推事之处分，声明异议者，应由法院裁定之。

文 义

当事人，指检察官及被告而言，其在自诉案件，则为自诉人与被告。审判长之处分，指于审判程序及其准备程序所为之一切处分。受命推事之处分，指讯问被告，调查证据时所为之一切处分。

理 由

本条规定当事人对于审判长或受命推事所为处分之声明不服方

法,及其裁定之机关。审判长及受命推事之处分,均于当事人有利害关系,故法许当事人有声明异议之权。惟对于审判长或受命推事之处分,得为声明异议者,应以违法者为限。若以处分不当之理由,声明异议,则非法所认许,此虽无明文规定,固得如此解释。当事人之声明异议,应由法院裁定之,所谓法院,即指合议庭而言。其系独任推事行审判时,即应由该推事裁定之,以判断其当否。至此项裁定,能否抗告,自应按其情形,依第四百十四条及第四百十五条之规定办理。声明异议权,惟当事人有之,但辩护人、辅佐人得代被告行使此项权利。

第三百条 调查证据完毕后,应命依下列次序,就事实及法律辩论之。
一 检察官
二 被告
三 辩护人

文 义

辩论有广狭二义,就广义言,即指自检察官陈述要旨后之辩论而言。就狭义言,即指于调查证据后之辩论。本条所谓辩论,为狭义辩论。

理 由

本条规定辩论之次序。辩论之主体有三,检察官、被告及辩护人是。辅佐人既为辅佐被告而设,虽法并未揭明,但应认为于被告或辩护人辩论之后,得陈述意见。调查证据完毕后,审判长应依次序,命各主体就事实及法律为辩论,申言之,即首先由检察官论告表示关于案件所有事实上法律上之意见,次由被告对于检察官所攻击各点分别为防御之方法，复次由辩护人就事实上法律上，陈述意见，以为辩护。辩论程序于刑事诉讼上至为重要，故审判长如不履行此项程序，即属违法。审判长对于各主体命其就事实及法律辩论，即为履行。至各主体是否为辩论，及其辩论是否充分为之，均于审判程序，不生违法问题。

判　例

查现行例规，刑事被告委任辩护人者，公判日期，应传唤辩护人。又审判长于公判庭讯问被告后，应咨询检察官之意见。至谕知判决，应于辩论终结后为之。此种法定程序，虽在再开辩论，亦应践行。〔前大理院七年（1918年）上字第五二二号〕

解　释

查刑事诉讼条例（已失效）无得以口头变更起诉之规定，于起诉程序，又有明文，是此项办法，实为条例所不许。唯检察官在法庭辩论，无论其为何项主张，法律上既无制限，自难因与起诉文不符，即谓系变更起诉，指为违法。〔前大理院一四年（1925年）统字第一九五七号〕

第三百零一条　辩论后，审判长得命再行辩论；但被告有最后之辩论权。

理　由

本条规定再行辩论及最后之辩论权。辩论所以探究事实上之真相及法律上之依据，而为裁判之基础，故应郑重将事，不厌求详，既经辩论之后，仍不妨命其再辩，此法律规定审判长得命再行辩论之职权，即数次行之，亦无不可。在辩论之际，被告对于检察官攻击各点，既得尽力答辩，并有辩护人为之辩护，似无不尽其词之患，惟最后陈述，最易使人注意，法律为保护被告利益起见，特予被告以最后之辩论权，此又但书之所由设也。

第三百零二条　审判长于宣告辩论终结前，应讯问被告有无陈述。

理　由

本条规定辩论终结后之讯问程序。于宣告辩论终结前，审判长应讯问被告，有无陈述，以促其注意充分行使防御权。被告对于此讯问之陈述，属其权利，而非义务，陈述与否，全任其自由。

判　例

查第二审诉讼纪录，本年五月十九日审理将竟，审判长曾问你还有甚话否，上告人答以卜冲也，无他话云云。审判长于检察官发表意见后，曾宣言既据张卜冲无有他项理由陈述，静候一星期内宣示判词各等语，是当时虽无辩论终结四字之宣告，但令其静候判词，则本案辩论自己终结。乃该上告人于审理完结后，忽又提出委任辩护人，求为重开辩论。原审依职权未予照准，并不违法。〔前大理院四年（1915年）上字第七三七号〕

审判衙门于业经辩论终结案件，固得拒绝被告人之请求，但终结辩论，实应令被告人有最后之陈述，俾尽其答辩。核阅原审诉讼记录，本案并未经被告人最后陈述，宣告终结，已属不合，其宣告终结之日，被告人又确递有委任律师状，原审不准所请，更为违法。〔前大理院五年（1916年）上字第四〇八号〕

第三百零三条　辩论终结后，遇有必要情形，法院得命再开辩论。

理　由

本条规定再开辩论之程序。辩论既经宣告终结，而被告嗣得有真正利益之证据，如因辩论终结之故，真正利益证据，不得提出，纵有上诉，可资救济，而被告之受累，实已良多，故被告有请求再开辩论之权。此外其他之事情，法院为发见真实起见，均得命再开辩论。再开辩论与续行辩论相同，而与更新辩论异，故其以前之程序，仍完全有效。

判　例

辩论终结后，如审判衙门认为有必要时，仍得再开审理，此属审判上之职权。[前大理院四年（1915年）声字第一号]

查被告人于提起公诉后，固得随时委任辩护人，但审判衙门审判案件，苟认被告事实已有确实之证明，亦可衡情宣告辩论终结。本案未终结以前，上告人既无委任辩护人之表示，则原审因认案已审明，不以被告人后复委任辩护人，重开辩论，尚无违法可言。[前大理院九年（1920年）上字第四一八号]

第三百零四条　审判非一次所能终结者，除有特别情形外，应连续开庭。

理　由

本条为连续开庭之规定。审判非一次所能终结之案件，如不连续开庭，则稽延时日，记忆不清，于诉讼审理上诸多不利。故此项案件，非有特别情形，应从连续开庭之原则。

第三百零五条 被告心神丧失，或因疾病不能出庭者，应停止审判之程序。

前项规定，于许用代理人之案件，不适用之。

理　　由

本条规定停止审判程序，及其例外情形。被告心神丧失，已不能为相当之陈述，被告因疾病不能出庭陈述，诉讼主体关系既不完备，自无从进行审理，故应停止审判之程序。

最重本刑为拘役或专科罚金之案件，本许被告得委任代理人出庭，则已无被告本人出庭之必要，故关于停止程序，自不能援例适用。

解　　释

法定刑拘役、罚金之案件，该被告人等取保在外候讯，染病不起，如果仍有传案必要，并得停止公判。〔前大理院九年（1920年）统字第一一九三号〕

第三百零六条 审判开始后，因被告心神丧失而停止审判，或因疾病或其他事故停止审判至十五日以上者，应更新审判之程序。

理　　由

本条规定更新审判程序之情形。审判开始后，因被告心神丧失，而停止审判，嗣被告之心神已恢复清明，可得讯问，又因疾病或其他事故而停止审判，嗣疾病已痊愈，无何不能到案之事由，则审判应继续开始。惟若停止审判至十五日以上者，应废弃以前程序，从新审判。盖越时既久，记忆不免有所遗忘，若仍以前审判之诉讼材料，为裁判之基础，实未符采用言词辩论及实体真实发见主义之精神，法律因之而有本条规定。

第三百零七条 被告所在不明者，应停止审判之程序；但应实施保全证据所必要之一切处分。

理　由

本条规定停止审判程序之一例。被告所在不明，不能为言词辩论，故应停止审判之程序。所在不明之原因，及其所在不明在起诉之前抑在起诉之后，均所不问。惟关于各项证据，恐历久湮灭，搜集为难，故虽停止审判程序，而对于证据之保全，仍应实施必要之处分。

解　释

查刑事诉讼条例（已失效）第三百九十七条（即本法第三百八十二条），系指被告经依法传唤无正当理由不出庭者而言。如系在押脱逃，即无从传唤，而出示限令若干日投案，在法令又无根据，自应按照同条例第三百三十条（即本法本条）办理。［前大理院十四年（1925年）统字第一九一三号］

查所称情形：

被告逃亡审判尚未开始之第一审刑事案件，因被告所犯系在赦令颁布以前，又不在不准除免之例。应依刑事诉讼条例第三百三十条，停止审判之程序。［前大理院十四年（1925年）统字第一九二八号］

第三百零八条 审判开始后，法院虽认为该案件应属下级法院管辖，仍应继续审判之。

理　由

本条系规定事物管辖之例外。对于事物之管辖，法于第二章既详有规定，对于不属管辖之案件，应谕知管辖错误之判决，并将该案件移送该管法院审判,复于第三百十九条,定有明文,自应遵守,不容另有例外。惟审判既经开始,如以该案件系属下级法院管辖,认为管辖错误,不继续审判,则既经上级法院审判之案件,复仍须由下级法院为之审判,实多不利。反之,仍由该经开始审判之法院,继续审判,在实际上亦有益而无损,故设本条。

判　例

查诉讼法通例,地方审判厅辩论终结后,虽发见系所属初级审判厅管辖者,亦应作为管辖案件第一审之审判,盖因地方厅与初级厅,皆有第一审管辖权,既经上级有第一审管辖权者,为第一审审判,自毋庸更经下级审判厅,反复为同一之审理。[前大理院三年(1914年)上字第三八号]

解　释

上级法院受理下级法院管辖之案件,其诉讼程序,应以上级法院为准,当事人如不服高等法院受理第二审之初级管辖案件,第三审应由本院受理。[司法院十八年(1929年)院字第一三二号]

刑事诉讼法第三百零八条载,审判开始后,法院虽认为该案件应属下级法院管辖,仍应继续审判之。此项规定,依同法第四百条为第三审所准用,故凡检察官以反革命起诉之案件,经高等法院开始审判后,纵使查明应归地方法院管辖,仍应由高等法院继续审判。[司法院十八年(1929年)院字第一八一号]

地方法院依刑诉法第三百零八条继续审判之案,其第二审管辖属于高等法院或其分院。[司法院二年(1913年)院字第四七一号]

第三百零九条　判决应自辩论终结之日起,七日内谕知之。

理　由

本条规定谕知判决之期间。辩论既经终结，自应谕知判决。谕知判决之期间，法律应有其规，以免诉讼之迟滞，而早期结束，故本法规定自辩论终结之日起七日内谕知之。惟此项期间，为一种训示期间，虽不遵守，亦仅生推事旷废职务问题，于该判决之效力，并无影响。

判　例

查刑事诉讼法第三〇二条载，审判长于宣告辩论终结前，应审问被告有无陈述。第三〇九条载判决应自辩论终结之日起七日内谕知之。是未经辩论终结之案件，即不得径行判决，自无疑义。查阅原判笔录既未经检察官、被告等依次辩论，又未为宣告辩论终结之程序，乃仅于讯问后旋即谕知判决，依上开说明，实有未合。〔最高法院十九年（1930年）非字第一二四号〕

第三百十条　被告拒绝陈述者，得不待其陈述，径行判决。

理　由

本条为拒绝陈述径行判决之规定。刑事诉讼采用真实发见主义，故予被告以防御辩论之权。若被告舍弃陈述之权利，放弃答辩之机会，法院即无保护之必要，故不待其陈述，而径行判决。

第三百十一条　最重本刑为拘役或专科罚金之案件，被告经传唤无正当理由不到者，得不待其陈述，径行判决。

理　由

本条为对轻微案件径行判决之规定。本条情形与前条不同，依本条所定之径行判决，须具备之要件有三，即：一、须系最重本刑为拘役或专科罚金之案件；二、须经传唤；三、须系无正当理由不到。法院对于此种案件，为便利起见，得不待其陈述，而径行判决。至若最重本刑虽为拘役或专科罚金之案，经传唤而因正当理由不到者，自不得径行判决，所不待言。其最重本刑为徒刑者，亦不得径行判决。

判 例

刑事诉讼条例第三百九十七条（本法第三百八十二条）虽设有被告不出庭者，得不待其陈述，径行判决之规定。然所谓被告不出庭云者，自指经依法传唤无正当理由不到庭者而言，准诸同条例第三百三十四条（即本法本条）之规定，可以得当然之解释。且传唤被告，应用传票，传票又应送达，同条例第四十二条（即本法第三十五条），第四十四条（本法第三十七条），复有明文。本件原审于受理上诉后，仅以四一零二号并八六二号厅令，训令原县将被告人等押解到厅，并未依例传唤，就令被告等果未到庭，亦因未被传唤而未到，并非经合法传唤，无正当理由而不出庭，甚为明了。原审乃径行判决，依同条例第四二零七条第七款（本法第三百九十一条第七款），自应以违背法令论。[前大理院十二年（1923年）上字第三六六号]

解 释

关于自诉之刑事案件，即使犯罪嫌疑不足或行为不成犯罪，如不合于刑事诉讼法第三百十一条之情形，依同法第二百七十一条，非被告出庭不得审判。[司法院十八年（1929年）院字第一八四号]

第三百十二条 犯罪是否成立，及刑罚应否免除，以民事法律关系为断者，法院得并将民事法律关系，自行裁判之。

前项裁判，准用刑事诉讼法，刑事诉讼法无规定者，准用民事诉讼法。

理 由

本条明示刑事案件，不因民事纠葛停止进行之原则。关于民事诉讼，应由民事庭裁判，是为原则。故犯罪是否成立，及刑罚应否免除，以民事法律关系为断者，就民刑诉讼之分割原则言之，此种情形，须俟民事裁判后，再开始进行刑事诉讼。惟是刑事诉讼因民事关系而迟延，于公益之保护，殊多不利，因此特于本条规定得并将民事法律关系自行裁判之。惟宜注意者，此项民事法律关系，如在民事法院已经起诉者，检察官于刑事起诉时应声明其起诉以民事之裁判为条件，而刑事法院于民事裁判前，应停止刑事之审判，无适用本条之余地。

刑事法院并将民事法律关系自行裁判，仍不失为刑事诉讼程序中之所为，故应先准用刑事诉讼法，必于刑事诉讼法无其规定时，始得准用民事诉讼法。

判 例

刑事案件，不得因民事纠葛，停止进行。〔前大理院七年（1918年）抗字第三六号〕

第三百十三条 法院就民事法律关系，除依前条第一项规定外，得定相当期限，命当事人向该管民事法院起诉。

前项期限内，经当事人起诉者，于民事裁判前，应停止刑事之审判。

理 由

本条为先行解决民事法律关系之规定。犯罪是否成立，及刑罚应否以民事法律关系为断者，原得并将民事法律关系，自行裁判。惟如认为先就民事部分裁判后，从而定刑事诉讼进行为适当者，法院得定相当期限，命当事人向该管民事法院起诉。

当事人已向该管民事法院起诉，自须俟民事之裁判，再进行刑事诉讼，故于民事裁判前，应停止刑事之审判。

第三百十四条 刑事法院裁判，不受民事法院裁判之拘束。

理　由

本条规定明示刑事裁判不受民事裁判拘束之原则。刑事诉讼采用实体真实发见主义，与民事诉讼法院独立行使其审判权，毫不受民事法院裁判之拘束，故纵令与民事确定裁判有所抵触，亦于刑事裁判之效力，不生影响。

解　释

民事程序与刑事程序，原应各别进行，民事判决确定之事项，刑事判决自不受其拘束。［前大理院十三年（1924年）统字第一八五号］

第三百十五条 法院认为被告之犯罪已经证明者，应谕知科刑之判决。

文　义

犯罪已经证明云者，谓依证据得肯定科刑权之存在也。科刑之判决，谓科处刑罚之判决。

理　由

本条规定应行谕知科刑判决之情形。法院如依证据确信该犯罪系被告之所为，即应认为有罪，谕知科刑之判决。

第三百十六条 法院认为被告之犯罪嫌疑不能证明，或其行为不成犯罪者，应谕知无罪之判决。

文　义

犯罪嫌疑不能证明，包括犯罪事实及犯罪主体之不能证明而言。其行为不成犯罪者，包括行为之自体不成犯罪，及行为因法律阻却犯罪者而言。

理　由

本条规定应行谕知无罪判决之情形。法院认为被告之犯罪嫌疑不能证明，或其行为不成犯罪，自应谕知无罪之判决。

判　例

犯罪之成立，除律有明文应论过失外，固以被告人确有犯罪之故意为要件；但有无犯罪故意，如不能证明，自应以证据不足，宣告无罪，不得推测定案。［前大理院六年（1917年）上字第三〇九号］

对于证据不足之判决，虽用免诉字样，然不能指为未经公判。［前大理院七年（1918年）上字第三五号］

解　释

查刑法第二百七十五条，关于吸食鸦片罪，依现今废止之禁烟法第二条规定，于该法施行后十八年（1929年）三月一日以前已停止效力，在此期间之案件，自应分别依刑事诉讼法第三百十六条、第三百十七条第一款及第二百四十四条第一款办理。［司法院十八年（1929年）院字第一三七号］

第三百十七条 法院认为案有下列情形之一者,应谕知免诉之判决:
一 起诉权已因第二百四十三条第一款至第四款情形消灭者;
二 法律免除其刑者。

理　由

本条规定应行谕知免诉之情形。凡刑事案件,其起诉权已因(一)时效期满,(二)判决确定,(三)大赦,(四)犯罪后之法律已废止其刑罚,而归消灭,或虽非有以上四款之条件,而法律免除其刑者,均无从发生公诉权。故应谕知免诉之判决,不得更为其他实体上之审理。

判　例

大赦赦免之案,应宣告免诉,不得宣告无罪。[前大理院六年(1917年)非字第七一号]

原判决谓上告人买进汤文香在十四年(1915年)一月一日赦令免除之例,专就卖出行为论罪,以国民政府领域下之法院,而援引与国民政府法令相抵触之赦令,固有未合。[最高法院十七年(1928年)上字第一〇四号]

第三百十八条 法院认为案件有下列情形之一者,应谕知不受理之判决:
一 起诉之程序,违背规定者;
二 已经起诉之案件,在同一法院重行起诉者;
三 告诉或请求乃论之罪,未经告诉请求或其告诉请求经撤回者;
四 起诉经撤回者;
五 被告已死亡者;
六 对于被告无审判权者。

文　义

起诉之程序违背规定者，指起诉违背法定程序，或欠缺诉讼要件而言，如起诉书状未记载犯罪事实，又或对于书状未盖用起诉机关之印是。对于被告无审判权者，如被告系应受军法审判之人，或有治外法权或领事裁判权之人是。

理　由

本条规定应行谕知不受理之情形。凡案件如有本条所列各款情形之一，即属欠缺诉讼要件，毋庸进为实体上之审判，应即谕知不受理之判决。

判　例

查诉讼法则，凡提起公诉之程序，不合规定者，审判衙门应为驳回公诉之判定。若误行受理，而为本案之裁判者，其判决为违法，于上诉审中，即应以不合诉讼法则为理由而撤销其原判。〔前大理院三年（1914年）上字第三一八号〕

被告人死亡，公诉权即行消灭，为应驳回公诉之判决。〔前大理院六年（1917年）上字第二一号〕

警备队分队长犯罪，不在普通审判衙门管辖范围之内，县知事如未兼有军法职，自无管辖之权，应为驳回公诉之判决。〔前大理院六年（1917年）上字第四〇号〕

陆军步兵上校并未退役而犯诈财之罪者，不属普通审判衙门管辖。如已起诉，应为驳回公诉之判决。〔前大理院六年（1917年）上字第一一六号〕

亲告罪无人告诉，又不合于不待告诉之条件者，应为驳回公诉之判决。〔前大理院六年（1917年）上字第五〇三号〕

抗告人被人以重利盘剥诉经浙江省政府发交县公署审办，则无论抗告人有无此项行为，及该县公署执行职务人员应否回避，自应向该省特种刑事临时法庭提出诉辩。原法院以本件无权管辖，予以驳斥，自无不合。[最高法院十六年（1927年）抗字第八号]

被告已死亡者，应谕知不受理之判决。[最高法院一七年（1927年）上字第五五零号]

查刑法第二九三条之罪，依第三零二条之规定，须告诉乃论。本案据原判所列载被告犯罪事实，系由邻佑告发，其理由既认该被告犯刑法第二九三条伤害人身体之罪，则未经合法告诉，自系欠缺诉追之要件，应依刑诉法第三一八条第三款，为谕知不受理之判决，原审径为科刑之判决，显属违法。[最高法院一九年（1930年）非字第一四九号]

刑事诉讼法第三一八条第四款之规定，系限于撤回起诉而言，不得与撤回上诉，混为一谈。[最高法院一九年（1930年）非字一九六号]

本案被告等均系武汉军官分校学生。查陆海空军所属之学生，依陆海空军刑法第六条视同军人，应依陆海空军审判法十六条归军法会审审判之，是原法院对各该被告之无审判权，已无疑义。无论其所犯何罪，均非原法院所得受理，原审不依刑诉法三一八条第六款之规定，谕知不受理，竟为有罪之判决，殊属违法。[最高法院一九年（1930年）非字第一九七号]

解　释

刑事被告上诉后死亡，应由受理上诉衙门，驳回公诉。[前大理院三年（1914年）统字第三八号]

刑事案件，经第二审判决，被告人声明上诉，未及补具理由，即

行死亡，无庸再经裁判，即可终结。［前大理院十二年（1923年）统字第一八四三号］

普通刑事案件，应由普通法院受理，若被告人不属普通法院审判权，应以判决驳回公诉。［最高法院一七年（1928年）解字第一〇四号］

一事不再理云者，系指法院依法受理之案件已为实体判决（如科刑无罪之判决）后，不得更就同事实再行审理而言。若原审仅就诉讼程序而为驳回公诉之判决，自不发生一事不再理问题。［最高法院十七年（1928年）解字第一〇五号］

刑事诉讼法第三百十八条，应谕知不受理各款，均无须被告到庭，得径予判决。［司法院一九年（1930年）院字第三二八号］

第三百十九条 法院认为案件不属其管辖者除依第三百零八条规定外，应谕知管辖错误之判决，并将该案件移送该管法院审判。

文　义

案件不属其管辖者，包括土地管辖及事物管辖而言。

理　由

本条规定谕知管辖错误之情形。法院之案件管辖，既各有规定，除事物管辖，审判一经开始，即不得再将该案移送下级法院，仍应由该上级法院继续审判外，自不能受理管辖错误之案件，故应谕知管辖错误之判决。既谕知管辖错误，并应由谕知管辖错误之法院，将案件移送该管法院审判。

第三百二十条 判决得就经起诉之行为，而变更起诉书状所载犯罪应适用之法条。

文　义

经起诉之行为，即指起诉之犯罪事实而言。

理　由

本条系为科刑须与犯罪事实适应而设。判决之范围，应以起诉之范围及审理之范围为标准。在此范围内，法院对于事实之认定，法律之适用，毫不受检察官主张之拘束。故判决得就经起诉之行为，而变更起诉书状所载犯罪应适用之法条。例如检察官以背信罪起诉，而法院认其事实系属侵占者，自得判为侵占罪。

判　例

刑事诉讼条第三百四十二条第二款所称状载事实，凡事实之概略或成分，为原状所载而加以诉追者皆是。审理结果，虽或更为详尽，要不得谓非原状已有所载。〔前大理院二年（1913年）上字第一一四四号〕

法院审判案件，应以该案起诉之犯罪事实为范围，而不为起诉文所指定之罪条刑名所拘束。〔前大理院四年（1915年）上字第六〇二号〕

解　释

查刑事诉讼条例（已失效）第三四二条列举两款，如合其一，即在得变法条之列。该第二款所称状载事实，凡事实之概略或成分，为原状所载而加以诉追者均是。审理结果虽或更为详尽，要不得谓非原已有所记载。来函所举各例以列举各法条观之，似与此尚无不合。〔前大理院一一年（1922年）统字第一七六五号〕

查以和奸起诉，经审理认为强奸，如与统字第一七六五号解释文内所称情形相符，得变更起诉状所载犯罪适用之法条，径行判决。〔前大理院一四年（1925年）统字第一九二二号〕

第三百二十一条 判决书除第一百八十三条第一项规定之事项外，并应记载下列事项：

一　主文

二　事实

文　义

主文者，即法院对于被告案件之判断。事实即主文内所下判断之根据。可分认定犯罪事实与本案经过事实之两种。

理　由

本条规定判决书之普通程式。判决书应记载之事项，除第一百八十三条第一项所列之被告之姓名、性别、年龄、籍贯、职业、住址；有代理人或辩护人其姓名；检察官之官职、姓名；自诉案件，自诉人之姓名、年龄、籍贯、职业、住址；决判之法院及年月日而外，其法院对于被告案件之判断，主文内所下判断之根据，皆并应记载。

判　例

第一审审理本案，对于放火及毁损名誉二罪之起诉，因不能成立犯罪，故未列入主文，于法定程式，尚无违背。〔前大理院四年（1915年）上字第七四六号〕

审判衙门于事前帮助匪首杀人之案判词内事实项下，仅叙述匪首与被害人平日关系，及被害人之被杀情形，未经认定上告人等对于匪首

有如何之事前帮助行为者，为不合法。［前大理院六年（1917年）上字第六〇八号］

审判衙门对于有罪案件之判决，自应认定犯罪事实。若因犯罪不能证明宣告无罪案件，则无犯罪事实之可言，自毋庸加以认定。［前大理院六年（1917年）上字第八四一号］

查诉讼通例，主文所以表示判断之要旨，而理由则为主文之释明，故主文与理由结果必趋于一致。［前大理院七年（1918年）上字第九六一号］

判词之定式，须载明犯罪事实。所谓犯罪事实，即指审判衙门以职权认定之犯罪事实而言。控告审有审理事实之职责，对于被告人之犯罪事实，自应于判词内详细记入，始与该条规定相符。若仅叙述诉讼经过情形，及被告人等之供词，是并未认定被告人有何种犯罪事实，自足为有发还更审之原因。［前大理院九年（1920年）上字第一零八五号］

查本案第二审撤销第一审关于处刑部分之判决，另行判决，并同时驳回被告之上诉，其所驳回者，当指论罪部分而言，虽主文内漏注其他字样，究与判决内容无关，原审对于该部分未予释明，尚难谓为显然违法。［最高法院一九年（1920年）非字第五三号］

判决事实栏内除谓被害人于某月某日被杀死外，均叙述诉讼经过情形，及各方之供述，而于被告如何行窃，如何杀死被害人，并未明白认定，虽被告所供认挟仇之情节，不无可疑，然究系当场实施强暴而杀人，抑因他故杀人后始起意窃取财物，殊不分明，不能据为适用法律，应认为有更审之原因。［最高法院一九年（1920年）非字第六四号］

查刑事诉讼法第三二一条规定，判决书应记载事实。所谓事实，即指法院以职权认定之事实而言。第一审有审理事实之职责，对于被告之犯罪事实，自应于判决书事实栏内，明白认定，详细记载，始与该条规定相符。[最高法院一九年（1920年）非字第一四八号]

查刑事诉讼法第三二一条规定判决书应记载事实，所谓事实即指法院以职权认定之事实而言。第一审有审理事实之职责，对于被告之犯罪事实，自应于判决书内以职权明白认定，详细记载，否则无从为适用法则之根据，本案原覆审判决事实栏内仅叙述发见尸体及勘验搜索讯供等经过情形而于被告如何持有子弹及如何杀害被害人，并未就审理之结果，而为明确之认定。按之上述说明，已不能谓无更审之原因。再就其审理之事实言之，被告所持有子弹四粒，究否为图供犯罪之用，殊不明了，原覆审对此亦未详予推求，殊不足以资断定。[最高法院一九年（1930年）非字第一九四号]

解　释

查检察厅对于同一被告人指明数罪起诉，审判衙门审判之结果，认为仅能成立一罪者，判决主文中，只须对于有罪部分，列举罪刑，其不为罪之部分，毋庸列举。但理由中应将无罪之理由声叙。其或因行为法益之异，而一罪数罪之学说不一致者，则无罪部分，亦可于主文中分列，以明示准绳，而免误解。又纵非此类原因，而将无罪部分列入者，虽不免有繁冗之嫌，仍不能谓为违法。[前大理院四年（1915年）统字第三〇三号]

刑事诉讼法第三百二十一条第二款所谓事实，指犯罪事实而言，无罪判决，不必叙述事实。[司法院十八年（1919年）院字第一三六号]

司法公署之科刑判决，未依定式作成判决书，其审判时亦未作成笔录者，自属违法。当事人对于此种判决提起上诉后，第二

审法院应撤销之，自为判决。［司法院一九年（1930年）院字第一三六号］

第三百二十二条 科刑之判决书，除前条规定之事项外，并应记载下列事项：
一　起诉及抗辩之要旨；
二　上诉之法院及其期限。

理　由

本条规定科刑判决书并应记载之事项。科刑之判决，于被告不利，故起诉及抗辩之要旨，并应载明俾知当事人攻击及防御之程度。上诉之法院及期限亦并须记载，以促被告之注意，行使请求救济之权。

判　例

查科刑之判决，于得为上诉者，应记载上诉之法院及其期限，本为刑事诉讼条例第三百四十四条（现已改为本条）。第二款所明定。此种记载，原系恐有上诉权者不知或误解而用，以备其稽考之意，并非命受判决之送达者，即行提起上诉也。又送达判决与谕知判决，法律上虽未严格的定其孰应先后，而实际上送达判决，恒在谕知判决之后，法律亦未尝不认许之。况有其于谕知判决之际，舍弃上诉权者，或有于谕知判决后送达判决前，已提起上诉者，而送达之判决内，仍不能不作前述之记载；其记载亦仅为照例之记载而已，不能据以为对于舍弃上诉权者，复许其上诉，对于已上诉者，使重新上诉也。［前大理院一五年（1916年）上字第五〇〇号］

第三百二十三条 科刑之判决书，应于主文内分别情形，记载下列事项：

一　主刑；

二　从刑；

三　谕知罚金者，其易科监禁之期间；

四　羁押准予拆抵者，其拆抵之标准；

五　谕知缓刑者，其缓刑之期限。

文　义

主刑为独立之刑罚，其类有五：即死刑，无期徒刑，有期徒刑，拘役，罚金是。从刑为附于主刑之刑罚，其类有二：即褫夺公权及没收是。易科监禁，受罚金刑之宣告而不能缴纳，因科以监禁也。刑法第五十条第三项易科监禁，以一元以上三元以下，折算一日；但因犯贫而减罚金者，应以减得之数比例计算。羁押抵折者，即刑法第六十四条，裁判确定前羁押之日数，得以二日抵有期徒刑或拘役一日，或以一日抵第五十五条第七项裁判所定之罚金额数之规定是。缓刑者，犹豫其宣告刑之执行也。刑法第九十条规定，受二年以下有期徒刑、拘役，或罚金之宣告，而有下列情形之一者，得同时宣告二年以上五年以下之缓刑，其期间自裁判确定之日起算。

理　由

本条规定科刑判决书主文之程式。主文即法院对于被告案件之判断，故本条所列举各类，应分别情形，记载明白。

判　例

从刑在原则上必加于主刑而宣告。[前大理院四年（1915年）非字第五二号]

审判衙门宣告缓刑与宣告判决，应同时行之。检察官对于被告人

认为有缓刑之必要时，可适用诉讼通例，向法院请求，非无论何时皆可请求。〔前大理院五年（1916年）抗字第三四号〕

褫夺公权，为从刑之一种，应于主文内宣告之。〔前大理院七年（1918年）上字第八九〇号〕

上告人前判之刑，尚未执行完毕，即行脱逃，其执行未了之刑，应与后判之刑，并执行之，固为执行上当然之办法；但刑律既无明文规定，自毋庸在主文内宣告。〔九年（1920年）上字第一一七号〕

解　释

查判词主文有刑期而无罪名，如在理由内已将所犯之罪叙明，即不得据为上诉理由，惟于俱发罪未予各科其刑，仅定有执行刑者，不在此限。〔前大理院十一年（1922年）统字第一六六六号〕

刑法第六十一条规定得专科没收之物，及第二百三十七条所载不问属于犯人与否，应没收之物，已送审判者，应予判决内并予宣告。如案未起诉或不起诉，则应由检察官声请法院以裁定没收之。〔司法院十八年（1919年）院字第六七号〕

第三百二十四条　科刑之判决书，应于理由内分别情形，记载下列事项：

一　认定事实所凭之证据；
二　科刑时于刑法第七十六条所列事项有所审酌者，其情形；
三　刑罚有加重减轻或免除者，其理由；
四　羁押不予折抵者，其理由；
五　适用之法律。

文　义

理由者，即说明主文内所下判断之原由。认定事实所凭之证据，如认定甲强奸乙之事实,系根据丁之证言,以乙之血裤等是。科刑时于刑法第七十六条所列事项有所审酌者之情形,如犯罪之原因,目的,犯罪时所受之激刺,犯人之心术,品行,智识之程度,犯人与被害人平日之关系,犯罪之结果,以及犯罪后之态度之情形是。刑罚有加重减轻或免除者之理由,分别言之如下:一、刑罚应加重之理由,有原因于身分者,如杀死尊亲属之类是,有原因于累犯加重者,如再犯不同一之罪,加重本刑三分之一是。二、刑罚得减轻之理由,有依法律列举规定者,如防卫过当及未遂等类是。有依法律概括规定者,如犯罪之情状可悯恕者,得酌减本刑等类是。三、刑罚得免除之理由,如诬告自白,以及意图保存自己或亲属之自由名誉而犯伪证罪之类是。羁押不予折抵之理由,如未决前之羁押原因,应归责于被告者。又如判决后上诉中之羁押,被告上诉无理由之类是。适用之法律,指发生刑事责任之法条而言。

理　由

本条规定科刑判决书理由之程式。科刑判决之理由,至为重要,故法特设专条,明示应记载之事项。一、应须记载认定事实所凭之证据,即应说明所认定事实与其认定资料之证据之连络关系。证据之内容,虽无逐一记载之必要,但须说明基如何之证据,或依其证据何项部分,而以认定事实,俾读判决文者,得以明了事实之所由认定。二、科刑时于刑法第七十六条所列事项,有所审酌者,应记载其情形。盖法院科处刑罚,应审酌一切情形,以为法定刑内科刑轻重之标准,即于理由项下,应将其情形叙明,俾知主文所由构成。三、刑罚有加重减轻或免除者,应记载其理由,否则斯为判决不载理由,自属违法。惟系于法定刑内为裁判上之加减者,倘不叙明,亦非违法。四、羁押不予折抵者,应记载其理由,以资折服。五、适用之法律,应须记载,以明认定事实,致生文主之途径,但不须说明适用法律之理由。

判　例

　　审判官可省察犯罪情节于法定刑等、刑期范围内自由选择科断，惟于特别加重减轻时，方须附加意见。〔前大理院三年（1914年）上字第四一六号〕

　　第一审审理本案对于放火及毁损名誉二罪之起诉，因不能成立，故未列入主文，于法定程式，尚无违背。〔前大理院四年（1915年）上字第七四六号〕

　　查诉讼通例，认定事实，必依证据。苟第二审判决关于犯罪事实虽经认定，然在理由中并未依法证明，即系判决不附理由，不得不谓之违法。〔前大理院三年（1914年）上字第七〇五号〕

　　审判衙门于事前帮助匪首杀人之案判词内，事实项下仅叙述匪首与被害人平日关系，及被害人之被杀情形，未经认定被告人等对于匪首有如何之事前帮助行为者，为不合法。〔前大理院六年（1917年）上字第六〇八号〕

　　审判衙门对于有罪案件之判决，自应认定犯罪事实。若因犯罪不能证明宣告无罪案件，则无犯罪事实之可言，自无庸加以认定。〔前大理院六年（1917年）上字第八四一号〕

　　宣告未决期内，羁押日数，准折徒刑，未引刑律（已失效）。第八十条，殊不合法。〔前大理院九年（1920年）上字第八八一号〕

　　查原审判决，既未说明未决期内羁押日数不准折抵理由，而未予折抵，核与刑事诉讼条例（已失效）第三百四十六条第三款规定，殊有未合。〔前大理院一一年（1922年）上字第八二三号〕

　　该上诉人曾被羁押，其未决期内羁押日数，按照刑事诉讼条例第三百四十八条第三款之规定，本以折抵为原则。此项原则，又在第三审，应予准用之列，应依刑律第八十条准折徒刑。〔前大理院一一年（1922年）上字第九二三号〕

其未决羁日数，不予折抵，原判决亦未释明理由，尚嫌疏略。〔最高法院一七年（1928年）上字第二七五号〕

未决期内羁押日数，未予折抵徒刑，应说明其理由。〔最高法院一七年（1928年）上字第二九八号〕

判决所附理由，既与审判笔录不符，即难成为信谳。〔最高法院一七年（1928年）上字第五〇六号〕

被害人既因被告之穷追而奔入河中致被溺毙，原判以被告应负伤人致死之责，系触犯刑法第二九六条之罪，依同法第七七条酌减本刑二分之一，而不声明减轻理由，显非适法。〔最高法院一九年（1930年）非字第四一号〕

原审撤销初判，改处被告有期徒刑二十年，关于裁判确定前之羁押日数，既未准予折抵，又未予释明其理由，亦于法有违。〔最高法院一九年（1930年）非字第八四号〕

查裁判确定前羁押之日数不予折抵者，应于判决内记载其理由，为刑事诉讼法第三二四条第四款所明定。被告张某系于民国十八年（1929年）四月八日由北平地方法院检察处发交该法院看守所羁押，有附卷之押票回证可据。原判决既未释明不予折抵之理由，而未谕知折抵之标准，按之上开法条，尤不得谓非违误。〔最高法院一九年（1930年）非字第一六一号〕

第三百二十五条 谕知判决时，被告虽不在庭，亦应宣告。

理　由

本条定不论被告在庭与否均应宣告判决之旨。被告于审判日期不到庭，在原则上不得审判，而判决既须于审判庭依宣告之方法告知之，则谕知判决，被告似亦有到庭之必要。惟是判决之宣告，乃基于审判庭审理所得之判断。换言之，不过将成立之裁判发表于外部之手续，纵使被告亲聆判决之宣告，亦不能为何等之诉讼行为，故被告不在庭，宣告判决，亦于被告之利益，无有损害。且判决之宣告，乃对于被告事件之法院判断，宣言于一般，非谓仅对被告告知其判断，故本条所以有虽被告不在庭，亦应宣告之规定。至于检察官，自诉人及辩护人、辅佐人，于谕知判决时，虽不在庭，应为宣告，更不待述。

判　例

判决之效力，因宣告而发生。其内部之评议，无论为本庭议决及总会议决，均不能发生效力。〔前大理院三年（1914年）上字第五六四号〕

解　释

刑事案件，审理终结，当庭谕知被告人于某日到庭，宣示判决，届期被告人闻知判罪，避不到案，饬传无着。此种情形，仍得宣示判决。〔前大理院八年（1919年）统字第一〇三七号〕

刑事判决应作判决书，并应谕知。来函情形，既仅拟判具呈，尚未实施前项程序，自得再为审理。〔司法院一九年（1930年）院字第三五二号〕

第三百二十六条　谕知判决，不以参与审判之推事为限。

理　由

本条规定谕知判决之推事。谕知判决，不过将已经成立之裁判，宣示于外，自无以同一之推事为必要，故不以参与审判之推事为限。

判　例

　　宣告判词，于判决内容本无影响，得由更易之员，代行出席。[前大理院六年（1917年）上字第六〇三号]

　　宣告判决，于判决内容无影响，故不以审理本案之审判官为限。[前大理院七年（1918年）上字第二号]

解　释

　　议决裁判后宣示时，于判决内容已无关系，不必以审判本案之审判官为限。[前大理院八年（1919年）统字第一〇四七号]

第三百二十七条　谕知之判决，得为上诉者，审判长应以上诉之法院及期限，一并谕知在庭之当事人。

理　由

　　本条规定于谕知得为上诉之判决，应告知之情形。得为上诉之判决，于判决书并应记载上诉之法院及其期限，以促其注意，谕知之判决得为上诉者，审判长仍应将此情形，谕知当事人，以免当事人因无法律知识，致违误上诉程式。

判　例

　　刑事诉讼条例第三百四十九条，于谕知之判决，得为上诉之规定，审判长（独任推事亦有其职权）应以上诉之法院及期限，谕知在庭之当事人者，盖仅系指以行使上诉权之途，而非冀其上诉与否，决于立言之顷也。冀且不可，况迫之乎？且服之一言，系迫于推事当庭之追问，究竟所谓服者，是否有所顾忌，虚予周旋，是否因于刺激，故为愤语，既均在难知之列，何得遽据服之一字，谓其已以自由之意思明白表示舍弃上诉权。[前大理院一五年（1926年）上字第五〇〇号]

第三百二十八条 羁押之被告，受罚金、无罪免诉或不受理之判决者，以撤销押票论；但上诉期限内，遇有必要情形，得命羁押之。

理　由

本条规定裁判与羁押被告之关系。羁押之被告，受罚金、无罪免诉或不受理之判决者，如被告在羁押中者，至此已无继续羁押被告之必要，故谕知此等之判决，同时须为释放之谕知，以撤销被告之羁押，事理之当然。惟是判决之谕知，同时又须为放免之谕知，程序不无过繁，故设本条之规定。但在上诉期限内，他造是否上诉尚属未定，故法院遇有必要情形，仍得继续羁押之效力。

判　例

查刑事诉讼条例第三百五十条第一项规定，羁押之被告，受罚金、无罪、免诉或不受理之判决者，以撤销押票论。本件抗告人经原厅判决无罪后，检察官提起上诉，虽该判决尚未确定，检察官得于必要时，另向原审法院请求命令羁押；但核阅卷宗，既未据有前项请求，则抗告人，本可主张释放，乃原审对于抗告人声请停止羁押，竟以裁决驳斥，显属违法。[前大理院十一年（1922年）抗字第一二七号]

刑事诉讼条例，关于羁押被告事项，于被告受徒刑以上之判决者，虽无继续羁押之明文；但就第三百五十条规定，反面观察，此项事件，既不能视为撤销押票，其得继续羁押，自可得当然之解释。[前大理院十二年（1923年）抗字第七号]

解 释

诉讼通例，宣告无罪案件，除已依法保释外应于判决确定后释放被告人，所以留上诉之余地。至虑羁押日数较久，抵折后尚有不利于被告，则保释制度，本应励行，无故羁押，为文明法制所不许。纵令无从保释或必须羁押者，而第二审兼为事实审，对于第一审之量刑，于法定范围内，本可自由增减，亦自有救济之途。〔前大理院四年（1915年）统字第二九八号〕

第三百二十九条 扣押之物件，未经谕知没收者，以撤销扣押论；但上诉期间内，遇有必要情形，得命扣押之。

理 由

本条规定判决时对于扣押物件之处置。被扣押之物，在确定判决前，自不能发还。而案件既经判决，于判决未经没收之谕知时，则法律上当然认为已谕知撤销扣押，以节——谕知撤销扣押之劳费。惟在上诉期间内，如有必要，仍得命继续扣押之。

第三百三十条 扣押之赃物，应发还被告人者，法院应不待声请，即行发还。

依第一百三十六条第二项暂行发还之物，无他项谕知者，以已谕知发还论。

理 由

本条第一项规定扣押赃物之通常处置办法。扣押之赃物，应发还被告人者，应不待声请，即行发还之。

第二项规定扣押物件之特别处置办法。扣押之物件，因所有人或持有人之声请，命其负保管之责，暂行发还者，如无他项谕知，以已谕知发还论。

第三百三十一条 审判应作笔录，记载下列事项，及其他一切程序：
一　审判之法院及年月日；
二　推事检察官书记官之官职姓名，及被告代理人、辩护人、辅佐人，并通译之姓名；
三　被告不出庭者，不出庭之事由；
四　禁止公开者，禁止之理由；
五　检察官之陈述，及当事人辩论之要旨；
六　被告证人鉴定人之讯问，及其陈述之要旨；
七　开庭时曾向被告宣读，或告以要旨之文件；
八　开庭时曾示被告之证据物件；
九　开庭时实施之勘验及扣押；
十　辩论时曾命被告为最后之陈述；
十一　判决或其他裁判之谕知；
十二　审判长命令记载，或当事人代理人辩护声请记载，经审判长许可之事项。

文　义

被告亦不出庭之事由，如被告因病不能出庭之类。禁止公开之理由，如认为有妨害安宁或妨害秩序、妨害风俗之类。

理　由

本条规定审判笔录之制作及其程式。审判之经过，于法院原告被告及一切关系人，均关系至巨，故对于各重要事项，均应制作笔录分别记载，故本条列举其情形。然非以此为限，此外凡审判时不可不遵守之事项，均应记载，以资证明。

判　例

公判辩论中，当事人所为之请求，与对于请求所为之裁判，均应记明笔录。〔前大理院七年（1918年）抗字第七三号〕

三人合议制审告，不特判决书上，应记载推事三员之姓名，即言词辩论笔录，亦应为同一之记载。调查笔录，由受命推事一人出庭者除外。〔最高法院一七年（1928年）上字第九六号〕

第三百三十二条　审判笔录，于每次开庭后，应于三日内整理之。

理　由

本条规定整理笔录之期间。审判中之诉讼程序，是否适法，专以审判笔录为证，故此项笔录，须开庭后三日内，加以整理。

第三百三十三条　审判笔录，应由审判长署名盖章。

审判长有事故时，由列席推事之资深者，署名盖章，独任推事有事故时，仅由书记官署名盖章，书记官有事故时，仅由审判长或推事署名盖章，并分别记载其事由。

理　由

本条规定于审判笔录署名盖章之程序。审判笔录，于法院与当事人均关系至巨，故本条定署名盖章之程序，以昭慎重。

判　例

查审判笔录，除其中关于特别之部分，如就犯罪嫌疑讯问被告之类，因陈述之词，不免有繁琐冗长，须于记载后，向陈述者朗读，询其有无错误，并命签名，刑事诉讼条例，已有特别规定外，而关于谕知判决之部分，依条例所定，则仅以书记官依法作成签名，并由审判长或推事签名为已足（有事故而不能签名时相互记其事由）。此因记载极为简单，通常上不致有误，无须使他人签名以为之证也。故既经书记官并审判长或推事，依法免责签名后，当事人除能举有他种确证外，不得仅以未经命由签名之故，攻击其记载错误。〔前大理院一五年（1926年）上字第五〇〇号〕

审判笔录，应由审判长署名盖章，审判长有事故时，由列席推事之资深者署名盖章，并应记载其事由，此为刑事诉讼法第三三三条所明定。本案经原审于民国十九年（1930年）一月十三日开庭审判，其出席职员据笔录所载虽有审判长推事欧阳某及推事王某赵某等三员，而署名盖章者，则为推事赵某，又未记明审判长欧阳某不能署名盖章之事由，殊属于法不合。〔最高法院一九年（1930年）非字第一九八号〕

第三百三十四条　审判中之诉讼程序，专以审判笔录为证。

文　义

<u>审判中之诉讼程序</u>，指审判日期所为之一切诉讼行为而言。

理　由

本条规定审判笔录之效力，即为辩别审判程序当否之证据。凡审判时于原则上必有审判官原告被告及其余利害关系人，及旁听人，列席其间，所有经过事宜，均由书记官记明笔录，并经审判长署名盖章，故有证明审判程序之效力。

判　例

公判程序之当否，应据诉讼记录证明之。〔前大理院七年（1918年）抗字第四五号〕

诉讼笔录，非有确切证据，足以证明有伪造或错误，不能不认为有相当之证据力。〔前大理院十年（1921年）上字第七七五号〕

查刑事诉讼成例，公判中诉讼程序之当否，应据公判笔录证明之。此案原审判决正本于判决之日，虽载为本年一月十三日，然查宣判笔录及点名，此案显于同年同月十七日判决，按之上列成例，自应以该项笔录为据。〔前大理院十年（1921年）上字第七七九号〕

查谕知判决，应作笔录，诉讼程序之当否，即根据笔录以证明之，此在修正刑事诉讼律第二百三十一条第十二款，及第二百三十三条，已有明文规定。本案判决虽据被告人等所递书状及原检察分厅所具公函，足以证明曾经宣告之程序，但宣告时法院之组织，是否合法，当事人曾否到庭，审判长曾否依照第二百五十三条之规定，朗读主文，并告以理由之全部或其要领，因无笔录可稽，均属无从证明。〔最高法院一七年（1928年）上字第三六七号〕

查审判中之诉讼程序，专以审判笔录为证，刑事诉讼法第三百三十四条规定甚明。本案除原审判决书检察官答辩书及上诉人补抄之上诉书状外，两审判决笔录，均无可考，究竟两审所实施之诉讼程序如何，既无可证明，则原判决是否适当，本院即难以判断，应将原判撤销，发回原审更为审判。〔最高法院一七年（1928年）上字第五四九号〕

第三百三十五条　审判笔录内附录之文件，或经记载以该文件作为附录者，其文件所记载之事项，与记载笔录者，有同一之效力。

文　义

审判笔录内附录之文件，即于笔录内所引用附卷之文件，如告诉状、告发状是。经记载以该文件作为附录者，即笔录记明以某文件作为附录附卷是，如鉴定书、勘验笔录。

理　由

本条规定文件之证明力。审判笔录内附录之文件，或经记载以该文件作为附录者，其文件所记载之事项之效力，不能有异于记载笔录者，故设本条明示其旨。

第三百三十六条　辩护人经审判长许可，得携同速记生到庭记录被告及证人之陈述。

理　由

本条规定辩护人得携速记生记录之情形。盖被告及证人之陈述，于诉讼关系，至为密切。审判笔录仅记要旨，而整理笔录，又有一定期间，未能即时查阅，故法为保护被告利益起见，允许辩护人对于审判笔录有检阅抄录之权而外，复许携同速记生到庭记录。惟速记生出庭，关系法院秩序，故须经审判长之许可，而其记录亦无审判笔录之效力，即与笔录不符，仍应以笔录为准。

第二章 自诉

（第 337—357 条）

本章规定关于自诉之法则。刑事诉讼采用国家诉追主义，起诉之权，属诸代表国家之检察官。以检察官代表国家行使刑事原告职权，非检察官不得为刑事诉讼之原告，此为采用国家诉追主义当然之结果。惟值此注重民权时代，举凡被害者均须先向检察官告诉，苟未经检察官起诉者，即不得受法院正式之裁判，揆诸保护人民法益之本旨，容有未周。故本法特设例外规定，对于特定犯罪，使被害人及有告诉权者，得就其被害事实，自向法院起诉，谓之自诉，而著本章。

第三百三十七条 被害人对于下列各款之罪得自向该管法院起诉。
一 初级法院管辖之直接侵害个人法益之罪。
二 告诉乃论之罪。

文 义

初级法院管辖之直接侵害个人法益之罪，即刑法第二百九十三条，第二百九十七条，第三百零一条之伤害罪，第三百零四条，第三百零五条一项，第三百零八条之堕胎罪，第三百零九条一项之遗弃罪，第三百十八条至三百二十条之妨害自由罪，第三百二十四条至第三百三十二条之妨害名誉及信用罪，第三百三十三条至第三百三十六条之妨害秘密罪，第三百三十七条之窃盗罪，第三百五十六条及第三百五十八条之侵占罪，第三百六十三条之诈欺背信罪，第三百七十六条之赃物罪，第三百八十条及第三百八十二条至第三百八十四条之毁弃损坏罪等是。告诉乃论罪，即刑法第二百四十条至第二百四十五条之妨害风化罪，第二百五十五条之妨害婚姻罪，第二百五十六条之妨害家庭罪，第三百十五条及第三百二十条之妨害自由罪，第二十六章妨害名誉及信用罪，第二十七章妨害秘密罪，亲属间犯第二十八章之窃盗罪，亲属间犯第三十章之侵占罪，亲属间犯第三十一章诈欺及背信罪，第三百八十条、第三百八十二条至第三百八十四条之毁弃损坏罪。

理　由

　　本条规定自诉案件之范围。法既许人民有自向法院起诉之权，然恐人民法律观念未尽发达，对于犯罪事实，不能为尽量之攻击，甚至有为利诱势迫而自愿抛弃诉权者，亦在难免，故特定自诉案件之范围，以初级法院管辖之直接侵害个人法益之罪及告诉乃论之罪为限。又对于特定自诉案件，并非以自诉为限，如不愿自诉而向该管侦查机关告诉，自无不可。

解　释

　　刑事诉讼法第三三七条规定被害人对于下列各款之罪得自向该管法院起诉，此种自诉权之行使与否，除第三四一条之限制外，纯出于被害人之自由，倘被害人不行自诉而向检察官告诉者，依法仍应着手侦查。〔最高法院七年（1918年）解字第一六九号〕

　　查刑法分则第二十一章以下所列举各罪，应属于初级管辖案件，除其中有侵害社会或国家法益之特别条文外，如系刑事诉讼法第八条第一款、第五款至第八款所列举者，均为同法第三三七条第一款所谓直接侵害个人法益之罪。〔最高法院一七年（1928年）解字第二二二号〕

告诉乃论之罪，依刑事诉讼法第三百三十七条，被害人虽得自向该管法院起诉，但依同法第三百三十九条该条规定，于直系尊亲属配偶或同财共居亲属之间不适用之，遇有此类案件发生，应由被告人向检察官告诉，依公诉程序办理，不适用自诉之规定。［司法院一八年（1929年）院字第四零号］

应采甲说。

依刑事诉讼法第三三七条第一款第二款，凡合于该条款之案件，被害人得自向法院起诉，则对于县司法公署及县政府，当亦可适用前项规定。按照同法第三四一条第二项载，在侦查终结前经自诉者，检察官应停止侦查之程序，足见立法意旨，对于被害人自诉之意思，极为注重，如认被害人自诉之权，只可行使于法院，而不能行使县司法公署及县政府，未免于立法意旨相违背。［司法院一八年（1929年）院字第一三六号］

刑事诉讼法第三百三十七条第一款，所谓个人法益，原以别乎国家法益及社会法益而言，个人之数并不以一人为限，即数人共有财产，亦属个人法益。惟自诉人之自诉，既经法院以裁定驳回，无论适法与否，检察官既非当事人，又非受裁定者，同法于此复无检察官得独立抗告之特别规定，则检察官自不得提起抗告。于接受同法第三百四十三条第二项之通知后，应查照同法第二百三十条办理。［司法院一九年（1930年）院字第三四五号］

第三百三十八条 被害人之法定代理人保佐人或配偶，得独立自诉。

被害人已死亡者，得由其亲属自诉，但不得与被害人明示之意思相反。

文　义

独立自诉，谓得不受被害人意思之拘束，而自由提起自诉也。

理　　由

　　本条规定被害人以外者之自诉权。被害人之法定代理人保佐人或配偶对于公诉均有告诉之权，故于自诉亦与起诉之权，以保护被害人之利益。

　　被害人死亡时，若不设定自诉权人，亦非保护被害人之道，故得由其亲属自诉，但以不违反被害人死亡前明示之意思为限，立法意旨与第二百十三条第二项之规定同。

第三百三十九条　前二条之规定，于直系亲属配偶或同财共居亲属之间，不适用之。

理　　由

　　本条规定自诉之限制。自诉由被告人与被告两方为当事人攻击防御，立于对峙之地位。若于直系亲属配偶或同财共居亲属之间，互相攻击防御，违反家庭秩序，所关匪细，于此情形，只得依公诉程序办理，不得于未经告诉以前，依自诉程序，径向法院起诉，故法律特别规定限制，设定本条。

第三百四十条　同一案件，经自诉者，不得再向检察官或司法警察官告诉。

理　　由

　　本条明定自诉不得并进行公诉之原则。同一案件，既经自诉，应用自诉程序。如已经自诉而又向检察官或司法警察官告诉，倘如收受之官署为之侦查提起公诉，则一案件而并行自诉公诉之程序，法律又奚必于公诉外更设自诉之程序，故规定本条，以免侦查机关着手侦查，徒劳手续。

第三百四十一条 同一案件，经检察官侦查终结者，不得再向法院自诉。

其在侦查终结前，经自诉者，检察官应停止侦查之程序。

理　由

本条明定不得向法院自诉之限制。案件既经检察官侦查终结，即应由检察官予以起诉与不起诉之处分。故不得以同一之案，再向法院自诉。

案件在检察官侦查终结前，自得向法院自诉，既经自诉，则无庸检察官为之实施侦查，故本条而有第二项之设。

第三百四十二条 法院于接受自诉书状后，应速将其缮本送达于被告；但认为有必要者，得径行传唤或拘提之。

文　义

缮本即另作之本，其内容与原书状同。

理　由

本条规定自诉之送达方法。在公诉有起诉处分书，或起诉之裁定，可以送达于被告。自诉无此程序，故自诉人于起诉时，不可不有起诉状。法院接受书状后，必以缮本送达被告，俾便被告答辩，惟嫌疑重大先使知悉，恐有潜逃，或湮灭证据，以及有其他必要情形时，自得径行传唤或拘提。

第三百四十三条 法院认为案件有下列情形之一者，应以裁定驳回之。

一 已经提起公诉者；

二 不得提起自诉者；

三 自诉之程序违背起诉之规定者；

四 自诉不属其管辖者。

案件依前项第二款至第四款情形驳回者，法院应通知该管检察官，以已经告诉论。

文　义

不得提起自诉者，如所诉被告之罪，并非初级法院管辖之直接侵害个人法益之罪，或告诉乃论之罪，又或于直系亲属配偶或同财共居亲属之间提起自诉者是。自诉之程序违背起诉之规定者，即指起诉不合程序者而言。自诉不属其管辖者，如自诉案件应由甲地法院管辖，而向乙地法院起诉者是。

理　由

本条规定对于提起自诉以裁定驳回之情形。本条所列举各款，皆不合法，不应受理，故得径以裁定驳回，既无庸命行辩论，亦不必判决以减少被告之拖累，惟第二款至第四款情形自诉虽不合法，而其诉追之意思已属显然，故法院视同告诉，迅速通知检察官，以便开始侦查。

解　释

所称通知检察官，以已经告诉论者，谓检察官仍应依公诉程序办理也，既经提起公诉应即依法办理。[前大理院一二年（1923年）统字第一八四二号]

同一案件已经侦查终结者，即为不得自诉之一种。不得自诉而自

诉，应依刑事诉讼法第三百四十三条第一项、第二款，以裁定驳回。〔司法院一八年（1929年）院字第一四六号〕

第三百四十四条　法院认为案件有下列情形之一者，得不经辩论径行判决：
一　时效已期满者；
二　曾经判决确定者；
三　曾经大赦者；
四　犯罪后之法律，已废止其刑罚者；
五　法律免除其刑者；
六　告诉乃论之罪，其告诉之撤回者；
七　自诉已经撤回者；
八　被告已死亡者；
九　对于被告无审判权者。

理　　由

本条列举规定得不经辩论径行判决之情形。如案件有本条列举之情形，其自诉即属不合法，其事实亦可不经辩论而认定之，故法院得不经辩论，径行判决。对于第一款至第五款之情形，应谕知免诉之判决，第六款至九款之情形，应谕知不受理之判决。

第三百四十五条　自诉人得委任律师或其他代理人出庭；但法院认为有必要者，得命本人出庭。

理　　由

本条规定自诉人得委任代理人之原则。自诉人虽为原告，而其地位与检察官不同，除法院认为有必要者外，并无强令本人出庭之必要，故许其委任代理人，代行攻击。

第三百四十六条 公诉程序，应由检察官陈述或辩论之事项，于自诉程序，由自诉人行之。

理　由

本条规定自诉程序之担任。自诉人在自诉程序为原告，其地位恰与公诉程序中检察官之地位相同，故检察官在公诉程序以原告地位应为之行为，应使自诉人担任。至其委任代理人出庭者，则由代理人代为行使。

解　释

私诉案件，于公诉程序，应由检察官陈述或辩论之事项，既改私诉人行之，自无庸检察官出庭，即公诉案内应记载出庭检察官之判词，亦应改列私诉人于当事人栏内。[前大理院一三年（1924年）统字第一八九一号]

检察官于自诉程序，既无庸陈述或辩论，自无庸于验伤之际出庭。[司法院一八年（1929年）院字第一四六号]

自诉之伤害案件，虽验不成伤，仍应谕知无罪之判决。[司法院一八年（1929年）院字第一四六号]

检察官于自诉程序既无庸陈述或辩论，自亦无庸于验伤之际出庭。[司法院一八年（1929年）院字第一四六号]

第三百四十七条 自诉于第一审辩论终结前，得撤回之。

自诉人经传唤无正当理由不到者，以撤回自诉论。

自诉经撤回，自诉人不得再行自诉或告诉。

理　由

　　本条规定撤回自诉之限制。告诉乃论之罪，据本法第二百十九条规定，告诉人于第一审辩论终结前，得撤回告诉，而告诉一经撤回，则不得再行告诉，故本条对于自诉亦有同样之规定。于第一审辩论终结前得撤回自诉。

　　自诉人之地位与公诉案件之检察官同，理应到案，乃经传唤而无正当理由不到，应视为撤回自诉，依第三百四十四条判决，完结其诉讼，以免被告之拖累。

　　自诉一经撤回，即丧失其自诉之权利，不仅不得再行自诉，并不就同一案件再向侦查机关告诉。

第三百四十八条　自诉人于辩论终结前死亡者，于一月内，被害人或其直系亲属配偶或同财共居之亲属，得承受其诉讼。

　　前项情形，无承受诉讼之人者，应通知检察官担当之。

文　义

　　承受其诉讼者，谓继续为自诉人进行讼诉也。担当者，谓替代进行诉讼也。

理　由

　　本条第一项规定自诉之承受。自诉人于辩论终结后死亡，法院之判决，检察官之上诉，不生问题，若自诉人于辩论前死亡，则欠缺当事人之一造，其诉讼无由进行，殊非自诉人初意所料，故法为贯彻诉人之初意，而有救济之方法，即被害人或其直系亲属配偶或同财共居之亲属，承受其诉讼。惟承受诉讼系其权利，而非义务，承受之期限，由自诉人死亡起一月以内为限，逾期为承受，非法所许。

第二项规定自诉之担当。于自诉死亡后一月内,若被害人及各种关系人不应承受诉讼,或无此等人而承受诉讼者,法院为完结其诉讼,应通知检察官担当诉讼,检察官受此项通知时,即发生替代自诉人为原告继续进行诉讼之权义。

第三百四十九条 自诉经撤回者,除告诉乃论之罪外,法院应于咨询该管检察官意见后判决之。

前项咨询,应将该案卷宗及证据物件,一并送交检察官。

理　由

本条规定自诉撤回之判决。自诉乃论罪,以告诉为起诉要件,撤回自诉,自得径行判决。若其他自诉案件之撤回,不无为利诱势迫而抛弃诉权者,如一任撤回,不更加考虑,是于保护人民法益之本旨,不得谓为完备,故法律规定应于咨询该管检察官意见,然后判决。

咨询检察官意见,应将该案卷宗及证据物件,一并送交检察官,以便检察官审查。

解　释

多数被害人各有独立之自诉权,于共同提起自诉后一部分之自诉撤回自诉,其影响不及于其他之自诉人,法院应分别判决。[司法院一九年(1930年)院字第二二零号]

第三百五十条 检察官接受前条案件后,应于三日内分别为下列之处分:
一　认为应许撤回者,应附具意见书送交法院;
二　认为有侦查之必要者,应开始侦查;

三　认为有起诉之必要者，应予起诉。

理　由

本条规定检察官对于法院咨询撤回自诉案件之处分。法律深恐抛弃诉权，迫于利势，使有罪逃罚，为负保护人民法益之本旨，故自诉案件之撤回非经咨询检察官之意见，法院不能为之判决。而检察官接受案件后，如认为应许撤回，即须附具意见书，送交法院；如认为有侦查之必要，则须开始侦查；如认为有起诉之必要，则须予以起诉。予检察官干涉撤回自诉之权，期于限制自诉案件之中，仍寓保护之意。

解　释

检察官依刑诉法第三百五十条第二款认为有侦查之必要者，应依公诉之侦查程序办理。但侦查后认为毋庸起诉不必送达处分书于自诉人。又该条之三日期限于第二款之情形，系就侦查之开始而言，若开始后之实施侦查，则不受此限制。〔司法院一九年（1930年）院字第二六〇号〕

第三百五十一条　自诉案件，经裁判者，其裁判书除送达自诉人及被告外，并应送达该管检察官。

理　由

本条规定自诉案件裁判书之送达。自诉人与被告对于法院之裁判皆有上诉权，依本法第三百五十八第二项及第三百六十一条之规定，检察官对于自诉案件之判决，有独立上诉之权。故自诉案件之裁判书，除送达自诉人及被告而外，并应送达该管检察官，俾其审阅。

第三百五十二条 自诉由被害人提起,而被害人对于被告犯有第三百三十七条所列之罪者,被告得于辩论终结前提起反诉。

文　义

反诉者,自诉之被告对于自诉就该自诉程序为反对之攻击。

理　由

本条规定反诉之条件。法律之有反诉制度,因合并反诉及自诉之诉讼程序,实多实益。得为反诉者,一须对于被害人提起之自诉为之,若被害人以外之有自诉权者之自诉,不得对之提起反诉。二须被害人对于被告,犯有初级法院管辖之直接侵害个人法益之罪,或告诉乃论之罪者,始得对自诉人提起反诉。三须于辩论终结前为之。所以设此期限者,盖因辩论终结后,则被告于原告之诉与原告对于被告之诉,已无合并诉讼程序之可能也。

第三百五十三条 反诉于辩论时提起者,得以言词为之。

理　由

本条为反诉得以言词提起之规定。自诉提起应用书状,反诉之提起,亦以书状为原则。惟于辩论时提起者,仍须限于书状,亦有不便,故有本条规定。至书记官应将其提起记明笔录,所不待言。

第三百五十四条 反诉应与自诉同时判决,但有必要时,得于判决自诉后判决之。

自诉之撤回,不及影响于反诉。

理　由

本条规定关于反诉之判决,及对于撤回自诉之关系。反诉既系利用自诉程序，故反诉之判决只限于必要时得于自诉后判决之，以与自诉同时判决为原则。

反诉与自诉，其犯罪事实，本属各别，所以认有反诉之制度者，原在利用自诉之程序，并非有不可分离之关系。故自诉虽经撤回，而被告苟未表示舍弃反诉之意思，则反诉仍应继续进行，不受自诉撤回之影响。

第三百五十五条 反诉准用自诉之规定。

理　由

本条规定反诉准用之法规。反诉系利用自诉之同一程序，除关于反诉之规定外，得准用自诉之规定。

第三百五十六条 被告对于自诉事件在辩论终结前提起诬告之诉者，应于受理自诉之法院提起之。

前项案件以反诉论；但第三百五十四条第二项，关于反诉之规定，不适用之。

理　由

本条规定反诉论之案件。诬告之性质，系属地方管辖之侵害国家法益之罪，与反诉之条件原不相符，惟其形式则同，故以反诉论。于辩论终结前，应于受理自诉之法院提起，以便审理。至其自诉之提起，为被害人抑为以外之自诉权人，于此项反诉不生影响。

自诉之撤回，原不及影响于反诉。惟对于自诉事件提起诬告之诉者，如自诉撤回，则无发生诬告之事实，诬告之诉自无继续进行之理，此本条所以有第二项之规定也。

第三百五十七条　自诉除本章有特别规定外，准用前章第二节及第三节关于公诉之规定。

理　由

本章明示自诉程序准用之法则。自诉既属刑事诉讼，其审理程序，与公诉同，故除本章有特别规定应适用外，凡前章公诉程序中，关于起诉审判之规定，均准用之。

解　释

自诉案件，既属于法院受理审判中如认为应予勘验者，自应依刑诉法第一五六条第二款之规定，由法院或受命推事行之。［最高法院一七年（1928年）解字第二一二号］

关于自诉之刑事案件，即使犯罪嫌疑不足或行为不成犯罪，如不合于刑事诉讼法第三百十一条之情形，依同法第二百七十一条，非被告出庭不审判。又检察官依刑事诉讼法第二百四十五条所为之不起诉处分，以被害人不希望处罚为条件，如果被害人提起自诉，其希望处罚之意，至为明显，被害人希望处罚，在公诉案件，检察官尚不能不予起诉，在自诉案件，更不能不予审判。［司法院一八年（1929年）院字第一八四号］

合于自诉规定之案，原告诉人既未声明自诉，在第二审法院又系检察官出庭执行原告职务，是已成为公诉案件，非检察官不能向第三审法院上诉。［司法院一八年（1929年）院字第一八七号］

第一审判决之自诉案件，上诉审仍应依自诉程序办理，不能因原裁判书未列自诉人，及由第二审检察官调送卷证，即变更其自诉程序，认该自诉人对于第二审判决，无上诉权。［司法院一九年（1930年）院字第二六四号］

斗殴案件，双方受伤均轻微，或一方受轻伤，一方受重伤，而一方提自诉,他方请求检察官侦查时,得依自诉公诉各规定,分别办理,但法院于自诉及公诉,提起后,得并合审理。〔司法院一九年(1930年)院字第二七二号〕

第三编　上诉

本编系规定上诉之一切程序。诉讼关系，至巨且大，所为裁判，既须不逸有罪，不罚无辜，且法律之适用，尤须正确。夫如是，而后足使人信仰裁判，发扬法律之威权。虽然，裁判有时于事实之认定，难保不无错误，刑罚之量定，法令之适用，亦难保必无失当或错误者，故为保护受裁判者之利益计，应有救济方法，此上诉制度所由生也。

上诉云者，对于下级法院未确定之判决于上级法院声明不服而请求其撤销更正之救济方法也。故上诉（一）须对于未确定判决始得为之，若对于确定判决声明不服者，则为再审及非常上诉，而非上诉。（二）须对于判决始得为之，若对于裁定声明不服，则为抗告，而非上诉。（三）须为普通法院之判决，故对于违警罪之处罚，申诉于正式法院者，则非上诉。（四）须向上级法院为之，故与以由判决之原审法院管辖为原则之再审不同。

上诉为对于未确定判决向上级法院声明不服而请求撤销更正，当然发生移审之效力及停止之效力。移审之效力云者，谓审级移转之效力，即诉讼事件，由原审法院移转于上诉法院也。故上诉非如非常上诉及再审发生新开始之诉讼，不过使同一诉讼于上级法院继续发展而已。停止之效力云者，谓停止判决确定力或停止其执行力也。判决一经上诉，即防止下级审判决确定力之发生。至判决之执行，以判决确定为前提要件，诉讼事件因上诉而停止判决之确定，当然停止判决之执行，故与抗告再审原则无停止执行之效力者（参照第四百二十条、第四百五十四条）不同。

第一章　通则

（第 358—374 条）

上诉乃对于下级法院之判决，向直接上级法院声明不服，故分为第一审上诉与第二审上诉。即对于第一审判决有不服者，得上诉于管辖第二审之法院，对于第二审判决有不服者，得上诉于管辖第三审之法院。审级不同，上诉程序亦有差异。但无论对于第一审或第二审之上诉，盖必有共通之法则存焉，此本章所由设也。

第三百五十八条　当事人对于下级法院之判决有不服者，得上诉于上级法院。

检察官及自诉人为被告利益起见，亦得上诉。

理　由

本条规定当事人之上诉权。上诉既为不服判决而请求上级法院纠正之方法，即该判决之当事人应有上诉之权。所谓当事人，在公诉案件为检察官及被告，在自诉案件，为自诉人及被告而检察官不与焉。但检察官对于自诉案件之判决，亦得独立上诉，并不受自诉人意见之拘束。

被告为诉讼之当事人，而对于判决直接有利害关系者，应有上诉权，实为当然。但被告不为其利益而上诉者，不得有上诉权。盖须限于以为自己受不利益之判决，始得提起上诉，因赋与被告上诉权者，实为被告拥护其利益计,如许被告为自己不利之目的,提起上诉,则有戾乎赋与上诉权之旨趣也。

检察官为诉讼当事人,而有上诉权,亦理之当然。故如认原判误认事实而使被告幸免法网,或罪重刑轻,科罚未当,检察官自得为攻击原判,对于被告不利之上诉,所不待论。而检察官系公益之代表,有请求法律正当适用之职务,如以为原判认定事实错误为不当无罪之宣告或量刑之轻纵,固得提起上诉,以求纠正,即对于原判如认为量刑过重,涉于苛酷,而为被告利益之上诉,亦属检察官之职责,法为贯澈刑事诉讼利益被告之本旨,故特于第二项声明之。

自诉人在自诉案件,既为原告,其地位犹之公诉之检察官,故对于自诉案件之判决,无论与被告不利益或利益,均得提起上诉。

判　例

各级检察厅检察官原属一体,高等检察官对于下级案件,亦可提起控告。[前大理院三年(1914年)上字第二六八号]

按诉讼法理,上诉为被告人受不利益之裁判,因求自己利益起见请求救济之方法。若原审判决并未论罪科刑,即无不利益于被告人之处,自不得再行上诉。[前大理院四年(1915年)上字第三零七号]

凡县知事判决之刑事案件,如于上诉期内发见原判错误,应由该知事以其检察官之资格提起上诉。若原审县知事未行使前项职权,其错误之判决,于接近期间内为上级检察厅之检察官所发见,依检察一体之原则,亦可由该检察官以其名义,径行上诉。至其上诉期间,自应以接收卷宗之日起十日为限。[前大理院四年(1915年)抗字第六六号]

请求再审,必以判决确定为前提。本案上告人于原审宣判之翌日即具状请求再审,固于程序不合,但既经表示不服原判之意,自应以合法上告论,予以受理。[前大理院九年(1920年)上字第八六号]

查现行规例，应以判决裁判之事件，不得用决定，故审判衙门于开始言词辩论后，应用判决案件，误用决定者，上告人对之声明不服，本院即应视为上告，予以受理。[前大理院十年（1921 年）上字第六八零号]

查契税条例施行细则第十五条及第十六条规定，凡违反细则及契税条例而应行罚金者，得由各征税官署核定。故县知事依据契税条例所为之罚金处分，无论用何种程式，仍系以征税官署职权所为之处分，不能认为司法裁判，自不得向司法衙门，声明不服。[前大理院十年（1921 年）抗字第一○号]

告诉人具状声明之保留上诉权，于法律并无规定。[最高法院一六年（1927 年）抗字第二号]

上告人共同强盗伤害人致死部分，于覆审呈送复核时经原检察官提起控告，并受无罪判决，该上告人复提起上告，自属不合。至其他共同强盗俱发各罪部分覆审判决后检察官既未经提起控告，其判决早已确定，尤无上告之余地。[最高法院一七年（1928 年）上字第八二号]

抗告人等因和诱案经前福建控诉法院将其声请上诉驳回后，旋即据抗告人另行具状声明不服，（虽该状误用非常上告之名词，究不失为声明不服之表示。）既经本案认为为有理由，另以决定准予受理上告在案，是抗告人之上诉权并未丧失，即无请求回复上诉权之可言。[最高法院一七年（1928 年）抗字第八八号]

按刑事案件对于法院判决，得依上诉程序声明不服者，除法律别有明文规定外，应以曾受判决之被告人或检察官为限。本案上告人虽与孙咏亭同为告诉人，然阚韫玉告诉孙咏亭诬告一案，并未将上告人列为被告，而上告人亦未受有一二两审之刑事判决，是上告人对于该案即无告诉之权。[最高法院一七年（1928 年）上字第二八三号]

原告诉人既非刑事当事人，自无上诉之权，本件关于上告人杀人部分，经第一审判决无罪后，告诉人李某不服提起控告，依照上开说明，其程序显有未合。[最高法院一七年（1928年）上字第二八五号]

按修正刑事诉讼律第三百十七条第一项，上诉权惟当事人有之。本案原告诉人张某等诉被告人陈某等犯私擅逮捕等罪，既经第二审法院依法判决，该原告诉人等纵有不服，亦不得以原告诉人之资格，提起上告。[最高法院一七年（1928年）上字第四三零号]

本案原告诉人朱荀氏诉熊浙周毒毙伊夫朱万顺一案经綦江县公署第一审判决后，虽误向前四川第一高等审判分庭呈诉不服，但既经同级厅检察官加具意见，自应认该上诉已由检察官名义提起。[最高法院一七年（1928年）上字第五零五号]

覆判审判决其处刑并不重初判，该上诉人并无上诉权。[最高法院一七年（1928年）上字第五零八号]

查不服下级法院之判决，得上诉于上级法院者，除法律别有规定外，应以当事人为限，此在刑事诉讼法第三百五十八条第一项规定，至为明晰。本案原告诉人张玉堂诉被告马老五结伙三人以上侵入他人第宅强盗一案，既经第二审法院依法判决，该原告诉人纵有不服，亦不得提起上诉。[最高法院一七年（1928年）上字第五四零号]

刑事采公诉主义，其传讯告诉人，本因采证上备供参考，初非以为当事人而讯问之。至告诉人对于县判得呈诉不服之案件，应以检察官为上诉人。本件抗告人对于原县判决虽曾于法定期间内呈诉不服，然系立于告诉人地位，依县知事审理诉讼暂行章程第二十五条规定上诉人仍属诸第二审之检察官，原审传唤抗告人未到即行判决，并非违法，抗告人于判决后请求原审传讯，自难照准。[最高法院一七年（1928年）抗字第五八号]

不服下级法院之判决得上诉于上级法院者，除法律别有规定外，应以当事人为限，此在刑诉法之规定，至为明晰。本件抗告人等不过

为告诉人即非当事人，依法自无上诉权，乃遽行上诉，殊属违背法律上之程式。[最高法院一九年（1930年）抗字第六二号]

解　释

关于公诉，检察官以外，无所谓原告，被害人不得列为当事人之内。所以然者，复仇主义，为文明国所共禁，国家之设刑罚，乃为国家公益，为社会全体之安宁秩序，以求达一般预防、特别预防之目的，决非为被害者个人复仇也。明乎此，而后知审判官对于被告科刑之有无及其轻重，被害者固无容喙之余地，检察官采用被害人之意见，以为上诉，虽非法律所禁止，然亦与采用其他毫无关系者之意见以为上诉者无异，法律仍认为检察官之意见，检察官上诉之见诸语言文字者，亦只能称为自己之意见。[前大理院三年（1914年）统字第一零四号]

当事人误向上级检察官声明控告，可由该检察官转送第一审法院依规定程序办理。[最高法院一六年（1927年）解字第五号]

原告诉人既非刑事当事人，自无上诉权。[最高法院一七年（1928年）解字第一四号]

凡县知事判决之刑事案件，如于上诉期间以内，发见原判错误，应由该知事以其检察官之资格，提起上诉。若原审知事，未行使前项职权，其错误之判决，于接近期间内为上级检察厅之检察官所发见，依检察一体之原则，亦可由该检察官以其名义，径行上诉。至其上诉期间，自应以接收卷宗之日起十日为限。[最高法院一七年（1928年）解字第二八号]

县知事兼理诉讼之案，经上级检察官发见其为不当者（不问是否因送覆判而发见），得提起上诉。至上级检察官对于下级正式法院（非兼理司法之县知事）之判决，除得为附带控告外，不得上诉。[最高法院一七年（1928年）解字第九一号]

查告诉乃论之罪，非有合法告诉，检察官自不得提起公诉，但如已违法提起公诉，经由第一审判决时，仍得提起上诉，或请求提起非常上诉。［司法院一八年（1929年）院字第六二号］

合于自诉规定之案，原告诉人既未声明自诉，在第二审法院又系检察官出庭执行原告职务，是已成为公诉案件，非检察官不能向第三审法院上诉。［司法院一八年（1929年）院字第一八七号］

正式法院判决之案件，无论处刑轻重，当事人均有上诉权，不受覆判暂行条例之限制。［司法院一九年（1930年）院字第三二四号］

原告诉人请求检察官上诉，除另有特别规定外，其应否提起上诉，检察官有酌量之权，并不受请求之拘束。［司法院一九年（1930年）院字第三二六号］

公诉案件，原告诉人无上诉之权，除另有特别规定外，法院毋庸以职权向其送达判决。［司法院一九年（1930年）院字第三二六号］

检察官对于被告受科刑之判决，依刑事诉讼法第三百五十八条第二项之规定，得为被告利益而提起上诉。［司法院二〇年（1931年）院字第四〇三号］

第三百五十九条 被告之法定代理人保佐人或配偶，为被告利益起见，得独立上诉。

文　义

独立上诉云者，谓不受被告意思之拘束，得自由提起上诉也。

理　由

本条规定得为被告独立上诉之人。盖此等人负保护被告之责任，故与以上诉权，以全其保护之任务。是以此等人得不问被告意思如何，以自己固有之权利而为上诉；但上诉权之实施，须为被告利益起见，若为不利益之上诉，则法所不许。至此等人在原审曾为上诉人与否，自非所问。

判　例

原审以该上诉人之上诉，虽已逾法定期间多日，但其父即共同被告冶有苏于法定期间向所递之上诉状，对于上诉人罪刑部分，曾声明不服，因认为合于刑事诉讼条例第三百七十四条，法定代理人行独立上诉之案件，予以受理。查上告人系属已成年者，则冶有苏既非法定代理人，即非为以代为上诉之人，原审就冶有苏之独立上诉为实体之判决，自属不合程序。［最高法院一七年（1928年）上字第二三二号］

解　释

查刑事诉讼条例第三百七十四条所称之法定代理人及保佐人，即系本院成例内所称未成年人之行亲权人或保护人［一作监护人，见四年（1915年）上字第三七四号及五年上字第六二二号判决例］，及因精神丧失者之保护人［见七年（1918年）上字第一零三号判决例］，及因精神耗弱或为聋为哑为盲及浪费等情所置之保护人（见统字第二二八号及九一二号解释例）。被告之直系尊亲属等，如与本条规定不符，自不得独立提起上诉。［前大理院一三年（1924年）统字第一八七九号］

已成年之子为刑事被告科刑后，其父母虽不得以其自己名义独立上诉，但仍得代其子上诉。［最高法院一七年（1928年）解字第二三九号］

第三百六十条 原审之辩护人及代理人，为被告利益起见，得代为上诉；但不得与被告明示之意思相反。

理　由

本条规定原审之辩护人、代理人之上诉权。盖在原审辩护之辩护人，于诉讼情形，当所熟谙，原审之代理人，既经代理进行诉讼程序，则当事人之上诉权，于此等人亦无不得实施之理。惟此等人之上诉权，非为独立固有，乃不过代被告行使其上诉之权。故若反于被告明示意思，则所不许。被告自为上诉及被告丧失上诉权时，则辩护人、代理人所为之上诉，失其效力。

原审辩护人及代理人之上诉权，系基于本条之规定，自原审进行诉讼至于判决，而辩护或代理关系尚未销减者，则得依据本条，代为上诉，既无须特别授权，亦无庸事后追认。

判　例

查辅佐控诉，须与被告人明示之意思不相违反，而被告人之明示意思，又以具有意思能力，并出于自由表示为前提。[前大理院十年（1921年）抗字第一零二号]

本件被告人卢全宝于第二审宣示判决时当庭以言词声明舍弃上诉权，记明笔录，辩护人乃为代行上诉，显于被告人明示意思相反，本件上诉自不合法。[最高法院一七年（1928年）上字第四八号]

第三百六十一条 检察官对于自诉案件之判决，得独立上诉。

理　由

本条规定检察官对于自诉案件之上诉权。自诉案件以自诉人及被告为当事人，即自诉案件之上诉，应以自诉人及被告为限。检察官既非自诉案件之当事人，似无得为上诉之理，但凡犯罪行为皆属侵害公共法益，则为保护公益起见，故应并与检察官以此项职权，且不为自诉人之意思所拘束，纵使自诉人丧失上诉权时，亦得为之。至提起上诉，是否与不利益于被告起见，亦所不问。惟其上诉期限应自其自行接受判决书后起算。

第三百六十二条 上诉得对于判决之一部为之，其不以一部为限者，以全部上诉论。

对于判决之一部上诉者，其有关系之部分，亦以上诉论。

文　义

判决之一部及全部者，即对于一被告之判决之全部及一部之谓，非谓为一案件之判决。

理　由

本条规定上诉之范围。提起上诉以对于判决全部为之为原则，但对于判决之一部，不妨为上诉者，亦不许实施上诉之权，实有未妥，故法许得对于判决之一部以为上诉。惟其不以一部为限者，视为对于判决之全部为上诉。

虽以判决之一部为上诉，但其性质涉及其他之一部或全部者，法律既不能只就上诉之部分而为判决，必须涉及有关系之部分，虽不为上诉，亦以上诉论。即公诉及审判不可分之原则之适用也。

判　例

查对于判决之一部亦得声明控诉，又对于判决之一部声明控告时，其他有关系之部，亦以声明控诉论。本案检察官声明控诉时，虽限定从刑部分，然查从刑与主刑原则上本有不可分离之关系，原审因对于从刑部分控诉，遂将主刑部分亦认为已经控诉，并于判决按照上开成例，自难指为违法。［前大理院八年（1919年）上字第五七一号］

查诉讼通例，对于判决之一部声明控诉，其他有关系之部分，亦以声明控诉论。本案检察官虽仅对于第一审判决合并定刑之部分声明控诉，然其合并所定之刑，既以俱发罪各科之刑为基础，则各罪之论罪科刑，即属有关系部分，不能不以声明控诉论也。［前大理院八年（1919年）上字第六九五号］

查刑事诉讼条例第三百七十六条第二项规定，对于判决之一部上诉者，其有关系之部分，亦以上诉论。本条上诉，虽据声明仅在没收之部分，而没收既系从刑之一种，从刑与主刑，又有主从之关系，科刑复以论罪为前提，故关于被告等论罪科刑之全部，均以上诉论。［前大理院一四年（1925年）上字第一四六九号］

上告人在原审对于没收共犯所用之物，虽未明示不服之旨，然没收为从刑之一种，自系有关系部分亦应视为业已声明控告，予以驳回。乃原审置而不论，已属违误。又判决主文内统言罚刑部分撤销，则其没收从刑部分，当亦在撤销之列，亦有未合。［最高法院一七年（1928年）上字第二七四号］

第三百六十三条　上诉期限为十日，自送达判决书后起算；但于判决谕知后送达前之上诉，亦有效力。

理　由

本条规定上诉期限。提起上诉之期限，如无限制，则权利不能确定，效力无发生，故须确定其期限。法以判决应须送达，故上诉期限之进行，自送达判决书后起算。计算日期之方法，依第二百零五条至第二百零七条之规定，凡不逾越日期之上诉，自属有效。故为事实上之便利，即于判决谕知后而在送达以前，提起上诉者，亦认为有效。

判　例

检察官对于复审判决，如有不服，当于该判呈送到厅后十日内，提起上诉，并不因他造当事人未受送达，妨止检察官之进行。〔前大理院四年（1915年）上字第一五七一号〕

上诉期间，系由法定，审判衙门及当事人，俱应严格遵守，决非审判官所能任意酌量变更。〔前大理院三年（1914年）抗字第五号〕

具状以兵事影响致误期间，请求回复上诉权，并叙述不服原判理由，向第一审声明上诉。上告人等明知其逾法定期间，故同时为回复上诉权之声请，自应先就此声请有无理由，予以调查而后裁判。〔最高法院一七年（1928年）上字第一九号〕

查检察官上诉日期，除曾用书面向审厅先行声明上诉外，自应以其上诉理由书所载日期为准，高等检察厅检察官对于覆审判决提起上诉，其上诉期间之起算点，依覆判章程第十条呈送覆审判决正本，即准送达论之规定，应以判决呈送到厅之日为送达判决之日，亦不待论。至若上诉理由书所载日期，系在法定期间以内而因其他原因致送交原法院或有迟延，则纵原法院接收时日，与上诉理由书所载时日有所不同，自非发现为由于检察官之倒填日月，则上诉自不受何等之影响，其关于被告人上诉须以提出书状于法院之日始生效力者，尚未便举以相绳。〔最高法院一七年（1928年）上字第五零号〕

上诉期间计算应以法院收受上诉状之日为准并扣除在途期间。〔最高法院一七年（1928年）解字第七四号〕

本条上告人于十五年（1926年）十月四日声明上告，乃至同年十一月十四日始提出记明不服理由之上告意旨书,依修正刑事诉讼律第三百九十三条第二项规定显已逾越法定期限,自属不合程序。[最高法院一七年（1928年）上字第一一六号]

上告书状对于原判吸食鸦片烟罪刑,既未记明不服原判决之事宜及其理由,本院则无权为之审判。[最高法院一七年（1928年）上字第二八五号]

查阅卷宗,本案第一审民国十六年五月十日之判决,并未依法宣告,又未依法将判决书送达于上告人。该上告人于六月二十四日,提起上诉,自应予以受理。原审谓其上诉逾期,驳斥上诉,殊有未合。[最高法院一七年（1928年）上字第二八八号]

查检察官对于县知事覆审判决发现有不当时,得自行提起上诉,其上诉期应自该检察官接受卷宗后起算,修正县知事审理诉讼暂行章程第二十六条及第二十七条,已有明白规定。本案江苏川河县覆审判决于民国十七年一月二十六日,将卷宗呈送原审法院检察官核办后,原审法院检察官不服,于同月二十九日提起上诉,日期已于理由书内注明,按照上开条规,并不逾限。[最高法院一七年（1928年）上字第三零九号]

按修正刑事诉讼律第二百四十八条第三项规定期间之末日,通过法院休息日者,毋庸算入。本件上告人彭居氏因杀人案于十六年十二月十三日收受第二审判决者,同月二十四日声明上告,翌年一月四日提出上告意旨书,依照上开规定,扣除冬节（即十六年十二月二十四日）及年节（即十七年一月一日至三日）各休息日外,其声明上告及提出上告意旨书均未逾法定期间,仍应由本院予以受理。[最高法院一七年（1928年）上字第四三一号]

凡从前采用二级二审制省分所判决之案件,如经当事人于法定期间内声明不服,均应依国民政府第三十号训令,准其上诉。本案上告人强盗一案，经前湖南控诉法院于民国十六年十一月二日送达判词后上告人即于同月十日具状声明上告，其时该省虽采用二级二审制，但上告人于法定期间内，既有不服之声明，自应由本院予以受理。[最高法院一七年（1928年）上字第四五四号]

关于上诉期限，概自送达判决书后起算。[最高法院一七年（1928年）上字第五四六号]

原审宣判时对于科刑之被告，并未告以上诉期间，则上诉人于收受判决书翌日提起上诉，即难谓非适法，自应予以审理。[最高法院一七年（1928年）上字第五四八号]

上告意旨，已于提出上诉状内明白叙述，自无再具理由书之必要。原审乃以逾限数月，未经补具理由书，遽将上诉驳斥，自有未合。[最高法院一七年（1928年）抗字第一三号]

本件抗告人于原审声明上告后逾期不提出上告意旨书，经原审依法驳斥，并无不合，抗告意旨，徒以不明法定期限及无力聘律师撰拟理由书为借口，殊无理由。[最高法院一七年（1928年）抗字第一九号]

已逾法定日期，尚未提出上告意旨书，经原法院依法驳回，洵无不合，抗告意旨，乃以回籍搜集证据致中途延误日期为词，自不能认为有理由。[最高法院一七年（1928年）抗字第二二号]

本件抗告人于原审法院宣告判决时，既未经口头声明不服，又未据具状提起上诉，至逾期八阅月之久，始以军书旁午，发生种种障碍具体事由，及障碍销减日期，核与修正刑事诉讼律第三百六十五条第一项及第二项之规定，殊有未合。[最高法院一七年（1928年）抗字第三零号]

声明上诉期间自谕知裁判日起算，此不过关于起算点之规定，若期间日数之计算，仍应查照修正刑事诉讼律第二百四十八条第一项后半以日月或年计算者，不算入第一日，始为正确。[最高法院一七年（1928年）抗字第三五号]

提出上告意旨书，已逾法定期间多日，原审依法驳回，自无不合。抗告意旨，乃以家属接见来迟为谕，不能认为有理由。［最高法院一七年（1928年）抗字第三八号］

本件抗告人提出状稿于看守所公务员，尚在上诉期间以内，无论该抗告人提出状稿，系出于径向该所提出上诉状之意思，仅请由该所转为缮递，但其提出之日，既未逾期，自应生上诉之效力，即仅请为缮递，而此中迟误，亦应归责于该所之公务员，何能使抗告人之因有上诉权，蒙其影响。［最高法院一七年（1928年）抗字第四二号］

查法院虽曾将宣告判决之日期先期通知被告人届时亦确履行宣告判决之程序，而应否由是日起算上诉之期间，应视乎被告人于宣判之当时曾否到场，于判决内容，曾否瞭知。如果被告人当时未到场，按诸修正刑事诉讼律第三百四十八条、第二百五十二条及第三百五十八条之规定，即应以送达为谕知之方法，其上诉期间之起算，即应视乎判决书系于何日收到而定。［最高法院一七年（1928年）抗字第七五号］

查抗告人提出上告意旨书之期间，依修正刑事诉讼律第二百四十八条第一项虽不应算入第一日，但自其次日即六月三日起算，扣至同月十二日，业已届满十日，该抗告人于六月十三日提出意旨书，显逾法定期间。［最高法院一七年（1928年）抗字第九零号］

其声请移转管辖有无理由，姑不具论，惟查提起再告之日，除去在途程限，仍逾法定期间，于法显有未合。［最高法院一七年（1928年）抗字第九六号］

抗告之上诉状内，有民对此误认事实，违法偏颇，心殊不服等语，是对于原判决认定事实，适用法律，业已叙述不服之意旨，自应认其已为合法之上诉。乃原审以抗告人未于法定期内提出上告意旨书，驳回其上诉，显有未当。［最高法院一七年（1928年）抗字第九八号］

按上诉书状未叙述不服之理由者，其上诉亦有效力，此于刑事诉讼法第三百六十四条，虽应命其依限提出理由书，然若不于期限内提出者，并无加以制裁之规定，则其上诉理由书之提出与否，事非必要。本件抗告人声明上诉后，未即提出理由书，原审法院依当时适用之修正刑事诉讼律将其上告驳回，原无不合，惟查新法施行，旧法即属失效，依上开说明，原决定自难予以维持。[最高法院一七年（1928年）抗字第九九号]

刑事诉讼法施行前已经谕知裁判尚未确定之案件，其上诉及抗告期限，应依刑事诉讼法于送达后起算，刑事诉讼法第三百六十三条及刑事诉讼法施行条例第九条，均明有规定。原审对于抗告人在原法院所提起之上诉，依当时适用之修正刑事诉讼律以宣告判决后起算，认为已逾上诉期限，决定驳回抗告，惟按之上开法条，则自送达判决书后起算，其上诉期限，实未逾越，原决定适用法律，既有变更，自难予以维持。[最高法院一七年（1928年）抗字第一零一号]

陆传芳对于原法院第二审判决声明上诉后，未于期限内提出理由书，原审依当时之修正刑事诉讼律将其上告驳回，原非不当，惟现在刑事诉讼法既已施行，旧律即应失效，依上述说明，原决定实无维持之可能。[最高法院一七年（1928年）抗字第一零三号]

抗告人于上诉期限经过后，声请回复原状，既不能释明，其不能遵守期限之原因，非由过失，原法院予以驳回，即无不当。[最高法院一七年（1928年）抗字第一零六号]

提起上告后，未于法定期限内补具理由书，原审适用当时有效之修正刑事诉讼律第三百九十七条第二款，予以驳回，虽无不合，但查刑事诉讼法已于九月一日起施行，既经抗告，原决定即难予以维持。[最高法院一七年（1928年）抗字第一二零号]

原审查明抗告人收受第一审判决书，确保十六年八月十八日，其上诉逾期，纯出于抗告人之过失，将其声请驳斥，于法尚无不合。[最高法院一七年（1928年）抗字第一二一号]

查当事人之上诉，既应向法院提起后始生上诉之效力，则检察官为上诉当事人之时，在法律上即应同等待遇，而不容有所优异，纵使检察官、书记官因编订记录收发移送，不免辗转需时，惟法定上诉期限，既为检察官应注意事项，而督促书记官之依限进行，亦为检察官应有之权责。如果其提出上诉于法院之日期，已逾法定期限，则无论其上诉理由书所载日期，是否在法定上诉期内，而濡滞之过失，检察官即不得有所诿谢，此为本院刑事庭最近总会议决应予采用者也。〔最高法院一七年（1928年）抗字第一三四号〕

查抗告人上诉是否逾期，应以抗告人何日收受判决书及何日提起上诉为断。原审未按抗告人最后所声明之住址，依法送达，则抗告人所称于十七年七月二十五日回省始接丘公赫交到判决书一节，即难谓为不实。且抗告人旋于七月三十一日向原审表示不服，虽不服之用语为声明故障，仍应以提起上诉论，是其上诉未逾法定期限。〔最高法院一七年（1928年）抗字第一五四号〕

抗告人对于原判决声明上诉后，越十日期间，始提出理由书，依刑事诉讼法第三百六十四条但书，及第三百九十四条规定，自不得谓为无效。〔最高法院一七年（1928年）抗字第一六九号〕

查刑事上诉期限为十日，自送达判决后起算，此为刑诉法第三六三条所明定。本件第一审判决于民国十八年六月八日，将判决书送达抗告人收受，抗告人迟至是月二十日始提出上诉状，显已经法定期限。第一审依刑诉法第三七七条，认为上诉违背法律上之程序，裁定驳回，原审予以维持，并无不合。〔最高法院一九年（1930年）抗字第二号〕

查刑事案件上诉期限为十日，自送达判决书起算，此在刑事诉讼法三六三条规定，至为明晰。本案上诉人等于收受判决书后上诉期限届满之翌日,始具状提起上诉,接之上开说明,实已逾限,纵有不因过失而致有不能遵守期限之原因,亦仅得另状声请回复原状,本案上诉,自不合法,抗告意旨,以妻病辗转迟延,为不服之根据,自难谓有理由。[最高法院一九年(1930年)抗字第三号]

解　释

依民国十二年(1923年)公布之修正县知事审理诉讼暂行章程,关于上诉期限,并无特别规定,依同章程第四二条,应准用刑诉法第三六三条之规定。[司法院一八年(1929年)院字第四八号]

第三百六十四条　提起上诉,应以书状叙述,不服之理由向原审法院为之,但未叙述理由者,其上诉亦有效力。

理　由

本条规定上诉之程式。提起上诉,应以书状叙述不服之理由,所以便审查,而资判决。法律又以诉讼之文件证物均保存于原审法院,故使向原审法院为之,以便将文件证物,一并申送。叙述不服之理由,原以资审查,于上诉之程序,固为必要,但即漏未叙述,法为扩张上诉权之效用,期裁判益臻正确,因亦不认为无效。

判　例

刑事诉讼条例不服第一审判决向第二审衙门提起上诉者,上诉通则内,虽有提起上诉,应以书状叙述不服之理由等语,然无未叙述或不补叙述不服之理由者,应予驳斥之规定,与不服第二审判决向第三审上诉之案,依同条例第四百十条及第四十四条之规定,上诉书状未经叙述不服原审判决之理由者,应于提起上诉后十日内提出理由书,

其不于期限内提出理由书者，应予驳斥之情形不同。[前大理院一一年（1922年）上字第一五五二号]

状称若不予传审，则请将前状作为上诉云云，是于声明上诉附以条件，亦非法之所许。[最高法院一七年（1928年）抗字第二三号]

按当事人提起上诉，未经叙述不服理由者，依刑事诉讼法第三百六十四条但书规定，亦能发生上诉之效力。本案抗告人在原审提起上诉后，纵于法定期限内，未补具理由书，仍属有效。[最高法院一七年（1928年）抗字第一一七号]

第三百六十五条 在监狱或看守所之被告，提起上诉者，应经监狱或看守所长官提出上诉之书状。

被告于上诉期限内，已提出上诉之书状于监狱或看守所长官者，有提起上诉之效力。

被告不能自作上诉之书状者，应由监狱或公务员代作。

监狱或看守所长官，接受上诉之书状后，应附记接收之年月日时，送交原审法院。

理　由

本条规定关于在监狱之被告提起上诉之特别程序。在监狱等处之被告，身体既失其自由，不能自赴原审法院，提起上诉，势不能不经由各该处之长官，提起上诉，此第一项之所设也。

被告身体自由，既被剥夺上诉之提起，须经由各该处之长官，经此周折，必须多费时日，上诉书状或因此而不能于期限内达到原审法院，被告所有上诉权，胥蒙损害，故法须有善其后，此第二项之所设也。

监狱等处之被告，如不能自作上诉书状，则上诉之意思与其理由，莫能表示，是不可不另定代作之方法，此第三项之所设也。

判　例

　　在监刑事被告人不服原判，即以对于监狱官声明不服时，为提起上诉之期。［前大理院三年（1914年）上字第五号］

　　上诉状如于前日已提出于看守所长官，于次日由看守所转送到厅，则准照刑事诉讼条例第三百七十九条（即本条）第二项，关于上诉期限之规定，自其提出理由状于看守所长官之际，已不得不认效力之发生。［前大理院一四年（1925年）抗字第一八六号］

　　抗告人当庭声称，我有老母不上诉请将我发回原县执行，是其舍弃上诉权之意思，至为明显，原审驳斥其上告，自属合法。［最高法院一六年（1927年）上字第七号］

　　查当时有效之刑事诉讼条例，第三百七十九条第三项规定，被告不能自作上诉之书状者，应由监狱或看守所之公务员代作，详释法意，盖为保护不能自作上诉状之被告，予以救济之途，则其所谓上诉状，自应包括附有理由之上诉状而言，纵上诉人未说明，该管公务员亦当详为指导，代予撰述，始足以达上诉之目的。本件抗告人之上诉状，系由看守所长官代作，征之原状记载自明，该状既未叙述不服理由，又未于期限内补具上告理由书，自系该管公务员之疏漏，殊不能使抗告人任其过失之责。［最高法院一七年（1928年）抗字第二五号］

　　在监被告人既不能自作上告声明书，何能自作上告意旨书，上告审既以上告意旨之有无，为上告程式是否合法之准，监狱官吏如不代作上告意旨书，则修正刑事诉讼律第三百六十九条第三项代作声明书之规定，势必等于虚设。［最高法院一七年（1928年）抗字第四四号］

　　本件抗告人等既在监患病，即应经由监狱公务员代作上告意旨书，历经本院著有判例。乃该抗告人等并不向该管监狱请求代作，上告意旨书之期限，自不能不认为过失，依照现准援用之刑事诉讼条例

第二百十四条规定，显与得声请回复原状之条件不符。［最高法院一七年（1928年）抗字第四八号］

抗告意旨，以身染疾病，复因他案纠葛，律师未能来所接洽，曾具状声请展期断断置辩，无论该抗告人声请展期已逾法定期间，即其所称未补具意旨书之原因属实，自可告知监所职员，请其代作，是本件迟误提出上告意旨书期限，该抗告人自应负其责。［最高法院一七年（1928年）抗字第五一号］

蒲荣贵以本人在狱不能自由行动，令其父上诉，其父又患病不能代行上诉为词，声请回复原状。原审认定纵令实有其事，亦系出于当事人之过失，无障碍可言，将其声请驳斥，尚无不合。［最高法院一七年（1928年）抗字第六六号］

第三百六十六条 当事人得舍弃其上诉权。

文　义

舍弃其上诉权者，谓有上诉权人抛弃其权利之意思表示也。换言之，即上诉权人于上诉提起前不为上诉之意思表示也。上诉权因判决谕知而发生，若于判决谕知前先为上诉之抛弃，不能有效。

理　由

本条规定上诉权之舍弃。上诉权能否舍弃及何人始有舍弃之权，立法例及学说，颇不一致，法律应有明文庶免纷争，本条之设以此。

被告自诉人与为原告之检察官，均得舍弃上诉权。但检察官系代表国家行使诉权，不能枉断事实或法律，滥行舍弃之。苟其认为事实上及法律上无上诉之理由者，即依本条明示不为上诉之意，庶使裁判得以从速确定。得舍弃上诉权者，限于当事人，以当事人利害关系至为密切，上诉有无利益，能自熟筹。若其他上诉权人，如法定代理人、保佐人或配偶以及代行上诉权人，如原审之辩护人、代理人等，均不得为舍弃上诉权之表示。

判　例

查县判未经宣示或牌示，并非根本无效，仅不生确定之效力，以被告人无由得知判决之内容，即上诉期间无从计算，若被告人已受执行，是已知判决内容而不声明上诉，即可认为舍弃上诉权，该项未宣示或牌示之判决，亦即确定。［前大理院七年（1918年）抗字第八零号］

查县知事审理诉讼暂行章程第四章第九条第三项，于应处罚金之被告人既有许委代理人之规定，则代理人到案后之陈述，固不能谓对于本人不生效力，仅因判令缴纳罚金，遵即代为缴纳，在该代理人是否有不再上诉之意，且难断定，其不得仅就此种事实，推定本人已经舍弃上诉权，更不待言。［前大理院八年（1919年）抗字第四七号］

舍弃上诉权云者，乃谓明知有上诉之权而甘心舍弃也。故舍弃方法，虽无论书状与言词（用言词者限于审判时），均可生效，而必其基于自由之意思明白表示，或语意极为瞭然时，始见其甘心舍弃上诉权。刑事诉讼条例第三百四十九条（即本法第三二零条）于谕知之判决，得为上诉之情形，规定审判长（独任推事亦有其权责）应以上诉之法院及期限谕知在庭当事人者，仅系指以使行上诉权之途，而非冀其上诉与否决于立言之顷。故当事人于推事宣告主文毕，输服之一言，如系迫于推事当厅之追问，不得遽谓其已以自由之意思明示舍弃上诉权。［前大理院一五年（1926年）上字第五零零号］

上诉权得自舍弃，立法本旨，在使裁判从速确定。告诉人虽仅有呈诉之权，如果于上诉期内，本于自由意思，明确表示不为呈诉不服之意旨，则为求合刑诉条例立法本旨计，原亦可许准用该条例第三百

八十条（即本法本条）及第三百八十三条（即本法第三七〇条）第一项前半关于因舍弃而丧失之规定。［前大理院上字第六一七号］

第三百六十七条　上诉于裁判前得撤回之。

文　义

撤回者，谓对于既经之上诉后而为请求撤销之意思表示也。

理　由

本条规定上诉之撤回。上诉权乃为保护上诉人利益之一种权利，当事人得自行舍弃之，法于前条既有规定，而于提起上诉后仍以为不必上诉者，法为免续行审判之烦，期裁判速臻确定，故亦许其撤回。撤回上诉，应于裁判前行之，如在裁判以前，即谕知辩论终结或判断议决以后，均无不可为撤回，惟于裁判后，则不许撤回。

判　例

上诉撤回后，原裁判即属确定，上诉审判衙门毋庸对撤回行为而为裁判。［前大理院四年（1915年）抗字第四零号］

查各级审判厅试办章程第六十六条规定，系指上诉人自行呈请注销上诉状者而言，即诉讼通例所撤回上诉是也。又同章程第六十七条规定，系指审判衙门，以职权撤销上诉人之上诉状者而言，即诉讼通例所谓被告人提起上诉而不出庭，应驳回上诉是也。两者各不相涉，参观自明。统字第八百六十八号电文前半段，乃对于试办章程第六十六条之解释，与第六十七条无涉。因撤回上诉（即呈请注销上诉状），按照诉讼通例，应在裁判前为之，而发还更审之案，既曾经有第二审之裁判，故不许被告人或其辅佐人（代诉人同）撤回上诉也。若驳回上诉（即以职权撤销上诉状），在诉讼通例上，关于时间，本不受何等限制，除被告人声明上诉后，乘间脱逃，无法传唤，应即中止诉讼外，如能依法送达传票，经两传不到，自可依试办章程第六十七条办理，是否发还更审之案，初无分别。［前大理院八年（1919年）抗字第七号］

查上诉于裁判前虽得撤回，惟附条件之撤回，不能认为有效。［前大理院一一年（1922年）抗字第八一号］

上诉一经撤回，其上诉权即已丧失，与不能遵守期限得以声请回复原状者迥异，并无障碍之可言，以此提起抗告，不能谓有理由。至附带民事诉讼部分，既系始终表示不服，并未经撤回上诉，抗告人自得向原审法院请求为第二审审判，兹乃并向本院提起抗告，显系违背程序。［最高法院一七年（1928年）抗字第一零五号］

本件上告人于第一审谕知判决后，同日即具状称遵判先缴易刑金二百十元，尚有罚金五百元，应请宽限四星期措齐，不致延误等语，既称遵判并受执行，其为自愿舍弃上告权，自甚显然。［最高法院一七年（1928年）上字第一三四号］

当事人于提起上诉声请撤回，即系表示不求裁判之意思，故自声请之日起即生撤回之效力，刑事诉讼法第三百七十二条第三项，已有明文，而受理上诉之法院，不得就已撤回之上诉，予以任何之裁判。［最高法院一九年（1930年）非字第一九六号］

解 释

查原告诉人呈诉不服后，虽准其自行呈请注销，然法律上控告人本为检察官，既别无明文规定，自不得复因原告诉人两传不到，遽即将案撤销，原告诉人纵经死亡，仍应审判。［前大理院八年（1919年）统字第一一三二号］

案经宣判，即不许撤销，如出审判员之过失，系判决违法。［前大理院十年（1921年）统字第一五二零号］

查上诉经第三审发回更为审判之案，不许撤回上诉，本院之见解，并未变更。现行刑事诉讼条例第三百八十一条载，上诉于裁判前得撤回之等语，是一经裁判，即不得撤回，亦至明显。[前大理院一五年（1926年）统字第一八九零号]

第三百六十八条 为被告利益而上诉者，非得被告之承诺，不得撤回。

理　由

本条规定撤回被告利益之上诉之条件。盖为被告利益而上诉者，苟非得被告之同意，自行将其上诉撤回，则被告有时不免受意外之损害，如为被告而上诉，既经撤回，而被告自己之上诉，又以逾越上诉法定期限，不能提起上诉，是故非得其承诺，不许撤回。至被告之为承诺，法律既未规定程式，自应认为言词文件均可为之。

第三百六十九条 自诉人上诉者，非得检察官之同意，不得撤回。

理　由

本条规定撤回自诉案件之上诉之条件。检察官对于自诉案件，本有独立上诉之权，惟实际上如自诉人已经提起上诉时，检察官即不重行上诉，故自诉人撤回上诉，须得检察官之同意，其理由与前条所述从同，且恐自诉人被利诱势迫而抛弃诉权，故予检察官干涉之权，亦所以保护自诉人之利益也。检察官为同意之表示法律并无程式规定，故在审判中以言词为之，否则以文件为之。

第三百七十条 舍弃上诉权或撤回上诉者，丧失其上诉权。

被告舍弃上诉权或撤回上诉者,被告之法定代理人、保佐人或配偶,不得提起上诉。

理　由

本条规定舍弃上诉权及撤回上诉之效力。上诉既经舍弃或撤回,若仍许有再行上诉之权,匪特使裁判永无确定,紊乱司法事务之秩序,且一切关系人亦蒙其损害,故丧失其上诉权,嗣后不得再行上诉。至此种效力,不及于其他当事人之上诉权,如被告舍弃或撤回上诉,检察官之上诉权,并不因此消长也。

被告之法定代理人、保佐人或配偶,虽得独立上诉,但被告既自行舍弃上诉权或撤回上诉,则其法定代理人等,不得再行上诉,盖为尊重被告之意思而使贯彻其主张也。至被告原审之辩护人代理人,皆系代行被告之上诉权,于被告舍弃上诉或撤回上诉后,不得提起上诉,所不待论。

判　例

查现行规例,被告人之上诉权一经舍弃,即不得再行上诉。本案上告人于第一审宣示判决时,当庭以言词表示舍弃上诉权,载明笔录,其判决即属确定,已无复有上诉之权。乃该上告人,于舍弃上诉权之后,复向原判提起控告,是对于已确定之判决,而为通常之上诉,其程序不能认为合法,自应以决定驳回。[前大理院四年(1915年)上字第一七四号]

上诉人于原法院宣示第二审判决时当庭以言词声明舍弃上诉,并请发还原审执行,早已载在笔录。依刑事诉讼法第三百七十条第一项及第三百七十二条第三项规定,其判决即属确定。[最高法院十七年(1928年)上字第五一三号]

本件上告人于第一审谕知判决时既经当庭声明允服，并另具结舍弃上诉权，请求即予执行，是其上诉权业已丧失，乃复提起上诉，自属不合。〔最高法院一七年（1928年）上字第一一四号〕

本件抗告人于原审宣判时，当庭舍弃上诉权，业经记载笔录，是该抗告人已经丧失上诉权，依刑事诉讼法第三百七十条第一项，及第三百七十二条第一项规定，自不许再行上诉。〔最高法院一七年（1928年）抗字第一三零号〕

舍弃上诉权者，丧失其上诉权者，在刑诉法三七○条第一项，已有明文规定。本件抗告人于第一审判决时曾经声明舍弃上诉权，并具有结文，依据上开法条，自不得再行上诉。〔最高法院一九年（1930年）抗字第三七号〕

刑诉法第三七○条一项舍弃上诉权者丧失其上诉权，又三七二条二项以言词舍弃上诉权者，应记载于笔录各等语，是以言词舍弃上诉权者，经笔录记载后即生丧失上诉权之效力。〔最高法院一九年（1930年）抗字第六七号〕

当事人以言词舍弃上诉权经记载于笔录者，即生丧失上诉权之效力，此项笔录为公务员依法制作之文件，非有确实反证足以证明其为错误时，自不许任意推翻。本案抗告人前经第一审判处罪刑，即当庭审明甘服，请求执行，由书记官记明笔录，是抗告人对于第一审判决业以言词舍弃上诉权，极为明显，依照刑诉法三七零条一项，其上诉权既已丧失，自无上诉之余地，第一审法院对抗告人之上诉以裁定驳回后复经原审驳回其抗告，于法均无不合。〔最高法院一九年（1930年）抗字第一零一号〕

第三百七十一条　舍弃上诉权，应向原审法院为之。

撤回上诉，应向上诉法院为之，但于该案卷宗及证据物件送交上诉法院之检察官以前，得向原审法院为之。

理　由

本条规定为上诉之舍弃及撤回之法院。舍弃上诉权系在上诉期间内表示不为上诉之意思，诉讼文件及证物，仍在原审法院，故舍弃之意思，应向原审法院表示，此第一项之所设也。

上诉之撤回，系既提起上诉后之行为，故须向上级法院声明。但其卷宗及证物，尚未移送上级法院之检察官，为便利审核起见，亦予以向原审法院声明撤回之权，此第二项之所设也。

第三百七十二条　舍弃上诉权及撤回上诉应以书状为之，但于审判时，得以言词为之。

以言词舍弃上诉权及撤回上诉者，应记载于笔录。

舍弃上诉权及撤回上诉，自声明之日起，即生效力。

文　义

声明之日，即该书项提出于该管法院或监狱或看守所长官之日，至于审判时以言词声明者，即以言词陈述之时，为声明之日。

理　由

本条规定上诉之舍弃及撤回之程式。舍弃上诉权及撤回上诉，均应以书状为之，以免贻误，而昭郑重。惟于审判时推事检察官书记官皆列席，为便利舍弃及撤回计，故许用言词声明，此第一项之所设也。

以言词舍弃上诉权及撤回上诉者，为免遗忘而资证明计，须当庭将其意旨，记载于笔录内，此第二项之所设也。

舍弃上诉权及撤回上诉，其效力自何时发生，不可不有明文规定，此第三项所设也。

第三百七十三条 被告舍弃上诉权，或撤回上诉，准用第三百六十五条之规定。

理　由

本条规定在监狱之被告，舍弃上诉权或撤回上诉，准用之程序。在监狱或看守所之被告，提出舍弃上诉权或撤回上诉之书状，与提出上诉书状之程序同，法为谋被告之便利，故有本条之设。

第三百七十四条 提起上诉、舍弃上诉权、撤回上诉时，法院书记官应速通知他造当事人。

理　由

本条规定上诉提起、舍弃及撤回，须通知他造当事人。提起上诉，舍弃上诉权及撤回上诉，均与其他当事人有密切关系，故应从速通知，俾得有所准备。

第二章 第二审

（第 375—385 条）

本章规定关于上诉中第二审之特别准则。对于第一审判决有不服者，得为上诉。而其所不服者，系关于事实之点，抑关于法律之点，均非所问，故第二审对于此二点有审判权限，所不待述。是以当事人对于原判决之不服，无论仅就事实一点或法律一点，第二审法院当然可对于全部为覆审的审判。然第一审审判范围，固以声明上诉之判决所包含之内容为限。仅为一部之上诉时，第二审对该上诉之部分有审判权限，不得与第一审同一范围以为审判。但不因第一审之事实认定及法律适用而受拘束，且须自行调查证据，举行辩论，以为第二审判决之基础。故第二审之诉讼，就其性质言之，可谓为第二次之第一审诉讼。要之，第二审诉讼虽为第一审后诉讼发展之阶段，但非第一审之续审，实系更为新审判之覆审也。

第三百七十五条 对于第一审判决有不服者，得上诉于管辖第二审之法院。

文　义

管辖第二审之法院，指依事务及土地管辖为第一审之直接上级法院。

理　由

本条规定不服第一审判决之管辖法院之要件。第二审为上诉之一种，即对于初级法院或地方法院所为第一审之实体判决及形式判决，而请求管辖第二审法院之救济也。现行法采三审制，如对于初级法院所为第一审判决，应上诉于该法院之直辖地方法院，不服地方法院所为第一审判决，则应上诉于该法院之直辖高等法院。但不服高等法院所为第一审判决，上诉于最高法院者，则非第二审上诉而为第三审上诉。

判　例

县知事审理诉讼暂行章程第三十六条第二款规定，原审事件系属初级管辖者，应向地方审判厅上诉，而原审事件，是否系初级管辖，应以所引律文为标准。[前大理院九年（1920年）抗字第一零三号]

查县知事审理地方管辖之刑事案件，被告人于判决后未经声明上诉者，如经高等法院依照覆判章程第四条第二款、第七条各款发回原县覆审，或自行覆判，其处刑重于初判时，被告人仍得分别上诉于管辖第二审或第三审之法院。[最高法院一七年（1928年）上字第二六二号]

当事人未经受有第一审终局判决者，即不得提起控告，而控告法院，亦不得就第一审未经判决之事项，径为第二审审判。[最高法院一七年（1928年）上字第三五〇号]

查修正刑事诉讼律第三百七十二条载不服初级法院或地方法院第一审之终局判决，得为控告。依此规定，则当事人未经受有第一审之终局判决者，即不得提起控告，而控告法院，亦不得就第一审未经判决之事项，径为第二审审判。查阅原卷辜凤林在江北县公署诉上告人私擅逮捕及诬告一案，该县审理之结果，仅谕令上告人挂红俯礼，并未科刑或无罪之判决，是刑事部分并无第一审之终局判决，极为明显。原审对于第一审未经判决之件，不将其控告驳回，径自为第二审审判，按诸前开法则，显有未合。[最高法院一七年（1928年）上字第三五一号]

查阅原卷上告人杀人一案，本系地方管辖之件，既经兼有初级地方管辖之宝庆县公署第一审判决后，自应由高等法院受理控告，虽从前该省制度得以地方审判厅为第二审，但此项制度现既不能适用，则前宝庆地方审判厅所为第二审判决，即不得谓为合法。[最高法院一七年（1928年）上字第三八零号]

查第一审判决事实栏内，关于李仁山伤人一点并无只字道及，而伤害与损坏部分又无方法结果之牵连关系，原审于李端儒呈诉不报，经由检察官上诉后，以李仁山伤害部分，未经第一审判决，未便越级审判，将其上诉驳斥，于法尚无违背。[最高法院一七年（1928年）上字第三九一号]

解　释

县法院判决之地方管辖案件，应以高等法院为上诉审。[最高法院一七年（1928年）解字第一五七号]

本属地方管辖案件，经判决后依刑诉法虽应改为初级管辖，但依同法第三零八条，地方法院既仍得为第一审，自应由高等法院受理第二审。[最高法院一七年（1928年）解字二二一号]

第二审法院受理上诉案件，以当事人不服第一审法院或兼有审判权之机关所为裁判者为限。[司法院一八年（1929年）院字第一六五号]

第三百七十六条　对于上级法院之判决，不得以该案件应属下级法院管辖为理由而上诉。

理　由

本条定上诉之限制。管辖规定，固应重视，但审判既经开始，即虽认为该案件应属下级法院管辖，而法律为免窒碍，仍使该上级法院继续审判，于第三百零八条，设有例外规定。对于上诉则设本条。

解　释

查现行刑事诉讼规例，凡无管辖权之判决，与权限外之判决不同，不能认为当然无效。如仅系土地管辖违误，并不许以为上告理由。[前大理院四年（1915年）统字第二七零号]

第三百七十七条　原审法院认为上诉违背法律上之程式或其上诉权已经丧失者，应以裁定驳回之。

对于前项裁定，得于五日内抗告。

文　义

上诉违背法律上之程式者，指提起之上诉违背法律之要件或程式等情形是。上诉权已经丧失者，如上诉之提起期间经过及舍弃上诉权、撤销上诉是。

理　由

本条规定驳回上诉之要件。上诉是否合于法律上之程式，或有无上诉权，均应先行审查。如果认上诉违背程式或已丧失上诉权等，应径以裁定驳回，以免周折送交之烦。法律以诉讼卷宗保存于原审法院，为便审查，故由原审法院处理之。

上诉驳回之裁定，于上诉人之利害关系至巨，故须予以抗告之权，以资救济，此又第二项之所设也。

判　例

被告人声明控告误用辩诉状，于形式未免不合，但其诉状仍是声明判罚苦力两月洋三百元，冤抑难伸，乞准摘释云云，则是该被告人既为实质的控告，断不能因形式欠缺，而遽以其诉讼行为为无效。〔前大理院二年（1913年）上字第八号〕

所递诉状，固已声明不服覆判判决，惟称请求再审，用语系属错误，然不能因此将声明不服作为无效。〔前大理院三年（1914年）上字第五四四号〕

解　释

被告既已依法撤回上诉，则诉讼即不复存在，无须依同法第三百七十七条，加以裁定。〔司法院一八年（1929年）院字第一三六号〕

第三百七十八条　除前条情形外，原审法院应以该案卷宗及证据物件，送交该法院之检察官，检察官应送交第二审法院之检察官。

第二审法院之检察官，应将该案卷宗及证据物件，送交第二审法院。

被告在监狱或看守所者，原审法院之检察官，应命将被告解送第二审法院所在地之监狱或看守所，并通知第二审法院之检察官。

理　由

本条规定合法上诉卷宗证物之移送。原审法院审查上诉认为合法，即应以卷宗证物送交该法院之检察官以便该检察官审查应否一并提起上诉以及对该上诉应具如何之意见。经审核后应送交第二审法院之检察官。

第二审之检察官，应将该案卷宗及证据物件送交第二审法院，以便审判。

被告在监狱或看守所者，原审法院之检察官，应移送第二审法院所在地之监狱或看守所，并通知第二审法院之检察官，以便第二审法院之审理。至所以使原审法院检察官行使移送及通知之事务者，因执行被告之羁押，原属检察官职权之范围也。

解　释

原告诉之呈诉经高检厅同意者，应以高检厅检察官为控告人。〔前大理院三年（1914年）统字第一九四号〕

原告诉人呈诉不服逾法定期间者，自系不合法，得由检察厅驳斥，毋庸送审。〔前大理院四年（1915年）统字第三八二号〕

检察官声明上诉，既在期间以内，虽送案稍迟，自应认为合法。〔前大理院六年（1917年）统字第六六二号〕

高检察厅接收县署汇报案内，发现原判错误者，得于接收卷宗后十日内提起控诉，既属控诉，不得书面审理。〔前大理院八年（1919年）统字第九二五号〕

非专报案，该检察厅得于卷到后十日内控告，见本院统字第一三二五号解释文，所称令县解送人犯，无论是否同时调卷，如果于卷到前或其后十日内经声明控告，即提出意旨书，及将人犯送审较迟，仍属合法。〔前大理院九年（1920年）统字第一三三五号〕

本院统字第一三三五号及第一三二五号解释，所称卷到后十日内控告，谓报到后始调卷，须卷到起算上诉期间，以示与专报案之于报到后起算上诉期间者有别。其本属初级管辖案件，应交地检厅提起控告者，则于卷到该管地检厅后，起算上诉期间，逾期声明控告，均非合法。〔前大理院九年（1920年）统字第一三五六号〕

删代电悉，〔高等检察分厅，于接县卷十日内提起控诉之案，经高等审判分厅审查，确非地方管辖案件，（原判引律本属初级管辖，控诉意旨，亦未主张究犯何条之罪,)决定发交地方审判厅为第二审判（裁判已确定），因而对于原控诉检察官之地位，不无疑义。]发交裁判既经确定，下级审应受拘束，只得认高等检察官为控告人。[前大理院九年（1920年）统字第一四四二号]

查当事人声明上诉，不依刑事诉讼条例第三百七十八条，向原审法院具状，固系违背程式，若因呈送错误，第二审法院可送回同级检察官转送原审法院，依同条例第三百九十一条第一项或第三百九十二条第二项办理。[最高法院一七年（1928年）解字第二二号]

刑事诉讼法第三百七十八条第三项规定，被告在监狱或看守所者，原审法院之检察官应命将被告解送第二审法院所在地之监狱或看守所云云，所谓应命二字，即应由检察官以职命令法警将被告解送也。[最高法院一七年（1928年）解字第二零一号]

第一审判决之自诉案件，上诉审仍应依自诉程序办理，不能因原裁判书未列自诉人及由第二审检察官调送卷证，即变更其自诉程序，认该自诉人对于第二审判决无上诉权。[司法院一九年（1930年）院字第二六四号]

刑事上诉案件，依刑事诉讼法第三百七十八条第一项及第三百九十八条第一项，应由原审法院以该案卷宗及证据物件送交该法院之检察官，由该检察官送交上级法院检察官，虽系自诉案件，而参照同法第三百五十一条及第三百六十一条之法意，其送交卷宗及证据物件之程序，亦应经由检察官。[司法院一九年（1930年）院字第三一三号]

初级管辖案件经第一审判决后，检察官上诉仍须按照刑事诉讼法第三百七十八条之送交程序办理。[司法院一九年（1930年）院字第四零三号]

第三百七十九条 第二审程序除本章有特别规定外，准用第一审审判之规定。

理　由

　　本条规定第二审法院诉讼程序准用之法则。因审级既有不同，则诉讼程序自亦不无歧异之处，但除歧异之点外，当无不同，法为省繁杂，不更着专条，特设本条规定。

判　例

　　查第二审有审查事实之职权，对于刑事案件，须将犯罪事实，详晰声叙，方为合法。本案第二审判词形式上虽列有事实标题，然其内容则仅叙述本案发生之原委，而于被告人等如何犯罪之事实，并无一语声叙，是原判对于本案事实，并未认定，自难认为合法。〔前大理院四年（1915年）上字第一二四号〕

　　第二审诉讼程序，准用第一审公判之规定。〔前大理院四年（1915年）抗字第一一号〕

解　释

　　第一审苟能合法证明其犯罪，上诉审自不能因上诉时犯人已无烟瘾而置第一审证据于不问，遽行认为无罪。〔前大理院三年（1914年）统字第一二五号〕

　　敬电情形，（原检厅漏未起诉部分，经第一审并案判罪，控诉审虽当时予以撤销，而其罪状又甚明确）撤销后应速通知检察厅起诉。〔前大理院四年（1915年）统字第三八一号〕

　　第二审既系事实审兼法律审，则一罪中在第一审漏未提出之证据，自可补行声明。〔前大理院五年（1916年）统字第四二二号〕

第三百八十条　审判依第五十九条讯问被告后，应命上诉人陈述上诉之意旨。

理　由

本条规定应命陈述之事项。第二审审判长依第五十九条讯问被告，以查验其人有无错误后，应命上诉人陈述上诉之意旨。盖上诉状内叙述理由与否，非其要件，故在第二审审判时，应命上诉人陈述上诉之意旨。此项陈述，至关重要，倘无此项陈述，则不备言词辩论之基础，而第二审之判决，亦无所依据。

第三百八十一条　第二审法院应就原审判决中上诉之部分调查之。

理　由

本条规定第二审调查原判之范围。第二审对于原判之内容，止应裁酌其当否，故调查范围，应以上诉人上诉之部分为限。其未提起上诉部分，既未移审，并已确定，毋庸调查。惟判决之内容，实际上不能分割者，虽未就其他部分提起上诉，亦以全部上诉论，则调查原判之范围，随而扩充，所不待论。又对原判为全部之上诉，而撤回其一部之上诉者，除该原判内容不能分割者外，对于撤回部分，自毋庸进行调查。

判　例

第二审审理控告案件有调查事实之职权，对于第一审认定事实有疑义之处，自应依据职权，重行调查证据，讯问被告人。其第一审审理程序不完备者，亦应补行程序，不能以第一审调查证据，尚未完备为理由，并不直接调查，遽宣告被告人无罪。［前大理院三年（1914年）上字第三六号］

第二审于第一审未经发见之新证据，亦得采用。［前大理院四年（1915年）上字第一三一号］

第二审审理上诉案件于事实法律两点，皆有审查之职权，即令上诉人或呈诉人对于事实点并未加以攻击，苟第一审认定事实，不无可疑者，第二审自不得不以职权重加研鞫，俾成信谳。[前大理院四年（1915年）上字第二八二号]

被告人经第一审判决赌博罪后，仅对于私诉部分声明上诉，并声明对于公诉部分，情愿谨遵，此外又未另经相对人合法声明上诉者，则该公诉判决即属确定，虽第二审误予为公诉上之受理，发见另犯他罪，亦不得遽予判决。经上告后，应将原判撤销，维持第一审判决之效力。[前大理院六年（1917年）上字第九二一号]

详查县卷，寺院住持于被逐后数日，即以被告人带领十余人到院，查点财产，封锁房屋等情，告诉到县，并经该县列入公诉事实之中，虽未定罪科刑，究不能谓为未经公判。被告人对于县判，既已呈诉不服，控告讯自有裁判之权。[前大理院七年（1918年）上字第四三七号]

查第二审审判案件，须经第一审之裁判声明不服者，虽第一审为县知事对于同一被告人有某事经告诉有案，或并经审理之部分漏未判决时，第二审亦可一并审判。然于未经审判之被告人，不得援用此例。[前大理院九年（1920年）上字第五三九号]

甲县署对于被害人两次被抢一案，乃系先受公诉之衙门，乙县署经军队将被告人解到后，因审理被告人杀人一案，虽于被告人强盗事实，亦曾有所讯问，而先受该部分之公诉者，既系甲县署，则乙县署自无管辖之权。该县署因仅对于被告人杀人部分判决，而于强盗部分，则置诸不议，是纯未为第一审判，与本院统字第一零五五号解释所指漏列之情形，显有不同。原审乃予并案判决，是以未经第一审判决之案，遽为第二审之审判，其程序殊属违法。[前大理院九年（1920年）上字第八七五号]

覆判审覆判案件，于裁判确定后，如发见当事人对于初审判决已有合法之声明不服，则以前覆判审所为之裁判，自无存在之余地，仍应进行通常控诉程序。〔前大理院十年（1921年）上字第三号〕

覆判案件，一经上诉，由本院发还更审，即应适用通常之第二审程序，不得仍用覆判程序。〔前大理院十年（1921年）上字第五九五号〕

查一人犯数罪，均经起诉，而第一审漏未裁判时，如与控告部分，非同一事实，或与该部分亦无方法结果之牵连关系者，控诉审不得径为第二审审判。〔前大理院一零年（1921年）上字第七八九号〕

上告人系因有人迭诉其强抢后，经县署审理，认其结伙侵入某某两家，抢去牛物二事属实，判处罪刑，又因其诉案累累，其余强盗暨伤害等案，于判决理由内声明侦查明确，再行审结，是县署于其余各部诉讼之进行，已明示予以中止，与含混漏判之情形不同。除该部分与控诉部分，有不可分情形，为明瞭事实真相，应不受县署处分或命令所拘束外，自不能由控诉审径予审判。〔前大理院一一年（1922年）上字第四零五号〕

上诉制度，系防下级审之判决，如有错误，可得借以纠正而设。故下级审所认定之事实，除极为显著者外，在第二审仍应调查证据，以察所认定者，是否与真事相符。在第三审亦应就卷宗证据详为审理，以察采证是否适合于法则。是欲决下级审之判决，有无错误，由关于所认事实之一点言之，均以证据为归。虽证据种类，在法律上并无何种限制，甚至卷内所附文件，亦不妨引为证据之一种。而若并此而无，专以下级审所为之判决之自体证明其所认事实之无误，则不止与诉讼条例内所设之有关系之各个规定不符，且与准许上诉之根本观念，大相刺谬也。〔前大理院一五年（1926年）上字第八一五号〕

查第二审法院应就原判决中上诉之部分调查之。为刑事诉讼法第七八一条所明定。本案被告陈仁安对于第一审判决，不惟未于法定上诉期间内声明不服，提起上诉，且查陈仁玉、陈仁盛上诉状，并有陈仁安在狱抱病不愿再讼声明甘服之记载，原审并予审判，是其对于业经确定之判决及未受请求之事项，予以判决更属违背法律上程序之规定。[最高法院一九年（1930年）非字第三七号]

第三百八十二条 被告经传唤无正当理由不出庭者，得不待其陈述，径行判决。

理　由

本条规定上诉被告无理由不出庭之程序，实基于迅速终结诉讼之理由。盖依本法第三百十一条之规定，最重本刑为拘役或专科罚金之案件，被告经传唤无正当理由不到者，得不待其陈述，径行判决。在第二审之审理，得为径行判决者，以经合法传唤无正当理由不出庭为要件外，概无限制，所以防诉讼之延滞而期速结。如果不服，自得依上诉方法，请求救济。

判　例

刑事诉讼条例第三百九十七条（即本条），虽规定被告不出庭者，得不待其陈述，径行判决，但系指被告经传唤无正当理由不到者言之，准诸同条例第三百三十四条（即本法第三百十一条）之规定，可以得当然之解释。如果因病未到，应认为有正当理由。[前大理院一二年（1923年）上字第六五六号]

刑事诉讼法第三八二条，被告经传唤无正当理由不出庭者，得不待其陈述，径行判决。本案被告经原审合法传唤，乃被告以业经抗告为借口，迄不到案，其理由显非正当，原审依据上开法条，径行判决，自系适法。[最高法院一九年（1930年）非字第九四号]

解　释

查刑事诉讼条例第三百九十七条（即本条），系指被告经依法传唤，无正当理由不出庭者而言。如系在押脱逃，既无从传唤，而出示限令若干日投案，在法令又无根据，自应按照同条例第三百三十条（即本法第三百零七条）办理。[前大理院一四年（1925年）统字第一九一三号]

第三百八十三条　第二审法院认为上诉违背法律上之程式或其上诉权已经丧失者，应以判决驳回之。

理　由

本条规定第二审法院认为上诉不合法时之程序。第二审法院应就上诉首为程序上之审查，如其上诉合法，然后进而为实体上之审理，否则上诉违背法律上之程式，或其上诉权已经丧失者，应即以判决驳回之。此项判决，并无特别明文，自应经言词辩论；但学者间亦有主张得不经言词辩论为之。

判　例

不服县判提起控告，虽诉状中注明控告日期是否合法，分别为受理与否之裁判，乃原审并未饬县查明控告日期，又未举出足以证明系逾期之根据，遽认县批为无效，断定为控告逾期，拒不受理，自系违法。[前大理院四年（1915年）上字第八五五号]

第二审法院认为上诉违背法上之程式应以判决驳回之，在刑诉法第三八三条，已有明文。本件抗告人等由被告王某土豪劣绅案，不服开封地方法院第一审判决，以原告诉人之资格与被告各自提起上诉，原审法院受命推事开庭调查时，谕知抗告人等之公诉上诉部分违背法律上之程式，经已记载于笔录，该抗告人等对于前项庭谕表示不服，抗告到院。本院查第二审受命推事于未开公判庭之先，受命调查，只能就其案内应行调查之事项而为调查，俾易明瞭，以便诉讼之进行，不能单独代表法院而为意思之表示，纵令抗告人等之上诉部分，显系违背法律上之程式，自应以判决驳回，乃该受命推事竟单独口头谕知，自与上开法条不合。〔最高法院一九年（1930年）抗字第八二号〕

解　释

被告未经第一审判决，提起控告，系不合法，仍应由审厅驳回。〔前大理院五年（1916年）统字第四七九号〕

第三百八十四条　第二审法院认为上诉无理由者，应以判决驳回之。

理　由

本条规定上诉无理由者之程序。即第二审法院先为形式上之审理，调查其上诉是否合法，如认为合法，更进为实体上之审理，而调查其上诉有无理由，如认上诉为无理由，应以判决驳回。

判　例

查本案第二审判决，如认第一审有违误而上诉又无理由者，应先将违误之点，加以纠正，再将上诉部分驳回，方为合法。原判既将上诉全部驳回，自以第一审判决为无错误，而原判决于驳回全部上诉后，复将从刑部分撤销改判，实属违法。（最高法院一九年（1930年）非字第九号）

解　释

皓电情形，（原告呈请控诉，检察官附具意见，认为无理由，转送到厅，未经审理，原告人死亡。）既经检察官认为无理由，自可驳回。[前大理院五年（1916年）统字第四八六号]

第三百八十五条　第二审法院认为上诉有理由者，应将第一审判决中上诉之部分撤销，更为判决。其上诉无理由而原审判决确系不当者，亦同。

第二审法院认原审判决谕知不受理或管辖错误为不当而撤销之者，得将该案件发回原审法院审判。

第二审法院因原审未为管辖错误之判决，系不当而撤销之者，如第二审法院有第一审审判权，应为第一审之判决。

文　义

谕知不受理为不当，指应受理而谕知不受理者而言。谕知管辖错误为不当，指有管辖权而为管辖错误之谕知而言。原审未为管辖错误之判决系不当者，谓原审对于无权管辖之案件，乃不谕知管辖错误，而进为本案之判决也。第二审法院有第一审审判权应为第一审之判决，例如地方法院就应属高等法院管辖第一审之案件而为判决，该高等法院受理其第二审之上诉时，应撤销原审判决，自为第一审之判决是。

理　由

本条规定第二审法院撤销第一审判决之裁判。第一项规定上诉有理由或原判不当者之裁判。盖第二审有审查事实法律当否之职权，故如认上诉为有理由者，应将第一审判中上诉之部分撤销，更为判决。

即上诉虽无理由，而依审理结果，如认原审判决，确系不当者，凡误认事实，或违背法令，或量刑失当之类，亦应将原判不当之部分撤销，另为适法之判决。

第二项规定第二审法院得发回原审法院审判之情形。原审法院所为不受理及管辖错误之判决，系就形式上为审理，尚未进而为实体上之审判。第二审对于事实及法律之审理，与第一审同，即自行审判，原无不可，惟为维持当事人审级上利益起见，将该案件发回原审法院审判，亦无不可，一任第二审法院自由决定之。

第三项规定第二审法院应为第一审判决之条件。原审并未为管辖错误之判决，但第二审认为不当而撤销之者，如第二审法院对于该案件无第一审判权，则应撤销原审判决后，指示有管辖权之法院，由上诉人向该法院为第一审诉追。如其有之，则应径为第一审审判，毋庸发回原审法院。

判　例

第二审审判衙门为事实及法律审，对于适用法律错误，固应纠正，而本案事实尤必重加认定。若原第一审认定事实与适用法律并不错误，第二审于量定刑罚，在法定范围内犹得较原判有所重轻，况原判引律错误，必须变更，则虽为被告人不利益之处分，亦所不禁。[前大理院三年（1914年）上字第八三八号]

宣告缓刑，原须具备刑律第六十三条所列条件。本案第一审判决，于被告人有无监督品行之人，并未查叙，与该条第四款，实有未合。又第二审于法律允许范围内，亦有审按犯罪情节，自由科刑之权，并不受第一审判决之拘束。是被告人虽经第一审宣告缓刑，然既由被告人对于所判决全部，提起上诉，则原审以宣告缓刑为未合法后为无庸宣告，不予调查，径撤销缓刑，亦非违法。[前大理院四年（1915年）上字第一五五号]

第二审审理案件，固不得逾越上诉范围，但本案原审与第一审认定被告人所犯之罪，虽各不同，然实就同一事实而为审判，乃因第一审引律错误，予以纠正，自未逾越范围，则原审之改判，不得谓为违法。[前大理院四年（1915年）上字第四三六号]

查诉讼通例，被告人于上诉中死亡者，上诉审应先撤销原判，然后驳回公诉。若未将原判撤销，径行驳回公诉自系违法。[前大理院八年（1919年）上字第三一九号]

查刑事诉讼通例，上诉审判衙门于上诉案件，不应仅就上诉之意旨为审理，故有时上诉意旨虽无理由，而审理之结果发见原裁判，亦属不当，应即以职权撤销之，另为适当之裁判。似此原裁判之不当，既因有上诉而发见，自不能于撤销原裁判另为裁判之外，又一面将上诉驳回。[前大理院八年（1919年）上字第七九四号]

第二审因上告人曾自认起获之铁凿一个，钥匙一串，大小螺丝钉六个，系供行窃之用，补引刑律第四八条第二款，予以没收，尚无错误。[前大理院九年（1920年）上字第一三五号]

查县知事所为刑事判决，如未经对外发表，不过一种文稿，不生判决效力，固应由原县依法审判，若已对外发表，仅未按照法定程序办理，则为违法判决，覆判审或第二审应予受理纠正。本件原县初判覆审各判决，或未送达，或未宣告，固未按照法定程序办理，然既经先后送由高等检察厅转送覆判或接收，是各项判决，均已对外发表，不能谓无判决之效力。况原厅于覆判时，既将本件发回覆审，则初判判决，照章业已视为撤销，而覆判判决又经检察官接收后，于法定上诉期限内，提起上诉，实际上与经上诉人上诉无异。原审就此项合法上诉而为实体上审理，结果将该判决复撤销改判，是于县判违法之点，并已排除，殊难就此点指摘原判决为违法。[前大理院一五年（1926年）上字第六九六号]

本件上告人夏阿田因故买赃物案，经永嘉地方法院刑事简易庭判决后，向该院各议庭提起上诉，于审判时既发现原判决系管辖错误，认为自有本案之第一审管辖权，即应依修正刑事诉讼律第三百八十四条第三项规定，撤销原判，而为第一审审判，断无由高等分院遽行受理为第二审审判之理。[最高法院一七年（1928年）上字第九七号]

原审对于上告人等主刑部分，既认第一审之裁量处断为极允当，自应将该部分判决，予以维持，乃竟将其撤销，重予改判，殊非适法。[最高法院一七年（1928年）上字第二八零号]

原判决既以上告人杀伤王任氏等，均犯刑律第三百十一条之杀人未遂罪，而主文内又未将第一审所误判之伤害罪刑部分撤销，显系违法。[最高法院一七年（1928年）上字第二八一号]

被告胡吉光结伙三人以上侵入胡应顺家中行动并伤害事主致死各节，既经江山县政府于民国十七年二月二十七日判决在案。因共犯杨某系惩治盗匪暂行条例判处死刑，依法须送浙江高等法院转呈浙江省政府核示。嗣因浙江省政府于核准杨某执行死刑外，并以县判引用法条，尚有错误，饬令更正。而该县政府于同年四月二十五日复就本案为重复之判决，并将胡吉光罪刑部分，亦一并重判，显系违法。原审既据被告上诉，不以程序违法而撤销第一审第二次之判决，乃复据该判决为第二审实体上之审判，尤属不合。[最高法院一九年（1930年）非字第三三号]

查被告冯先及冯宣子部分经第一审判决后，检察官并未上诉，原审竟合并审理，将第一审判全部撤销，更为判决，无论其判决内容是否适当，而程序不合，亦不能谓非违法。[最高法院一九年（1930年）非字第八〇号]

解　释

第二审发见共犯，仍应由配置第一审检察官向管辖第一审衙门起

诉，不得由第二审径行宣告罪刑。［前大理院二年（1913年）统字第四三号］

控告审发还第一审，应以原判系管辖错误，或驳回公诉者为限。如第一审已经受理后之判决，控告审则不能发还。然控告审若为违法之发还判决，除由检察官或被告人提起上诉外，无他法可以救济。［前大理院二年（1913年）统字第五九号］

控告审不能援照上告审判例，撤销未经提起控告之判决部分。［前大理院三年（1914年）统字第九五号］

查县知事既兼有地初两审管辖权，则应归地方管辖案件，县知事误以为初级管辖案件判决后，上诉于地方厅，地方厅自应为管辖错误之判决，将案件详送于高等厅为第二审审判。又查第二审发见被告有附带犯罪，未经第一审者，依本院判例，自可并案公判。［前大理院三年（1914年）统字第一七九号］

一案而第一审有漏未判罪之人，自应发交第一审审判。至第一审对于一人已起诉案件，而有漏未判罪之部分，可由控告审并为审判。［前大理院四年（1915年）统字第三零零号］

铣电情形，（铣电称：地审厅合并管辖仅处初级案罪刑，地方管辖部分无罪，被告控诉，应由何厅受理？）应由高等厅受理。［前大理院六年（1917年）统字第五九三号］

第一审程序违法之判决，第二审自可予以纠正，毋庸发还原审。［前大理院六年（1917年）统字第六六九号］

查第一例：

甲告诉乙犯伤害罪，县以判决之形式而下判决，惟判决主文，仅称本件告诉驳回，并不对于乙下有罪或无罪之判决，判决内容，亦仅称甲之告诉不成立，并未明言乙应宣告无罪。应认为违法之驳回公诉判决，应由第二审撤销后，发还为合法之裁判。［前大理院六年（1917年）统字第六八一号］

违法驳回公诉之判决，未经撤销，不能就本案内容再为裁判。如案经确定，非合于再审者无从救济。〔前大理院七年（1918年）统字第七八四号〕

邻县受理地方管辖刑事案件第二审，固属管辖错误，但已确定不能更据原告诉人呈诉由高厅受理原县控告，惟该呈诉在原县判后期间内者，仍可受理，否则只有依法非常上诉救济。〔前大理院七年（1918年）统字第八六三号〕

初审判决无罪，未经确定，声明上诉者，第二审依法调查，认为有罪时，应即改判。〔前大理院八年（1919年）统字第八九四号〕

案经县知事就被告审理判决，自应受理上诉，惟县判免诉免究等字，应审查内容，不得概认为无罪判决。〔前大理院八年（1919年）统字第九四七号〕

查第一问：

某甲犯吸食鸦片烟罪，第一审判处罚金五元，褫夺公权全部一年，检察官不服判决，声明上诉，经控诉审撤销原判另行判决，事实内仅载仍如本厅简易庭第一审认定之事实，兹采用之各字样，并未重叙事实，此种判决，究竟是否违法？判决形式，虽嫌未备，然既经依法审理，并声明认定如第一审判认之事实，又有合法证凭者，仍应认为已有合法之认定事实。本院判例，关于此点，系指并未依法审理认定，率依第一审判认之事实者而言。故遇控告审判决有此种情形者，只应审究其是否曾经审理事实，并是否依法审理及其认定，如第一审判认相同之事实，是否得谓为合法，即有无合法根据，要不能仅以其未重行叙述，遽认为违法，予以撤销，发还更审也。惟为完备起见，应由各厅处长官令饬各审判官嗣后制作判词，务须注意，如有故违，自得依行政方法纠绳。〔前大理院八年（1919年）统字第九六五号〕

一人所犯数罪，均经起诉，而第一审漏未判罪时，其漏判部分，如与控告部分同一事实，或与该部分事实有方法结果之牵连关系者，控告审均得以职权径行审判，不必更由检察官请求。若检察官声明附带控告时，尤应受理审判。惟第一审若系县知事虽兼有审判检察两职权，然于自己审判之案，望其发见错误，提起控告，实为事所难能，原告诉人或其他诉人，多无法律学识经验，亦难望其适宜呈诉。故县署漏判部分，除上列情形外，控告审得径行审判，盖通观现行法制之精神，则审级之制，对于县知事，本未严其界限，应有斟酌变通之余地也。［前大理院八年（1919年）统字第一零五五号］

各级审判厅审理刑法犯案件，改处违警罚法罪名者，本准上诉，则县知事就刑法犯之原告诉案件，判处违警罪，自应准原告诉人呈诉不服，惟应以地方审判厅为第二审。［前大理院八年（1919年）统字第一一零六号］

县知事刑事判决，漏引律文，依县知事审理诉讼章程第三十条，固为违法判决，惟查如来函所举之例，原判主文内，宣告褫夺公权，折抵徒刑或没收理由内，未引律文，控告审得予补引说明尚与判断结果无关，自无改判必要，则凡以此理由，声明控告者，均应认为不合法，以决定驳回，即毋庸开庭以判决裁判。反而是原判漏引律文于罪刑有出入，即与判断结果有关，控告审若予纠正，应将原判主文变更者，仍应照常开庭审理，不能仅凭书状办理。至县知事对于同一案件，而为两次判决，其第二次判决，既属违法，必经上级审判决撤销，始失效力。来函拟以决定撤销，在现行法上，尚无根据。［前大理院八年（1919年）统字第一一八五号］

合并管辖案件，县知事本应以地方厅职权审理之，既仅判处初级管辖之罪，其未判部分，如系受诉或侦查有案，而受理上诉之地方审判厅（或邻县），又有该部分之第一审管辖权，自得分别径为第一审及第二审审理。否则应移送检察厅核办，无庸呈送高等审判厅。［前大理院九年（1920年）统字第一一九零号］

应属地方管辖案件，经县知事误引初级管辖律文判决后，上诉于地方厅，应由地方厅撤销原判，自为第一审。缘判决时，人卷均已送地方厅，地方厅即可以犯人所在地之关系，认为有土地管辖权。〔前大理院九年（1920年）统字第一三三八号〕

应属初级管辖案件，经县知事误引地方管辖，律文判决后，上诉于高等厅，应由高等厅，撤销改判，其终审仍属于本院，此系兼采形式主义，为本院历来办法。以上二例，依现在情形，尚无变更之必要。至前述地方厅撤销原判，自为第一审审判，得用一判词，其主文与通常撤销改判之案无异，惟须加叙自为第一审审判字样，以示区别。〔前大理院九年（1920年）统字第一三三八号〕

第一审驳回公诉之案，第二审原得发还原第一审更为审理，但既经终审发还第二审更审，第二审应自为本案之审判。〔前大理院九年（1920年）统字第一四五二号〕

文代电情形：

文电称甲诉乙杀其子丙，经县知事第一审判决后，甲于上诉期间内，呈诉不服，除径向有管辖权之第二审衙门，提出上诉状外，并同时于原审衙门声明案已上诉，请求送卷，讵原审衙门，因其声明不服颇有理由，即予以提案覆讯之批示，旋经第二审衙门调取卷宗，见有此项批示，谬以此案既经原县批准提案覆讯，则前项判决，已不存在，当然以未经判决之案论等语为理由，以独任制决定发回原县为第一审审理，而配置检察官亦不以为违法，并未提起抗告，因而原县重为第一审判决，嗣于经过上诉期间后，呈送覆判。第二审之决定，及第二次县判，均系违法之裁判，惟第一次县判，既未经撤销，虽决定业已确定，同级审仍得用覆判程序撤销违法之县判，进行第一次县判之控诉审程序。〔前大理院一〇年（1921年）统字第一五二七号〕

真电悉，应依刑法第二条改判。

真电称：刑罚变更得为撤销原审理由，刑诉法第三审虽有明文，第二审无之，凡在第一审在刑法未施行前适用刑律判决，委无不合，上诉第二审中应否依刑法第二条，认为依裁判时之法律，悉予改判？〔最高法院一七年（1928年）解字第一七三号〕

查某甲既经县署依地方案件之法条判决，地方法院审理终结，又认其所犯者，确系地方管辖之罪，该地方法院自无第二审管辖权，而其受上级法院判决之拘束者，亦至此时为止，对于该案应为管辖错误之判决。〔司法院一八年（1929年）院字第一一二号〕

县政府判决反革命案件，如在特种刑事临时法庭取消以后，即属管辖错误，并非当然无效。未确定前，应依上诉程序，照刑诉法第三百八十五条第三项规定办理。若已确定，应经非常上诉程序撤销，始得另行起诉，依通常程序审判。〔司法院一八年（1929年）院字第一五七号〕

前大理院关于第二审均用书面审理之判例，与现行刑事诉讼法抵触，不能有效。〔司法院一八年（1929年）院字第一五九号〕

司法公署之科刑判决，未依定式作成判决书，其审判时亦作成笔录者，自属违法。当事人对于此种审判提起上诉后，第二审法院应撤销之，自为判决。〔司法院一九年（1930年）院字第二一一号〕

推事仅由所隶属之法院院长临时指派办理检察官事务，则在第一审所执行之职务，自属违法。〔司法院一九年（1930年）院字第三零一号〕

第一审于应行辩论之案件未经辩论而为判决，系程序违法，第二审应撤销之，自为实体上之审判，不得发回原第一审法院。〔司法院一九年（1930年）院字第三五六号〕

第三章　第三审

（第 386—413 条）

本章规定关于上诉中第三审之特别程序，凡属第三审法院，不问为最高法院及高等法院，皆适用之。不服第一审判决者，得上诉于管辖第二审之法院，不服第二审判决，得上诉于管辖第三审之法院，是为三审制度。惟一案件之审判，并非以三次审判为限。盖第三审法院并得依第四百十条至第四百十三条规定，将该案件发还或送交之者，即由第一审法院或第二审法院，更为审判，故于一案件至经五六次审判者，往往有之，是所谓三审制度，乃指第一审、第二审及第三审之审级而言，非谓审判必以三次为限也。

上诉于第三审之案件，规定于第三百八十六条及第三百八十九条，其仅许以法律问题为第三审之上诉之理由，即为第三审上诉之特色。至于事实问题，在第一审及第二审既经详细调查，除依再审程序外，不许更行调查，以免纷扰。

第三百八十六条　对于第二审判决有不服者，得上诉于管辖第三审之法院。

理　由

本条规定上诉于管辖第三审法院之要件。即不服地方法院之第二审之判决者，得上诉于直接管辖之高等法院，不服高等法院之第二审之判决者,得上诉于最高法院。上诉于第三审法院以不服于第二审法院之判决为限,而对于第一审判决有不服者,只得上诉于第二审法院,不得上诉于第三审法院。盖上诉于第二审法院,于事实点或法律点无复区别,均得据以为上诉之理由。若当事人输服第一审事实点之判决,而于法律点之判决,未能输服者,自可就不服之点,上诉于第二审法院,不能逾第二审而上诉于第三审法院。

判　例

查现行法令,刑事诉讼以采用三审制为原则,其有依法令或成例,许在第二审开始请求者,如系准许上诉之件,亦以上诉至上告衙门为止,不得再行声明。[前大理院七年(1918年)抗字第八一号]

查现行规例,告诉人对于正式法院所为第二审判决无上诉权。[前大理院九年(1920年)上字第九六号]

查刑事案件,凡对于高等审判分厅之裁判,提起上告者,无论其裁判有无错误,按照法院编制法第三十六条第一项第一款之规定,应以本院为终审衙门。[前大理院九年(1920年)非字第六七号]

不服正式法院判决,得提起上诉者,以当事人为限。当事人之范围,以检察官自诉人及被告为限,刑诉法三五八条一项及第三条均有明文。告发人既非该法所谓当事人自不能对第二审判决,提起上诉。[最高法院一九年(1930年)抗字第四二号]

解　释

查新法制施行条例第七条内载,民刑案件经北京大理院为第三审裁判并发还卷宗,其收受日期在各省区隶属国民政府领域以后北京非法裁判无效,应将该案送最高法院,更新审判。[最高法院一七年(1928年)解字第七六号]

合于自诉规定之案，原告诉人既未详明自诉，在第二审法院又系检察官出庭执行原告职务，是已成为公诉案件，非检察官不能向第三审法院上诉。[司法院一八年（1929年）院字第一八七号]

第三百八十七条　初级法院管辖案件其最重本刑为一年以下有期徒刑、拘役或专科罚金之罪者，经第二审判决后，不得上诉于管辖第三审之法院。

理　由

本条规定第三审上诉之限制。即初级法院管辖案件，其最重本刑为一年以下有期徒刑拘役或专科罚金之案件，只能上诉至第二审法院为止，对于第二审判决如有不服亦不得上诉于第三审。盖此类案件，情节既非重大，利害亦不甚巨，求其迅速终结，而免无益之程序，故特定为二审级制度。但如果第二审判决，系属违法，亦得依非常上诉以求救济。

判　例

查法院对于上诉案件因其上诉程序违背法律上之规定，以判决驳回其上诉者，不得再就原审判决之内容而为判决。本案原法院以被告散布文书图毁损他人名誉，属于初级管辖案件，其最重本刑又为一年以下有期徒刑，合于刑事诉讼法第三八七条规定，不得上诉于管辖第三审之法院，认为被告不服巴县地方法院第二审判决上诉于该院为不合法，判决驳回，按照同法第四〇七条，本无不合。[最高法院一九年（1930年）非字第一四三号]

解　释

上诉于第三审法院，本以原判决违背法令为限。初级管辖案件，其最重本刑为一年以下有期徒刑拘役或专科罚金之罪者，既有明文限制，不得上诉于第三审法院，则原判决纵系违背法令，除依非常上诉程序救济外，不得仍依通常程序提起第三审上诉，至为明显。其刑事诉讼法施行条例第十条及第十一条系对于新法施行时，已依旧法上诉各案件，规定办法，与刑事诉讼法第三百八十七条之规定，完全两事。〔司法院一八年（1929年）院字第六二号〕

第三百八十八条　对于高等法院之第一审判决有不服者，得上诉于最高法院。

理　由

本条规定不服高等法院第一审判决之上诉。对于内乱罪、外患罪及妨害国交罪，高等法院有第一审管辖权，对于该法院所为之第一审判决，如有不服，得上诉于最高法院，以言审级，只有二审，故亦为三审制度例外之一种。所以然者，因内乱外患及妨害国交罪，情节虽属重大，但已经高等法院为第一审，高等法院在审级上既不可与地方法院所能比拟，即在实际上，审判官之资历，亦务取其深，业经缜密调查，案件事实，当无不谕，即由最高法院为第二审而兼终审，依第三审程序，为之审判，亦无何等窒碍也。

第三百八十九条　上诉于第三审法院，非以判决违背法令为理由者，不得为之。

理　由

本条规定第三审上诉理由之范围。即不服于第二审之判决，而上诉于第三审法院者，须以第二审之判决系属违背法令，为其不服之理由，若仅以认定事实之不当为理由，自非法之所许。所以有此限制者，以管辖第三审法院于原审判决事实之有无错误，概不复为之调查，惟以纠正违法为其专责者也。

判　例

原判虽违反当时之程序法，仍合于现行程序法，斟酌条理，自毋庸予以撤销。［前大理院三年（1914年）上字第二二四号］

上告审主张新事实，为诉讼法则所不许。［前大理院七年（1918年）上字第八六六号］

原判主文于诱拐部分既宣告为略诱，处刑亦均在该条第一项之范围内，则仅只判词内漏写第一项三字，亦与显然违法者有别。［前大理院七年（1918年）上字第九六三号］

上告意旨，对于原审所判诈财罪刑，并无何种不服，但以告诉人等，将被告人殴伤及撕毁衣服各节，未予合并审判为词。查此点，业经原审认为未经第一审判决部分，按照诉讼进行程序，该被告人自可向有第一审管辖权之司法官署另案告诉，请求究办，当然不得据为本案上告之理由。［前大理院七年（1918年）上字第一零一二号］

上告人于声明上告后，提出新证据，于法自有未合。［前大理院九年（1920年）上字第二三八号］

查得上诉于第三审法院之理由，应以攻击所不服之判决为违背法令者为限。若违法之点，系于原认定之事实时，则为畅诋其如何违法起见，虽不妨兼及于事实，而舍本务末，专就与违法与否毫无关系之事，肆意掊①击，则非法律所许。［前大理院一五年（1926年）上字第六一四号］

---

① 掊（pǒu）：抨击。

第三百九十条 判决不适用法则，或适用不当者，为违背法令。

文 义

法则者，凡关于刑事诉讼可以适用之公法私法实体法程序法及与法律同等效力之条例与经验上之法则，均包含之。不适用法则者，谓有应用之法则而不适用之也。如认甲为累犯，而不适用刑法第六十五条累犯规定；又如讯问合法证人，而不依本法第一百零五条之规定，命其具结之例是。适用法则不当者，谓对于不应适用之法则而适用之，或对于应适用之法则，而未正当适用之也。如认甲犯诈欺取财罪，乃不适用刑法第三百六十三条诈欺罪之规定，而引用刑法第三百五十六条侵占罪之规定；又如对于未满十六岁之证人，而依本法第一百零五条之规定，命其具结之例是。

理 由

本条释明违背法令之意义。第三审上诉，限于以第二审判决违背法令为理由始得为之。而所谓违背法令之界限如何，须有明文，以免误解，此本条之所设也。

第三百九十一条 有下列情形之一者，其判决以违背法令论：
一　法院之编制不合法者；
二　应行回避之推事参与审理者；
三　推事经当事人声请回避，已经裁定认为有理由而仍参与审理者；
四　禁止审判公开，非依法律之规定者；
五　法院所认事务管辖之有无，系不当者；
六　法院受理诉讼或不受理诉讼，系不当者；
七　除法律有特别规定外，被告未出庭而径行审判者；

八　依法应停止或更新审判程序，而未经停止或更新者；

九　依法应用辩护人之案件，或已经指定辩护人之案件，辩护人未出庭而径行审判者；

十　依法于审判时应行调查之证据，未予调查者；

十一　已受请求之事项，未予判决，或未受请求之事项，予以判决者；

十二　未经参与审理之推事参与判决者；

十三　判决不载理由或所载理由矛盾者。

文　义

　　法院之编制不合法者，如参与审判之推事，不合法令资格或法定员数之情形是。应行回避之推事参与审理者，如推事有第二十四条、第二十五条应行回避情形，而不自行回避仍参与审理者是。推事经当事人声请回避已经裁定认为有理由而仍参与审理者，如推事有第二十四条、第二十五条应行回避情形，而不自行回避，当事人起而向推事所属法院声请推事回避经该法院裁决认为有理由而仍然参与审理者是。禁止审判公开非依法律之规定者，如禁止公开，未将决议禁止及禁止理由宣示后而使公众退庭者是。法院所认事务管辖之有无系不当者，如应归地方法院管辖案件，初级法院设行审判，或应归通常法院管辖案件，误认为应归特别法院管辖案件，不行审判之类是。法院受理诉讼系不当者，如公诉权已经消灭，误认为并未消灭而受理者是。法院不受理诉讼系不当者，如公诉权并未消灭，误认为已经消灭而不受理者是。特别规定指第三百十条被告拒绝陈述，第三百十一条最重本刑为拘役或专科罚金之案件，被告经传唤无正当理由不到者，及第三百八十二条被告经传唤无正当理由不出庭而言。依法应停止审判程序者，如被告心神丧失，或因疾病不能出庭者是。依法应更新审判程序者，如审判开始后，因被告心神丧失而停止审判，或因疾病或其他事故停止审判至十五日以上者是。依法应用辩护人之案件，指最轻本刑为五年以上有期徒刑，及高等法院管辖第一审之案件是。指定辩护人，谓法院认为有用辩护人之必要，以职权指定为被告辩护之人。依法于审判时应行调查之证据未予调查者，如未履行第二百八十四条、第二百八十五条，第二百九十二条及第二百九十三条第二项所定之调查程序，即采为判决之基础者是。已受请求之事项未予判决者，如检察官起诉认被告犯子丑寅三罪，只判决子丑两罪，寅罪并不判决者是。未受请求之事项予以判决者，如检察官起诉认被告犯子丑两罪，审判中因发觉子丑两罪并无关系之寅罪，不待检察官另案请求，径与子丑两罪一并判决者是。未经参与审理之推事参判决者，如审理为甲乙两推事，而丙推事初未参与审理，乃参与判决之成立者是。判决不载理由者，即不为释明主文之程式也。其记载理由而不完备者，亦包括在内。所谓理由，其类有二：（一）为科刑判决之理由；（二）为科刑以外判决之理由。后者即应记载之理由，又可分为（一）事实上之理由；（二）证据上之理由；（三）法律上之理由之三种。判决所载理由矛盾者，如于主文与理由不符，或理由之说明前后不合，或适用之法条抵触者皆是。

理　　由

本条列举各项违法之诉讼程序。前条规定违背法令之意义，而对于各项法则，究竟如何之不适用或适用之不当，成为违法，难免不生疑义，是以法律特于本条列举其情形，凡判决有该情形之一者，以违背法令论，即得为第三审上诉之理由。

判　　例

查诉讼通例，认定事实必依证据，苟第二审判决，关于犯罪事实虽经认定，然在理由中并未依法证明，即系判决不附理由，不得不谓之违法。本案被告人，据原判认系与已死某氏通奸，然遍查诉讼记录，并无何种供证，足资依据，原判理由中亦未依法证明，则被告人有无通奸情事，事实上尚未明了，又何能率然认定为法律之判决。[前大理院五年（1916年）上字第七零五号]

查刑律第六十三条规定，宣告缓刑者，须具备该条所列各条之要件。本案被告人于缓刑要件，有无欠缺，原判并未逐款释明，辄引该条宣告缓刑，显系判决不符理由，殊属违法。[前大理院七年（1918年）上字第九三二号]

判决主文，所以表示判断之要旨，而理由则为主文之释明，故主文与理由，结果必趋于一致。本案原判理由内，既依覆判章程第四条第一项第一款之规定，将初判予以核准，而主文又云初判撤销，显属自相矛盾。[前大理院七年（1918年）上字第九六一号]

查法院之编制不合，或依法应更新审判程序，而未更新者，按照刑事诉讼法第三百九十一条第一款及第八款之规定，其判决均属违法。本件原审于十六年十月十八日及十二月七日先后公开审理，列席者仅有审判长推事来某一人至同年十一月八日审理时，陪席审判长推事来某外虽有陪席推事宓某及赵某，但至同年十二月十九日审理时，陪席推事中已易赵某为马某，乃竟未依当时适用之刑事诉讼条例第三百九十三条，准用第二百九十九条，履行更新之程序，显与上开之条款不合。[最高法院一七年（1928年）上字第四八二号]

查曾经设立最高法院分院或类似该项机关之省分，限期结束，不得再行受理案件，业经国民政府于民国十八年二月二十七日，令饬司法院转行遵照，并经司法院三月二日，分行盛京司令长官及太原昆明两主席查照，各在案。各该分院自奉令之日起，除已经受之案件限期结束外，即不能再就应本院管辖之第三审案件，受理裁判。本案被告等因不服辽宁高等法院十八年四月三十日更审判决，提起上诉，原审于六月二十四日受理,核其时期远在饬令不受理之后,乃竟予以受理裁判,按照刑诉法第三九一条第六款之规定,显属违法。[最高法院一九年(1930年)非字第一号]

查刑事诉讼法第三九一条第十一款,规定未受请求之事项予以判决者,以违背法令论。本件被告于第一审判决后声明不服,提起上诉于第二审后,复具状撤回上诉,别无论所持理由如何,而上诉既经撤回,其效力即与舍弃上诉同,上诉法院即勿庸进行上诉审审判。乃第二审法院竟引刑事诉讼法第三八三条,认为丧失上诉权后之上诉,以判决驳回,接之上开条款,显系违背法令。原审受理第三审上诉,复未依据职权,予以纠正,自不得谓非违法。[最高法院一九年(1930年)非字第一三一号]

原判决援用刑法第七七条,而不附以可恕之理由,已具刑事诉讼法第三九一条第十三条之情形,而又减处徒刑二十日,超乎二分之一之刑度,均属违法。[最高法院一九年(1930年)非字第一四三号]

第三百九十二条 除前条情形外,诉讼程序虽系违背法令,而显然不及影响于判决者,不得为上诉理由。

文　义

诉讼程序虽系违背法令而显然不及影响于判决者,谓违背法令与判决并无因果关系也。例如违背关于侦查及强制处分之规定,而未采为判决之基础者,即系直接不及影响于判决,又如判决书有一页未盖骑缝印,虽属违背本法第一百八十九条之规定,但亦不影响于判决之效力也。

理　由

本条规定违背法令不得为上诉理由之限制。第三审上诉以违背法令为理由者为限，法于第三百九十条明文规定。惟是第三审法院原在纠正原审判决之不当，苟原审判决之内容，并无不当，即关于诉讼程序虽于法令有所违背，既于判决显然不生影响，自应不许上诉，以免原判决轻于动摇，致诉讼迟迟不得终结。至诉讼程序系违背法令，而与原判决苟有直接之影响时，自得据为第三审上诉之理由，提起上诉。

判　例

查诉讼通例，土地管辖之错误，本不得据为上告之理由。〔前大理院七年（1918年）上字第八九九号〕

本案县署判决后，原告诉人及被告，先后声明不服，原判乃列原告诉人为上诉人，而未列被告为上诉人，其判决程序，固有未合，但原判理由，于驳回控诉之后，并以县判被告赌博罪刑，依刑律第二百七十六条第一项规定，为无错误，且就县判漏引共犯条文，加以纠正，认为无庸改判，是于被告之不服部分，已为实体上之裁判，其判词内未列为上诉人，亦仅止程式违误，尚与判决内容无涉。至县判既将认定被告触犯赌博罪名，于理由栏内声叙明白，且经援用所犯法条处断，虽其主文漏未揭明罪名，尚非不附理由之判决，亦不影响于判决之内容。〔前大理院一一年（1922年）上字第一七二号〕

第三百九十三条　原审判决后，刑罚有废止变更或免除者，得为上诉理由。

理　由

本条规定得因刑罚废止变更为上诉之理由。原审判决后刑罚始行废止变更或免除者,能否为上诉理由,实一问题。就理论言,不应溯及以前之判决,而谓为违法。然判决既未确定,则因刑罚废止变更或免除之关系,予以上诉第三审之权,俾得救济,实合立法之精神,故本法特以明文定之。惟宜注意者,刑罚之变更,包含刑罚之加重及减轻,新法所定刑罚较旧法为重者,仍应适用旧法较轻之刑,不得适用本条,据为上诉之理由。

第三百九十四条 上诉之书状未经叙述不服之理由者,原审法院应命其于提起上诉后十日内,提出理由书。

理　　由

本条规定上诉理由书之提出及其期限。因第三审系依书面审理,须就原审判决中上诉之部分,进行调查,检察官或辩护人于陈述上诉意旨后并应再行辩论,凡兹调查辩论,均有首先明瞭上诉所具理由之必要,是以上诉书状应叙述其不服之理由,如上诉书状未经叙述不服之理由,原审法院即应命其于提起上诉后十日内提出理由书。此项期限,自提起上诉之日起算。上诉理由书提出与否,原非第三审上诉之要件,故虽不于期限内提出上诉理由书,不得谓为违背法律上之程式,原审法院不得依第三百九十七条之规定,以裁定驳回之,应以该案卷宗及证据物件送交检察官,由该检察官送交第三审法院之检察官。而在第三审法院亦不得以上诉不备理由,认为上诉违背法律上之程式,以裁定驳回其上诉也。

判　　例

原审法院依刑法第三百九十四条规定,虽应命上诉人依限提出理由书,然上诉人不于期内提出,亦无何项制裁之规定,则其上诉理由

书之提出与否,实非必要,原审法院自不能以此驳回上诉,毫无疑义。[最高法院一七年(1928年)抗字第一一三号]

刑事诉讼法第三百九十四条,虽规定有上诉书状,未经叙述不服理由者,原审法院应命其于提起上诉后十日内,提出理由书,但此项规定,系对于法院之一种训示,并非对于当事人之上诉有所限制。如当事人提起上诉,未经叙述不服理由,依同法第三百六十四条但书规定,其上诉亦有效力。[最高法院一七年(1928年)抗字第一六四号]

第三百九十五条 原审法院接受上诉之书状或理由书后,应于三日内将缮本送达于他造当事人。

理　由

本条规定送达上诉书状或理由书之程序。当事人上诉应将上诉书状提出于原审法院,法院接受后,应将上诉书状或理由书缮本送达于他造当事人,以便根据答辩。

第三百九十六条 他造当事人接受前条缮本之送达后,得于七日内提出答辩书于原审法院。

检察官为他造当事人者,应就上诉之理由,提出答辩书。

原审法院接受答辩书后,应于三日内将缮本送达于上诉人。

理　由

本条规定提出答辩书之程序。第一项之规定,系与他造当事人以答辩之权。即他造当事人接受前修缮本之送达后,于七日之期限内,提出答辩书于原审法院,藉悉他造当事人之意见,并资调查之参考。

此项答辩书之提出，系他造当事人之权利，而非义务，故不提出亦无影响于诉讼程序。至七日之期限，亦系训示规定，逾期提出，应为有效。

第二项规定负提出答辩书之义务之当事人。即检察官为他造当事人时，应就上诉之理由，提出答辩书。

第三项规定答辩书之送达。即原审法院于接受答辩书后应于三日内送达缮本于上诉人，以便上诉人得依据该答辩书更为抗辩。

第三百九十七条 原审法院认为上诉违背法律上之程式，或其上诉权已经丧失者，应以裁定驳回之。

对于前项裁定，得于五日内抗告。

理 由

本条为原审法院驳回上诉之规定。提起上诉，因文件证物，均保存于原审法院，故应向原审法院为之。设原审法院认为违背法律上之程式，或其上诉权已经丧失者，则应以裁定驳回，以免徒劳移送。

驳回上诉，关系上诉人之利害，至大且巨，故得于五日内抗告。

第三百九十八条 除前条情形外，原审法院应以该案卷宗及证据物件，送交该法院之检察官，检察官应即送交第三审法院之检察官。

第三审法院之检察官，应于七日内添具意见书，将该案卷宗及证据物件，一并送交第三审法院。

理 由

本条规定合法上诉移送之程序。提起上诉，既经审查，认为合法，则应将卷宗及证据物件，送交同级检察官，转送第三审法院之检察官，以便准备。

第三审为法律审，上诉于第三审之案件，以不经言词辩论为原则，即有时经言词辩论，亦不须被告到场。故检察官须添具意见书，以明意旨。

判　例

查第三审法院之职权，原则上在于审理第二审（刑诉第四百〇二条）或第一审（刑诉第四百〇三条、第四百〇四条）判决是否违法（判决后刑罚废止等情形亦应审理是为例外）。而是否违法之点，系于其所认之事实时，则关于事实之审理及认定，究竟合乎法律所分别规定之程序及总括各规定所要求发见真实之精神与否，自非就全案卷宗及证据物件，为澈底之审理，无以定其适用实体法及程序法，是否正当，此所以刑事诉讼条例，虽在第三审，亦规定为以移送全案卷宗及证据物件为必要也。［前大理院一五年（1926年）上字第四八〇号］

刑事诉讼法第三百九十七条所谓上诉权之丧失，系指舍弃上诉权及撤回上诉者而言，其未依限提出理由书，不得认为上诉权已经丧失原审法院，据以驳回上诉，实属错误。［最高法院一七年（1928年）抗字第一四二号］

第三百九十九条　上诉人于提出上诉之书状或理由书后十日内得提出追加理由书于原审法院或第三审法院。

理　由

本条规定追加理由书之提出及其期限。第三审上诉纯为法律审判，上诉理由书之所述，容有未尽，如不许追加，于上诉人利害不无关系，故许上诉于提出上诉之书状或理由书后十日内，得提出追加理由书，所以便利上诉人也。提出追加理由书，不限于向原审法院为之，即径向第三审法院提出，亦无不可。又此项提出亦为权利而非义务，上诉人不提出此项理由书，于其上诉之效力，毫无影响，所不待言，即于十日之期限以后提出，如在第三审法院审判以前，亦应认为有效。

第四百条　第三审程序，除本章有特别规定外，准用第一审审判之规定。

理　由

本条规定第三审法院审判程序准用之法则。关于第三审之特别程序，本章已有规定。但除本章所规定而外，其审判程序，与第一审无异，法避繁复，故设本条。

第四百零一条　第三审之判决不经辩论为之；但法院认为有必要者，得命辩论。

前项辩论，非以律师充任之辩护人，不得行之。

理　由

本法规定第三审之辩论。第三审为书面审理，并无开辩论之必要。故本法明定以不经辩论为原则。惟法院认为有必要者，仍得命辩论。

第三审法院专在审查法律问题，原则不经辩论而为判决，惟例外亦得于判决前命行言词辩论。此项辩论，只在补充或阐明卷宗内已有之诉讼资料，第三审既纯为法律审，其为此项补充阐明者，如非有法律知识之人，自难胜任，故本法明揭以律师充任之辩护人为限。

判　例

查刑诉条例第四百十八条（即本条）第三审之判决，本以不经辩论为之为原则，唯于例外上认为必要，而命辩论时，其辩论限于律师而充辩护人者行之。若系践行原则上不经辩论之程序，该条并无关于辩护人之规定。本院于条例施行后，受理上诉，遇有选任律师为辩护人者，如已具有辩护意旨书，即并审理，其未具有辩护意旨书，而该律师在本院所在之京师如已登录，亦必定期命检阅卷宗及证据物件，限期命提出辩护意旨，以为审理。若辩护人经命检阅卷宗及证据物件而不检阅，或检阅后于原限，或因声请而准予延展之期内怠于提出辩护书，则参以同条例第四百二十一条（即本法第四〇四条）之规定，即在法院已命辩论之案，经已指定审判日期，通知辩护人，而辩护人届期并不出庭者，除系依法应用辩护人之案件，或系经已指定辩护人之案件外，且应径行判决。在此未命辩论之案，既辩护人自行怠于提出辩护书，自更不容无期延，挨因亦不待其辩护书之提出，径行判决。[前大理院一五年（1926年）上字第七三七号]

刑事诉讼法第四〇九条，须以上诉合法为前提。本案原法院既就上诉程序不合法，以判决驳回其上诉，则一二两审判决纵有错误，亦非普通上诉审所得救济，乃原法院一面又就其内容而为审判，谬引刑事诉讼法第四〇一条、第四〇九条，将两审判决关于讼费部分撤销，洵属违法。[最高法院一九年（1930年）非字第四二号]

解　释

高审厅受理上诉案件，得酌核情形，参照院例，取具当事人双方理由书，用书面审理。[前大理院九年（1920年）统字第一三二九号]

第四百零二条　第三审法院于应辩论之案件，应于庭员中指定受命推事，调查上诉及答辩之要旨，制作报告书。

理　由

本条规定制作报告书之程序。即第三审法院，于应辩论之案件，应于庭员中，指定受命推事调查上诉及答辩之要旨，制作报告书。盖第三审之辩论，只就上诉书状及答辩书状两者之内容为之，故为便利计，使受命推事，先行调查，搜集要旨，制作报告书，以为审判之准备。此项报告书，只就上诉书状及答辩书状，摘要记载，无庸记载因调查所得之断语。

第四百零三条　审判日期，受命推事应于辩论前，朗读报告书。

检察官或辩护人应先陈述上诉之意旨，再行辩论。

文　义

上诉之意旨，即声明如何撤销变更原判决之请求也。

理　由

本条规定审判日期之程序。第一项定受命推事报告之程式。第三审之辩论，系就报告书所记载上诉及答辩之要旨为之，故于审判日期，未开始辩论以前，受命推事应朗读报告书，借以明示辩论之范围。

第二项定检察官辩护人于辩论前之程序。审判之范围，须以上诉之范围为标准，故于审判日期之辩论，须先由上诉人陈述其上诉之要旨后，而后进行辩论。上诉人如为检察官，应由检察官陈述上诉要旨，上诉人如系被告或独立上诉权人，又或系代上诉人而提起者，则应由以律师充任之辩护人，陈述上诉要旨。

第四百零四条　审判日期，无辩护人出庭者，除依法应用辩护人之案件，或已经指定辩护人之案件外，经检察官陈述后，应径行判决。

理　由

本条规定辩护人不出庭之程序。即选任之辩护人，于第三审审判日期，竟不出庭，法律无予保护之必要，经检察官陈述后，应径行判决，以免诉讼拖延。惟在依法应用辩护人之案件，即最轻本刑为五年以上有期徒刑之案件，及高等法院管辖第一审之案件，或因审判长认有为被告置辩护人之必要，已经指定辩护人之案件，则辩护人之出庭与否，关系审判程序至大，若辩护人未出庭而径行判决，其判决应以违背法令论，为非常上诉之原因。是以辩护人如不出庭，应另定审判日期，通知辩护人出庭，或另行指定辩护人，不许径行判决。

第四百零五条　第三审法院应就原审判决中上诉之部分调查之。

关于法院之事物管辖，诉讼之受理，及对于确定事实所适用之法令，其当否，得依职权调查之。

就原审判决后刑罚之废止变更或免除调查者，亦同。

文　义

确定事实，指原判所认定之事实而言。判决后刑罚有废止变更或免除者，例如判决所科之刑，依新公布之法令，得予全免或减轻是。

理　由

本条第一项规定第三审法院应行调查之范围。第三审法院调查之范围，以就原审判决中上诉之部分为限。法取不告不理之原则，故对于原审判决未上诉之部分，无庸调查。

第二项规定第三审法院得依职权调查之范围。盖第三审专以纠正法律问题为职责，凡于法律问题有关之部分，虽未经上诉，亦得依职权加以调查。如法院所认事务之有无系不当，或受理诉讼或不受理诉讼系不当，均属违背法令之情形，则第三审法院对于原审法院事物管辖及诉讼之受理，是否合法，自得依职权调查。第三审法院纯为法律审判，对于事实之认定，固属无权，而对于确定事实所适用之法令，调查其当否，仍不失其为法律审之范围，自无不许调查之理。又原审判决后，刑罚有废止变更或免除者，依第三百九十三条之规定，得为上诉理由。故原审判决后刑罚废止变更或免除之情形，与前述三种情形，第三审法院均得依职权调查之，是否已经上诉，以及上诉书状与答辩书状意旨如何，均非所问。

解　释

查本院现行事例，凡共同被告人中，有一人经上告审认为原审判衙门对于该上告人之判决，限于适用法律错误，或公诉不应受理之两条件，不能不撤销时，则凡未上告之共同被告人，亦受利益之影响，对于各该被告人之判决部分，当然可以一并撤销。〔前大理院二年（1913年）统字第五一号〕

第四百零六条　第三审法院，关于法院之事物管辖，诉讼之受理，及诉讼程序之当否，得调查事实。

前项调查，得于庭员中指定受命推事行之。

理　由

本条规定第三审法院调查事实之范围。第三审法院职司法律审，实体事实如何，非其所问，至诉讼上之事实，若一并不许调查认定，则关于法院之事务管辖，诉讼之受理，及诉讼程序之当否，有时难于明瞭，而不能为正确之裁判，故特设本条第一项之规定。

前述调查事实，得于庭员中指定受命推事行之。受命推事，为此项调查时，自得实施为调查所必要之处分，所不待言。

第四百零七条 第三审法院认为上诉违背法律上之程式，或其上诉权已经丧失者，应以判决驳回之。

理　由

本条规定第三审法院形式的驳斥之判决。上诉违背法律上之程式，或其上诉权已经丧失者，若未经原审法院审查驳斥，由第三审法院发见时，应以判决驳斥之。

第四百零八条 第三审法院，认为上诉无理由者，应以判决驳回之。
前项情形，得同时谕知缓刑。

文　义

无理由者，谓法律上不存上诉理由之事项也。换言之，即原判决并不违背法令，或违背法令，而显然不及影响于判决也，不问其为依上诉理由书调查之结果，抑为职权调查之结果。

理　由

本条规定第三审法院实质的驳斥之判决。上诉程序虽为合法，而经第三审就实体审理之结果，认上诉无理由，原审判决并不违法者，仍应维持原审判决，而以判决驳回上诉。

第二项为得谕知缓刑之规定。即第三审法院虽认为上诉无理由，固应以判决驳斥之，而认为上诉人合于刑法缓刑之情形，应予谕知缓刑者，自以由第三审法院同时径行谕知为便。

第四百零九条　第三审法院认为上诉有理由者，应将原审判决中上诉之部分撤销，更为判决，其上诉无理由而原审判决确系不当者，亦同。

依职权调查之事项，虽非上诉之部分，亦得将原审判决撤销。

文　义

上诉有理由云者，谓原判决实系违背法令也。撤销即消灭原判决之效力。

理　由

本条规定第三审法院认为上诉有理由者之裁判。即第三审法院对于上诉案件，经形式上调查，认为上诉非不合法，应进而为实体上之审理，审理结果，如认上诉为有理由，应将原审判决中上诉之部分撤销，更为判决，以纠正不法之原判，而符情理之平。

第三审有审查原判决适用法律当否之职责，故对于无理由之上诉，虽应以判决驳回，然原判决确系不当者，第三审法院自应以职权与以纠正，是以本条第一项后段规定，亦应撤销之。

对于有理由之上诉而撤销原审判决，以上诉之部分为限。但依职权调查之事项，则可不受此限制。苟认原判决为不当，虽非上诉部分，亦得将原审判决，以职权撤销。

判　例

本院对于一部或全部上告，虽经认上告人所主张之理由未正当，而据他之理由可以说明原判为违法者，亦应撤销原判，为法律正当之适用。[前大理院二年（1913年）上字第二零号]

再审原因不存在，审判衙门误予开始再审判决，控告审亦未纠正者，经上告后，应将原判及再审判决均予撤销，维持第一审判决之效力。[前大理院六年（1917年）上字第五四三号]

犯罪在刑法施行前，判决在刑法施行后，仍应适用犯罪之法律者，以犯罪时法律较轻之刑为限。关于刑以外之执行事项，不得适用犯罪时之法律，此观于刑法第二条规定，至为明晰。本件原审以第二审因被告所犯行求贿赂罪，在刑律有效期间，于刑法施行后适用刑律之较轻刑科刑，为无不当，将其上诉驳回，固无不合，惟关于罚金易科监禁部分，第二审仍沿用刑律第四五条一项二款谕知，显与刑法第二条立法之意旨不符。乃原审关于此点不撤销第二审之判决，另依刑法第五五条三项办理，反驳回其上诉，自不得谓非违法。[最高法院一九年（1930年）非字第五三号]

第四百十条　第三审法院，因原审判决有下列情形之一而撤销之者，应就该案件自行判决；但其事实不能据原审判决而定者，不在此限。

一　违背法令者；
二　应谕知免诉或不受理者；
三　判决后刑罚有废止变更或免除者。

因前项各款情形，而撤销原审判决者，其利益及于共同被告，其未经上诉之共同被告，亦同。

文　义

违背法令，谓原判决不适用法则或适用不当也。应谕知免诉者，谓对于起诉权已经消灭及法律免除其刑之案件应谕知免诉之判决是。应谕知不受理者；谓案件有以下情形之一，即起诉之程序违背规定者；已经起诉之案件，在同一法院重行起诉者；告诉或请求乃论之罪，未经告诉请求，或其告诉请求经撤回者；起诉经撤回者；被告已死者；对于被告无审判权者，应谕知不受理之判决者是。

理　由

本条规定上诉第三审法院撤销原审判决而自行判决之范围及其条件。原审判决而有本条所列各款情形者，依原审判决之记载，亦可辩识。故原则上由上诉第三审法院，自行判决。惟若原审判决实体上事实不明，未能据以断定者，不便自为判决。

共同被告未经上诉者，关于该部分之判决，本已确定撤销之利益，以不及该被告为原则。但为维情法之平，应令共同被告同沾利益，故不问共同被告是否上诉，均应将其原审判决撤销，自为判决。此第二项之所设也。

第四百十一条　第三审法院因原审判决有下列情形之一，而撤销之者，应以判决将该案件发回原审法院，更为审判。
一　谕知管辖错误系不当者；
二　谕知不受理系不当者。

对于第二审判决上诉之案件，于前项情形，有必要时，得将该案件径行发回原第一审法院，更为审判。

文　义

谕知管辖错误系不当者，谓原审法院本有管辖权，而谕知管辖错误之判决也。谕知不受理系不当者，谓案件本应受理而谕知不受理之判决也。

理　由

本条规定上诉第三审法院发回原审法院之范围及其条件。原审法院本有管辖权而谕知管辖错误之判决，或本应受理之案件，而谕知不受理由之判决，是皆全未为实体上审理判决，自应发回原审。对于第二审判决上诉之案件发回原审法院者，以第二审法院为原审法院。第二审法院无论法律点或事实点，均得为审判，第二审既未就实体上审判，当然应由第二审法院负更为审判之责。惟如第一审谕知管辖错误或不理不当，而第二审系属维持此项未为实体审理之判决者，第三审如认有必要，得将案件径行发回原第一审法院，更为审判。

解　释

查第三审法院，将案件发回第二审法院，更为审判后，原第一审法院改隶于他法院之事实，并无变更第三审判决之效力。［司法院一八年（1929年）院字第一一三号］

上级法院受理下级法院管辖之案件，其诉讼程序，应以上级法院为准，当事人如不服高等法院受理第二审之初级管辖案件，第三审应由本院受理。［司法院一八年（1929年）院字第一三二号］

第四百十二条　第三审法院，因原审未为管辖错误之判决系不当而撤销之者，应以判决将该案件发交管辖第二审或管辖第一审之法院审判；但事实已臻明瞭而该法院对于该案件有终审管辖权者，得自行判决。

理　由

本条规定上诉第三审法院发交管辖法院审判之范围及其条件。即第三审法院，因第二审法院未为管辖错误之判决系不当而撤销之者，应以判决将该案发交管辖第二审法院。但为应以初级法院为第一审案件，检察官起诉误以地方法院为第一审，该法院予以管辖错误之判决，由检察官上诉于高等法院，高等法院认地方法院所为之管辖错误判决为不当，自为有管辖权之判决，第三审法院如认地方法院之判决为合法，即应以判决将该案件发交第一审法院，而不得发还第二审法院。惟事实已臻明瞭，且第三审法院，对于该案件有终审管辖权者，自得径行判决，以免烦复。

判　例

查本案经县知事公署第一审判决所引律文系四等以下有期徒刑，明系属于初级管辖之案件，应由高等审判分厅附设之地方庭受理控告。乃原审并未注意及此，竟为第二审审判，其程序自属错误。惟既已受理判决，虽属违法，上告审为被告人利益起见，无庸发还地方审判厅或高等分厅附地方庭，为第二审审判。〔前大理院九年（1920年）上字第五零五号〕

第四百十三条　第三审法院，因前三条以外之情形，而撤销原判决者，应以判决将该案件发回原审法院，更为审判，或发交与原审法院同级之法院审判。

理　由

本条为除前三条情形外撤销原审判决者，定发还及发交之例。惟本条不明示区别，其仍须原审法院详细调查者，则发还之。恐原审法院之调查为无益者，则应发交与原审法院同级之法院审判。例如第三审上诉之理由，以法令上之错误为限，然保不无事实上之错误，第三审法院既无直接审理之权，除发交有权审理事实之原审法院，更为审判而外，莫由救济。惟是该原审法院，若坚持己见，则徒增诉讼人之痛苦，纠正目的，无以贯澈，是不能不更有救济方法。故得发交与原审法院同级之法院审判。

判　例

应用控告程序审理之案，第二审误行覆判程序用书面审理者，案经上告，应即发还更审。[前大理院六年（1917年）上字第二一号]

覆判审将应行覆判之案，误予更正判决者，经上告后，应撤销之，发还更为审判。[前大理院六年（1917年）上字第九五号]

上告审于第二审应行更新审理，未予更新之案，应发还更审。[前大理院六年（1917年）上字第一三一号]

覆判审于更正判决之案，误将初判事实变更者，经上告后，应撤销原判，发还更审。[前大理院六年（1917年）上字第七一八号]

第二审于不应用书面审理之案，误用书面审理，并自行认定事实者，上告审应以职权撤销原判，发还更审。[前大理院六年（1917年）上字第九七六号]

据高等检察厅文本案文卷，确因轮船撞沉，在途中沉没，仅由该厅令被告人等补具上告意旨书，并调送两审判词过院。本院受理本案，既无文卷足资审查，则原判所采供证，据以认定事实，是否合法，自无从悬揣，应即发还更审，以昭详慎。[前大理院上字第五八一号]

侵占义縠电杆等部分，既经该厅于民国六年十一月五日判决，发交第一审，依法审判，其是否合法，姑不具论，惟当事人对于该部分之判决，并未上告，则已生确定之效力。本院前次发还更审之范围，亦仅以上告人侵占饷项部分为限，乃原判竟将已确定之部分，重予撤销改判，显属违法。[前大理院七年（1918年）上字第九一五号]

第四编　抗告

（第 414—432 条）

　　本编规定关于抗告之程序。盖裁判之根据，或系于实体法，或系于程序法，其揆既非一端，而诉讼之程序亦自有异。其系于实体法及系于程序法而重大者，均经言词辩论以判决之形式裁判之，其系于程序法而较小者，则不经言词辩论以裁定之形式裁判之，此裁判而有判决裁定之分，固无待论矣。裁判既有判决与裁定之别，而不服判决或不服裁定，向直接上级审判机关，以求救济，其程序自当有所不同。对于不服判决者，法许按照审级提起上诉，已定前编。对于不服裁定者，法亦许救济之方，此本编所由设也。

第四百十四条 当事人对于法院之裁定有不服者,得抗告于直接上级法院,但有特别规定者,不在此限。

证人鉴定人通译及其他非当事人受裁定者,亦得抗告。

文　义

特别规定不在此限者,即言本章特别规定事项,不在本条得抗告范围也。其他非当事人者,凡告诉人告发人等皆是。

理　由

本条规定抗告之要件。抗告之要件有:一、须系不服裁定者,如不服判决,则可提起上诉而非抗告。二、须对于直接上级法院为之,其在原审法院或越级请求者,则非抗告。三、须对于诉讼程序之裁定本法准许抗告者。

上诉原则,以当事人为限。抗告则当事人而外,证人、鉴定人、通译及其他非当事人受裁定者,亦得抗告,盖为此等人利益起见,应许其有抗告权也。

判　例

查县知事本有审检两种职权,如本其检察职权所为之侦查处分,不得声明抗告。[前大理院六年(1917年)抗字第八三号]

查县知事审理诉讼暂行章程第三十七条第一款,虽规定对于县知事之批谕,得为抗告,但观于该条正文之规定,固以审判上之批谕为限。县知事兼理司法对于审判外既兼有检察之职权,若本其检察职权为侦查上之处分,诉讼人如有不服,除因情形,得依诉讼通例,向上级检察衙门声明再议外,不得因其系属批谕,概行声明抗告。[前大理院八年(1919年)抗字第四八号]

既用厅长名义批示，尚不能认为审判衙门之决定或命令，是本案固未经原审判厅裁判，抗告人遽行声明抗告，殊不合法。［前大理院九年（1920年）抗字第七七号］

抗告人因告发刘某等毁弃损坏案，声请再议，经原审法院首席检察官认为声请不合法，予以驳斥，抗告人不服呈请解释后，经原检察官依据刑事诉讼条例第二百五十二条明白批示，仍不外检察官之一种处分，并非法院决定，自不能提起抗告。［最高法院一七年（1928年）抗字第六一号］

李某前因不服渠县公署驳其请求撤销候传覆讯之批示，向原法院提起抗告，经原法院以原县批准覆讯，系属诉讼进行中之指挥程序，依法不许抗告，将其驳斥，自无不合。［最高法院一七年（1928年）抗字第七二号］

查原县批示，仅系在侦查程序进行中以检察官之资格为传唤证人之宣示。至于郑徐氏之尸体，应否鉴定，因须讯问后方能定夺，故该批示并未明白批及其请求之当否。再抗告人等原非本案当事人，乃就该县尚未决定之点，即尚未受有法院之决定，遽向原法院提起抗告，按之修正刑事诉讼律第四百十六条第二项及第四百十七条第一款规定，自属不合。［最高法院一七年（1928年）抗字第八三号］

本件抗告人声请移转管辖，有无理由，姑不具谕，但未经法院之决定，依修正刑事诉讼律第四百十六条规定，即不能抗告。［最高法院一七年（1928年）抗字第九三号］

声明上告后，迄未提出上告意旨书，原决定将其上告驳回，自无不合，乃以延请律师为词，提起抗告，殊难谓有理由。［最高法院一七年（1928年）抗字第九七号］

县公署批示着速投候一并解讯等语，自属诉讼进行中之指挥程序，依法不许抗告。［最高法院一七年（1928年）抗字第一四九号］

本件抗告人等因发掘坟墓案各被处拘役十日，经检察官向原法院声请易科罚金，原法院将其声请驳回，依照刑事诉讼法第四百十四条规定，该抗告人不在得为抗告之列。[最高法院一七年（1928年）抗字第一五二号]

查推事回避之声请权，依刑诉法第二六条规定专属于当事人，而刑事当事人系指检察官自诉及被告而言，亦经同法第三条著有明文。本案抗告人等既非本案当事人，其声请推事回避，即为法所不许。原裁定仅就其所主张推事应行回避之理由，一再驳论，并未就其声请权之有无，加以裁定，但将声请驳回，当无不合。[最高法院一九年（1930年）抗字第一号]

声请移转管辖，依刑诉法第二二条，以当事人为限。所谓当事人系指检察官自诉人及被告，在同法第三条复有明文规定。至告诉人不在当事人之列，并无声请移转管辖之权。核阅卷宗，本件抗告人既非自诉案件，自系立于告诉人地位，该抗告人等向原审声请移转管辖，显不合法。[最高法院一九年（1930年）抗字第二号]

查提起抗告，以当事人证人鉴定人通译及其他受裁定之人为限，此为刑诉法第四一四条所明定。本件抗告人既非受裁定之人，自不在上开法条得以提起抗告之列，乃竟提起抗告，原裁定予以驳回，并无不合，该部分之再行抗告，不能谓有理由。[最高法院一九年（1930年）抗字第一四号]

查对于推事声请回避者，以当事人为限，观刑诉法第二六条至为明晰。而所谓当事人，在同法第三条亦有明文。本件抗告人系告诉人而非当事人，依上开证明，本无声请之权，乃竟遽行声请，显有未合。原审以此为理由将其声请驳回，委无不当，本件抗告，不能认为有理由。[最高法院一九年（1930年）抗字第二五号]

法院因法律或事实不能行使审判权，或因特别情形恐审判妨害公安或有不公平之虞者，上级法院固应将该案移转于其管辖内与原法院同级之他法院受理，但告诉人无声请移转管辖之权，观于刑诉法二十一条、二十二条至明。本件抗告人向原审声请移转管辖，有无理由，姑不具谕。唯该抗告人系居告诉人地位，其声请移转，显与上开法条之规定不符。[最高法院一九年（1930年）抗字第三八号]

查法院批示其性质合于刑事案件之裁定者，应视为裁定，准予抗告。本件抗告人经原法院判决后，其母具状请释，无论准驳，均应以裁定行之，原法院批示，应毋庸议，按之上述说明，应视为驳斥声请保释之裁定。[最高法院一九年（1930年）抗字第四一号]

当事人对于法院判决，固不得以抗告程序声明不服，而科刑之判决确定后，除具备再审原因外，亦无可以声明不服之余地。本件抗告人因不服本院科刑之确定判决，提起抗告，依照前开说明，显系违背法律上之程式。[最高法院一九年（1930年）院字第五五号]

查抗告系对于法院裁定有不服者，始得提起之，刑诉法四一四条，已有明文规定。本件抗告，经本院提案核明，原法院对于抗告人等因行殴一案，经十七年十月十八日判决，确定已久，并未有对于十八年旧历二月二十六日伤害案，予以裁定。纵如原状所称，关于不起诉处分事件，如有不服，亦只可声请再议，不能提起抗告，今竟向本院具状再行抗告，实于法定程序未合。[最高法院一九年（1930年）抗字第五九号]

非当事人不服法院之裁定，得抗告于直接上级法院者，以受裁定之人为限，刑诉法四一四条二项已有明文。本件在原裁定法院声请移转管辖者为检察官，抗告人非受裁定之人，按之上述法条，不在得为抗告之列。[最高法院一九年（1930年）抗字第六三号]

刑事诉讼，法院就程序上对于当事人之请求，有所准驳者，应以裁定行之，并无批示之办法。本件原法院对于不准抗告人等选任律师辩护，竟以批示行之，殊与诉讼程式不合，但核其内容实系不准选任律师之裁定，刑事诉讼法对于法院之裁定，既无一定程序，本院应认原批示为裁定。[最高法院一九年（1930年）抗字第九九号]

本件王某对于湖北高等法院之管辖裁定声明异议，虽未明示抗告，但既对于该裁定有不服意思之表示，应即认为抗告，适用抗告程序。[最高法院一九年（1930年）抗字第一零八号]

不服法院之裁定，得抗告于直接上级法院，此为刑诉法四一四条所明定。本件抗告人不服原审维持第一审被告无罪之判决，向原法院检察官声明上诉，经检察官批示不准上诉，复向本院提起抗告，无论抗告之理由如何，但检察官之批示，并非法院之裁定，抗告人对其批示提起抗告，显系违背法律上之程序。[最高法院一九年（1930年）抗字第一一九号]

当事人不服法院之裁定，除有特别规定者外，得提起抗告，此为刑诉法四一四条一项所明定，则当事人得以提起抗告者，以对于法院之裁定为限，实无容疑。本件抗告人因承保鲍某被诉反革命一案，鲍某抗传不到，经原法院票拘抗告人，追传鲍某到案，为诉讼进行之准备，非法院之裁定，而刑诉法对于拘提处分，又无许为抗告之明文，抗告人遽行提起抗告，实属违背规定。[最高法院一九年（1930年）抗字第一二一号]

解　释

法院批示，其性质若系关于刑事案件之裁定，能否抗告，应适用刑事诉讼法第四百十四条至第四百十六条之规定办理。[司法院一八年（1929年）院字第一三一号]

第四百十五条　对于法院判决前关于管辖或诉讼程序之裁定，除有特别规定外，不得抗告；但下列裁定，不在此限。

一　关于羁押具保扣押及扣押物件发还之裁定，

二　证人鉴定人通译及其他非当事人所受之裁定。

文　义

关于管辖之裁定者，如对于声请指定管辖或移转管辖之裁定是。关于诉讼程序之裁定者，如驳回声请传唤证人之裁定是。特别规定即指第三十一条，第九十六条第三项，第一百十三条第四项，第二百十一条等规定是。

理　由

本条规定不得抗告之裁定及其例外。盖关于诉讼程序之裁定，如声请传唤证人之驳斥，当事人若以驳斥为无理由，尽可分别情形，声请推事回避，或为上诉，毋庸许其抗告，致迟滞本案判决。至关于管辖之裁定，法以此种裁定，值法院开始审理或续行审理之际，若许其抗告则纷更而无实益。故皆明文规定不得抗告。羁押关系被告之自由，具保扣押及扣押物件之发还，则关系被告或第三人之财产。此种事件，与关于管辖及诉讼程序等条文之无伸缩力者，自有歧异。倘裁定失当，则利害攸关，自应予以救济。至如证人鉴定人及其他非当事人所受之裁定，关系于其人一身之利害，均不能不有待上级法院之救济，故皆不在限制抗告之范围。

判　例

凡诉讼程序之决定，除驳回请求拒却或羁押保释或扣押及对于非当事人之决定外，概不许抗告。〔前大理院八年（1919年）抗字第一四号〕

查现行刑事诉讼成例，关于管辖之决定，原不许声明抗告，但不许抗告者，要以审判衙门，就其所决定之件有管辖权，本此所为之决定为限。若系无权管辖之裁判，自无制限受决定人抗告权之理。[前大理院八年（1919年）抗字第六二号]

查修正刑事诉讼律第四百十七条第一款规定，法院于判决前，关于审判管辖或诉讼程序之决定，不得为抗告。本件抗告人等以原告诉人均系该县公署职员，恐审判有偏颇之虞，向原审声请移转管辖，原审以本案关于召募输送夫役系行政事件，不在司法范围以内，将该声请驳斥，虽不无误解之处，然按诸上开法条，究不在得为抗告之例。[最高法院一七年（1928年）抗字第四六号]

原审谕知辩论终结，系判决前之诉讼程序，不在得为抗告之列，将其驳回，并无不合。[最高法院一七年（1928年）抗字第五六号]

法院判决前关于管辖或诉讼程序之裁定，于原则上不得抗告。至驳回声请推事回避之裁定，虽得提起抗告，但应于五日内为之，此刑事诉讼法第四百十五条，第三十一条规定至明。即在本法施行以前，适用修正刑事诉讼律之省分，当事人不服法院驳斥声请拒却之决定，其抗告期亦只有十日。本件抗告人不服声请移转管辖之裁定，固不能提起抗告，即按其以原县偏颇为理由，可认为声请拒却，然依当时有效之刑事诉讼律，亦已逾定之十日期间，自属不合。[最高法院一七年（1928年）抗字第一零八号]

查法院判决前关于管辖之裁定，除有特别规定外，不得抗告，此在刑事诉讼法第四百十五条，已有明白规定。抗告人因发掘坟墓案向原审声请移转管辖，经原审依法驳斥，按照上开法条，当然不许抗告。[最高法院一七年（1928年）抗字第一二八号]

本件抗告人等声请移转管辖，有无理由，姑不具论，但既经原法院将该声请驳斥，又无特定规定许其抗告，按之刑事诉讼法第四百十五条规定，自不得提起抗告。[最高法院一七年（1928年）抗字第一三一号]

查刑事诉讼法第四百十五条规定，法院判决前关于管辖之裁定，除有特别情形外，不得抗告。本件抗告人等声请移转管辖，既经原审驳斥，又无许可抗告之规定，自不得提起抗告。〔最高法院一七年（1928年）抗字第一三三号〕

抗告人因声请移转管辖，业经原审认为无理由，予以驳斥，既无得许抗告之特别规定，依照刑事诉讼法第四百十五条规定，自不得抗告。〔最高法院一七年（1928年）抗字第一五六号〕

本件抗告人因诈财案声请移转管辖，其有无理由，姑不具论，但既经原审将其声请驳回，又无特别规定许其抗告，按之刑事诉讼法第四百十五条规定，不在得为抗告之列。〔最高法院一七年（1928年）上字第一一七号〕

查对于法院判决前管辖之裁定，不得提起抗告，此为刑诉法第四一五条所明定。本件抗告人恐穀城县司法公署审判不公平，具状向原法院声请移转管辖，经原审裁定驳回，无论原裁定理由是否正当，但既系关于管辖之裁定，依上开法条，即属不得抗告。〔最高法院一九年（1930年）抗字第四号〕

刑事当事人对于法院判决前关于管辖或诉讼程序之裁定，除有特别规定外，不得抗告，业经刑诉法第四一五条明文规定。抗告人等声请移转管辖，系处于当事人地位，其不服原法院裁定驳回，声请提起抗告，核与上开规定，显有违背。〔最高法院一九年（1930年）抗字第七号〕

刑诉法四一五条关于管辖或诉讼程序之裁定，固不得抗告，但原裁定既以抗告人为非当事人，则依同条但书及第二款规定，自不在不得抗告之列。本件抗告应予受理，抗告人指摘原裁定之不当，自难谓为无理由。〔最高法院一九年（1930年）抗字第一七号〕

本件抗告人因被诉逃逸后，经县政府将其房屋发封，遂以该县审判有不公平之虞，声请移转管辖，经原法院裁定驳回，按照刑诉法第四一五条规定，自不在得为抗告之列，本件抗告，显系违背程式。[最高法院一九年（1930年）抗字第三六号]

法院判决前关于管辖之裁定，不得抗告，刑诉法四一五条定有明文，本件抗告人以恐审判难期公平为理由，向原法院声请移转管辖，原裁定以声请无理由，依刑诉法二三条，予以驳回，姑无论原裁定理由是否正当，依上开法条，自不在得抗告之列，兹复提起抗告，殊属违背规定。[最高法院一九年（1930年）抗字第四零号]

对于法院判决前关于管辖之裁定，除有特别规定外，不得抗告，刑诉法四一五条，已有规定。本件抗告人因民事涉讼经第一审限缴讼费，抗告人乃用刑事诉讼状声请移转管辖，经原审裁定驳回后，复向本院提起抗告，按照上开法条，显属违背规定。[最高法院一九年（1930年）抗字第七零号]

解　释

停止审判之裁定，属于诉讼程序裁定之一种，依刑事诉讼法第四一五条规定，不得抗告。[司法院一九年（1930年）抗字第三零零号]

第四百十六条　对于第三审法院之审定，不得抗告。

理　由

本条规定第三审之裁定，不得抗告。盖审级至第三审而终止，第三审以上无可以受理其抗告之法院，故第三审之裁定，无论如何，概不得抗告，即裁定之事实，系属初次裁判，亦于抗告之限制，毫无影响。又以第二审为终审之案件，经第二审判决后，不得上诉于管辖第三审之法院，则第二审法院所为之裁定，自亦不得抗告，此虽无明文规定，然固可由解释推定也。

判　例

对于第三审法院之裁定，不得抗告，已为刑诉法第四一六条所明定。本件抗告人因杀死尊亲属案，不服覆判审提审之判决，声请上诉，经该审以处刑不重于初判，依覆判暂行条例第一一条第一项，认为不得上诉，以裁定驳回，抗告人对于该裁定提起抗告，经本院驳回在案，是已经过第三审法院之裁定，按上开规定，不在得为抗告之列，抗告人仍复再行抗告，显已违背规定。[最高法院一九年（1930年）抗字第一八号]

对于第三审法院之裁定，不得抗告，刑诉法四一六条有明文规定。本件抗告人对于山西最高分院之科刑判决，声请疑义，经该分院以审定驳回，原裁定既属第三审法院之裁定，按照上开法条，自无抗告之余地，乃抗告人复向本院提起抗告，其程序显系违背规定。[最高法院一九年（1930年）抗字第四七号]

第四百十七条　抗告期限，除本法有特别规定外，为七日，自送达裁定后起算；但于送达前之抗告，亦有效力。

文　义

特别规定，指第三十一条，第九十六条三项，第一百十三条三项，第二百十一条二项，第三百七十七条二项，第四百五十五条，第四百七十一条，第四百九十七条三项，第四百九十八条三项，第五百零五条，规定抗告期限为五日者而言。

理　由

本条规定抗告之期限。抗告应于一定期限内提起，其理浅显，无庸赘述。惟抗告期限又有二种，一为特别期限，即于各本案特别规定为五日者是。二为普通期限，即本条之所定七日者是。凡抗告之未定期限者，应适用本条规定，于七日以内提出抗告。如于期限满后始提起抗告，则抗告不合法，应驳回之。抗告人非因过失而不能遵守抗告期限，得依声请准许回复原状。至抗告期限不问为特别抗告期限及普通抗告期限，均自送达裁定后起算，但于送达前之抗告，亦认为有效。惟对于未送达之裁定，得为抗告者，指已谕知之裁定而言，若未谕知者，则须依送达始能对外发生效力，故于送达前之抗告，不能认为有效。

判　例

刑事抗告期限，除有特别规定外，自送达裁定之翌日起为七日，亦经刑诉法第四一七条、第二零五条，定有明文，本件抗告人提起抗告，已逾越法定期限，违背抗告程序之规定。［最高法院一九年（1930年）抗字第七号］

抗告人因不服该县裁定，提起抗告，经原法院以裁定驳回，其再抗告之期间扣至十八年十一月二十五日届满，抗告人于同月二十七日始在原法院提出抗告状，虽该状系由北平邮寄，而据邮局所盖戳记，其发送日期亦为二十六日，显已逾期。［最高法院一九年（1930年）抗字第五三号］

查该批示（应视裁定）并未履行送达程序，致抗告期限无从起算，本件抗告应认为合法，予以受理。［最高法院一九年（1930年）抗字第四一号］

第四百十八条　提起抗告，应以书状叙述不服之理由，向原审法院为之。

理　由

本条规定抗告之程式，即提起抗告，须以书状叙述不服之理由，盖抗告审通常用书面审理而不经言词辩论，故提起抗告应用书状，不得以言词为之。叙述不服之理由，所以表示不服之范围，及其证据方法，以审查抗告有无理由，而资更正其裁定。至提起抗告，须向原审法院为之者，因原审法院可得先行审查，如审查结果认为抗告有理由，则可更正其裁定，免经抗告法院之裁判也。

判　例

抗告人曾向原审具状声请再议，虽未揭明抗告字样，然按其叙述理由，其表示不服原裁判之意思，既已显然，当事人不谙诉讼程序，误以再议即为抗告，法院自应按照抗告程序，予以受理。［前大理院一六年（1927年）抗字第九号］

提起抗告，既应向原法院为之，则除有特别规定外，自应提出书状于原审法院，始有提起抗告之效力。［最高法院一九年（1930年）抗字第二九号］

第四百十九条　原审法院认为抗告有理由者，应更正其裁定，认为全部或一部无理由者，应于接受抗告之书状后三日内添具意见书，送交抗告法院。

理　由

本条规定原审法院对于抗告案件应为之程序。提起抗告须向原审法院为之，为前条所明定，而原审法院接受抗告书状后，应予审查，如认抗告为有理由，应以裁定将原裁定变更或撤销之，毋庸将抗告案件送交抗告法院，以节劳费。若认抗告之全部或一部为无理由者，应于授受抗告之书状后三日内，添具意见书，送交抗告法院核办。

判　例

刑诉法四一九条规定原审法院认抗告全部或一部无理由者，应于接收抗告书状后三日内添具意见书送交抗告法院，以裁定驳回之，此又为同法四二二条所明定，与同法三七七条、三九零条，明示原审法院认为上诉违背法律上之程式，或其上诉权已经丧失者，应以裁定驳回之规定，迥不相同。本件抗告人因不服广丰县政府批示，向原法院抗告，裁定后分向本院及原法院再行抗告，原法院接受此项抗告事项，应依刑诉法四一九条之规定办法，乃竟自行裁定，予以驳回，按之上开规定，显属违法。[最高法院一九年（1930年）抗字第五零号]

解　释

刑事被告人对于谕知辩论终结，提出抗告，认为无理由，仍应送上级法院。[前大理院六年（1917年）统字第六零一号]

抗告之件，无论是否合法，或有无理由，均须加以裁判，然必以管辖权限为前提。[前大理院七年（1918年）统字第七八四号]

第四百二十条　抗告无停止执行裁判之效力，但原审法院于抗告之裁定前，得以裁定停止执行。

抗告法院，得以裁定停止裁判之执行。

理　由

本条规定提起抗告之效力。抗告无停止执行裁判之效力，否则诉讼固因之迟延，而原裁定之目的，亦将无以贯澈，故法律特别揭明此原则。然有例外，即原审法院及抗告法院认为有停止执行之必要时，亦得分别以裁定停止执行。此项裁定，不许抗告，固不待论，而其效力亦经抗告之裁定时随之丧失。

判　例

刑诉法第四三零条规定抗告无停止执行裁判之效力，但原审法院于抗告之裁定前，得以裁定停止执行。本件抗告人因发掘坟墓案，经原审法院判决确定后交原县执行，抗告人乃因声请停止执行，不服裁定，提起抗告，依上开规定，自无停止执行裁判之效力，且原审法院亦未经以裁定停止执行，则原县执行之指挥，自无不当，抗告人乃向原法院声明异议，原法院据以驳回，亦无不合。〔最高法院一九年（1930年）抗字第八九号〕

解　释

抗告中以不停止执行为原则，既无明文规定，并未经抗告审或原审以决定停止执行，自应不停执行。又审判衙门对于此种声明，不能拒绝裁判，虽系不遵期间，不合程序者，亦应以决定驳回。〔前大理院四年（1915年）统字第三一九号〕

被告在羁押中经裁定延长羁押期间，该被告提起抗告被驳回者，其因抗告所经过之羁押日数，应算入延长期间之内，期满未经另为延长之裁定者，不得继续羁押。至被告不服延长羁押期间而提起抗告，当然无影响于诉讼之进行。〔司法院一九年（1930年）院字第三三八号〕

第四百二十一条　原审法院认为有必要者，应将该案卷宗及证据物件，送交抗告法院。

抗告法院认为有必要者，得请原审法院送交该案卷宗及证据物件。

文　义

该案即指抗告之案件。

理 由

本条规定抗告卷证之移送。原审法院认抗告无理由者,添具意见书送交抗告法院。抗告法院判断抗告当否,对于抗告书状及原审法院之意见书,尚未足以资审究者,则有审查卷宗及证据物件之必要。故原审法院认为必要,应将卷宗及证据物件,送交于抗告法院。无送交时,抗告法院得请原审法院送交。

第四百二十二条 抗告法院认为抗告之程序违背规定者,应以裁定驳回之。

文 义

抗告程序违背规定者,指无抗告权或丧失抗告权之提起抗告,或抗告权人之抗告程序有瑕疵时而言。

理 由

本条规定抗告违背程序规定者之驳回。即抗告法院对于抗告案件,先应为程序上之调查,调查结果如认抗告之程序违背规定者,是即抗告为不合法,应以裁定驳回之。

第四百二十三条 抗告法院认为抗告无理由者,应以裁定驳回之。

理 由

本条规定无理由抗告之驳回。即抗告法院对于抗告案件,经程序上调查认为合法后,进而为实体上之调查,调查结果,如认抗告并无理由,自应维持原裁定,而以裁定将抗告驳回。

第四百二十四条 抗告法院认为抗告有理由者,应将原审裁定撤销,自行裁定。

理　由

本条规定有理由抗告之裁判。抗告法院审理结果,如认原裁定系不当而抗告为有理由,应将原审裁定撤销自行裁定。

第四百二十五条 抗告法院之裁定,应速通知原审法院。

理　由

本条规定抗告法院裁定之通知。即抗告法院依前三条规定所为之裁定,应速通知原审法院,俾原审法院得悉抗告之结果,而为适当之处置。

第四百二十六条 对于抗告法院之裁定,以下列各款为限,得于五日内再行抗告。

一　对于驳回上诉或因上诉逾期声请回复原状之裁定抗告者;
二　对于再审之裁定抗告者;
三　对于第四百九十八条定刑之裁定抗告者;
四　对于第五百零五条声明疑义或异议之裁定抗告者;
五　证人、鉴定人、通译及其他非当事人对于所受之裁定抗告者。

文　义

再行抗告者,谓对于抗告法院就抗告所为之裁定,仍声明不服,再提起抗告也。

理　由

本条规定再行抗告案件之范围。对于抗告法院就抗告所为之裁定，原则上不许对之提起再抗告，以免裁定久悬不定，延迟诉讼之进行。惟对于某种案件之裁定，若于抗告人及其他关系人利害重大者，苟一律不许再行抗告，则虽因抗告法院所为裁定之不妥，而受利害影响，亦无补救之途，殊非保护是等人之道，亦难以谓刑事诉讼之完密也。故法律特于本条标明例外，分类列举得再行抗告之案件。至其再行抗告之期限，则为五日，亦应自裁定送达后起算。

判　例

再抗告人前在兰溪县政府状诉童某诈财，经县讯系民事，责令和解，并谕知不起诉，再抗告人对于刑事果有不服，尽可声请再议，乃仍向原县一再状请究办，致被驳斥。查原县此项批示，究不外以检察官之资格宣示该案之办法，并非再抗告人受有法院之决定，依修正刑事诉讼律第四百二十七条规定，不在得为再抗告之列。〔最高法院一七年（1928年）抗字第六二号〕

刑事诉讼法第四百二十六条规定，对于抗告法院之裁定，以下列各款为限，得于五日内再行抗告。本件抗告人因声请拒却推事被驳提起抗告，原法院以抗告人不能举出推事偏颇之确据，以决定驳回抗告在案。查原法院所驳回之抗告，按之前述法条所列各款之抗告，无一相符，本件抗告程序，自属违背规定。〔最高法院一七年（1928年）抗字第一零二号〕

原审以抗告人既经该县认为有犯罪重大嫌疑，则其依法拘提，自无不合，将其抗告驳斥，此项裁决，依刑事诉讼法第四百二十六条规定不在得为抗告之列。〔最高法院一七年（1928年）抗字第一零九号〕

查抗告人既为该案当事人虽受有法院之裁定，核与刑事诉讼法第四百二十六条所列各款无一相符，自不得再行抗告。〔最高法院一七年（1928年）抗字第一二六号〕

原审以原县羁押侦究，尚无不合，经以裁判驳斥后，抗告人不服再行抗告，核于刑事诉讼法第四百二十六条所列各款情形，无一相符，自不得再行抗告。〔最高法院一七年（1928年）抗字第一五一号〕

原县批示照准凭官择配，显系一种行政处分，不属刑事范围，抗告人乃对于此项处分提起抗告，经原法院认为程序不合，以裁决驳斥后，经过法定期限，始提起再抗告，实属违背程序。〔最高法院一七年（1928年）抗字第一五九号〕

查对于抗告法院之裁定，得再行抗告者，以刑诉法第四二六条所列举之情形为限。本件抗告人对于检察官不起诉之处分，据称因声称再议逾期，声请巴县地方法院裁定准予回复原状，旋由被告提起抗告，经四川高等法院第一分院将裁定撤销，抗告人遂再行抗告云云，无论其所主张有无理由，抗告是否适限，但裁定既不在上开法条得以再行抗告之列，则其抗告显系违背规定。〔最高法院一九年（1930年）抗字第三号及抗字第六号〕

对于抗告法院之裁定，得于五日内再行抗告者，以合于刑诉法四二六条一款至五款之规定为限。本件抗告人因经南昌地方法院检察官予以羁押处分，抗告人对于处分如有不服，应依刑法四二八条向该管法院声请撤销或变更其处分，乃竟向原抗告法院抗告，显有不合法，原裁定驳回抗告，虽未本此理由，但抗告人对于原抗告法院之裁定，再行抗告，既未合上开各条款之情形，亦属违背规定。〔最高法院一九年（1930年）抗字第五一号〕

查不服抗告法院之裁定得于五日内再行抗告者，以刑诉法第四二六条所列举之情形为限。本案抗告人对于第一审依刑诉法第十四条第二款牵连案件之规定,及同法第十七条并案受理之规定,裁定并案受理,系属判决前关于管辖之裁定,姑无论此项裁定,依同法第四一五条不得抗告,且不合于第四二六条所列得为再行抗告之规定,抗告人乃向本院再行抗告,所践程序,显系违背规定。[最高法院一九年(1930年)抗字第九号]

不服抗告之裁定,得再行抗告者,以刑诉法第四二六条所列举之情形为限。本件抗告人不服县政府饬警拘提,提起抗告,经原审以抗告无理由裁定驳回,抗告人再行抗告到院,无论原裁定理由是否正当,但既不在上开法条得以再行抗告之列,则其抗告显系违背法律上之程序。[最高法院一九年(1930年)抗字第二六号]

不服抗告法院之裁定,得再行抗告者,以刑诉法第四二六条所列举各款为限。抗告人因被拘提,不服县政府批谕,向高等法院提起抗告,经该法院以原批谕所称送速到案云云,系关于诉讼程序之裁定,依法不许抗告,将其驳回,抗告复误为异议之裁定,再行抗告,按之上开法条所揭各款,实无一相符,则其再抗告,即属违背规定。[最高法院一九年(1930年)抗字第三〇号]

不服抗告法院之裁定,得再行抗告者,以刑诉法第四二六条所列各款为限,其不合该条款者,不得再行抗告。本件抗告人不服拘提命令,提起抗告,经原审认该抗告人犯罪嫌疑重大,所犯最轻为五年以上且有逃亡之虞,第一审予以拘提,并无不合,裁定驳回,抗告人不服,再行抗告,查原裁定既不在上开法条,得以再行抗告之列,则无论原裁定理由是否正当,而其抗告程序既违背法律规定,仍应予以驳回。[最高法院一九年(1930年)抗字第三二号]

抗告人因被押向武进县政府声请停止羁押,原县批示驳斥后,提起抗告,经原法院以抗告无理由裁定驳回,复提起再抗告。查抗告人之主张无论有无理由,但原裁定既不在刑诉法第四二六条所列举情形

之内，则其抗告即属违背规定。[最高法院一九年（1930年）抗字第三三号]

非当事人对于抗告法院之裁定，而再行抗告者必以受裁定之人为限，刑诉法四二六条，规定至明。本件抗告人对于原法院管辖裁定再行抗告，但查该裁定系就吴某之抗告为之，抗告人孙某既非受是项裁定之人，按照上开说明，已在不得再行抗告之列。[最高法院一九年（1930年）抗字第四三号]

本件原法院以抗告人因反革命案经判决后，请求发给判决书，并提起上诉，对于检察官批示而为抗告，不合于刑诉法四一四条一项之规定，又未具有同法四二八条、四三零条准用关于抗告规定之情形，裁定驳回，抗告人对于检察官批示之抗告，是此项裁定，既非驳回，复与前开得为再行抗告条款所规定不合，抗告人再行抗告，显属违背规定。[最高法院一九年（1930年）抗字第四九号]

得再行提起抗告者，以合于刑诉法四二六条所列各款为限。本件抗告人因不服第一审驳斥声请停止诉讼进行之批示，向原审提起抗告，经认为无理由，裁定驳回，按照上开法条，并无抗告之余地。乃抗告人犹向本院提起抗告，显系违背法律上之程序。[最高法院一九年（1930年）抗字第六一号]

第四百二十七条 对于受命推事或受托推事下列之处分有不服者，得声请该推事所属法院撤销或变更之，但受托推事系初级法院推事者，应向该管地方法院声请。
一 关于羁押具保扣押及扣押物件发还之处分；
二 证人鉴定人通译所受罚锾及赔偿费用之处分。
前项声请期间，准用抗告之规定。

理　由

本条规定对于受命推事或受托推事所为处分不服声请之方法。对于受命推事或受托推事所为关于羁押具保扣押及扣押物件发还之处分，又证人鉴定人通译所受罚锾及赔偿费用之处分，不可无救济之方法，故予以声请撤销或变更之之权。法以此种救济方法，乃由该推事所属法院，而不由上级法院为之，故不谓为抗告，而曰声请，惟以其性质与抗告相似，使与抗告并列，辑于本编，其诉讼程序亦准用抗告之规定，故学说上称为准抗告。

受命推事或受托推事，胥本所命令或委托之范围，办理被命或受托之案件，其权限自然有一定限制，故对于受命推事或受托推事所为关于羁押具保及扣押物件发还之处分，或证人鉴定人通译所受罚锾及赔偿费用之处分，如有不服，应声请该推事所属法院撤销或变更之。但初级法院，系独任推事，如向初级法院为撤销或变更之声请，则由一独任推事审核他独任推事之处分，实有未妥，故受托推事系初级法院推事者，应向该管地方法院声请。

受命推事或受托推事所为羁押具保扣押物件发还之处分，或证人鉴定人通译所受罚锾及赔偿费用之处分，而声请撤销或变更，其期间准用抗告之规定，即对于前者处分之声请期为七日，对于后者处分之声请期间为五日。

第四百二十八条　对于检察官关于羁押具保扣押及扣押物件发还之处分有不服者，得声请该管法院撤销或变更之。

理　由

本条规定对于检察官所为处分不服声请之方法。对于检察官所为关于羁押具保扣押及扣押物件发还之处分，自亦不可无救济方法，故法亦予声请撤销或变更之之权。惟此种声请不向该管首席检察官，而限于向该管法院为之者，盖以检察官所为处分，通例应受首席检察官之命令，向首席检察官声请，衡诸情理，恐难得公平之核定，故须变通，以利推行。此项声请期间法律并无规定，自无限制，故于侦查终结以前，均得为之。

第四百二十九条 前二条之声请，应以书状叙述不服之理由，向该管法院为之。

理　由

本条规定准抗告之程式。即准抗告之声请，应以书状叙述不服之理由，向该管法院为之。依此规定，准抗告必用书状为之，并须叙述不服理由，是为准抗告之法定程序。盖以准抗告亦系书面审理，且以其不服理由为调查之范围，故书状欠缺理由者，应以为不合法驳回之。

第四百三十条 声请撤销或变更处分，准用第四百二十条至四百二十四条，关于抗告之规定。

理　由

本条规定准抗告程序准用之法则。盖准抗告亦不因声请而停止处分执行之效力，以及移送卷证，并驳斥或自行裁定各节，均与抗告之程序从同，法避繁复，故设本条。

第四百三十一条 对于声请撤销或变更处分之裁定，不得抗告。

理　由

本条规定对于准抗告所为裁定之效力。即不服受命推事受托推事或检察官所为之处分而声请撤销或变更者，一经该管法院裁定，即属确定，不得再行声明不服。因准抗告如经准许，则准抗告人已达到目的，自无抗告可言，如准抗告被驳回，则显见原处分为适法，更不容其再行抗告也。

第四百三十二条　抗告除本章有特别规定外，准用第三编第一章关于上诉之规定。

理　由

本条规定抗告程序准用之法则。抗告之性质与上诉同。第三编第一章上诉通则，本可适用，法避繁复，故设本条。

第五编　非常上诉

（第 433—440 条）

本编规定关于非常上诉之法则，非常上诉为判决确定后更正违法判决之一种程序。征之各国立法例，取义不一，有专以保护受刑人为宗旨，仅许为有利益于被告之上诉者；有专以统一解释法律为宗旨，于被告有利与否所不问者。本法则采后之主义，惟设第四百三十九条第一款但书之规定，以示限制。

第四百三十三条　判决确定后，发见其审判系属违法者，最高法院首席检察官，得向最高法院提起非常上诉。

理　由

本条规定非常上诉之要件。一、须在判决确定后，盖对于未确定之判决，得按照审级，分别提起上诉，而不得提起非常上诉。至判决确定后，无论何时皆得为之，并无期间之制限。二、须系判决违法。盖适法判决，并不得为上诉之理由，非常上诉，尤不待言。至其违法之属于实体法，或属于诉讼法，及原判决之审级如何，均非所问。三、须由最高法院首席检察官提起于最高法院。盖非常上诉乃纠正确定判决之违法，而以企图统一法令为目的者也。

判　例

应用判决而误用决定处刑者，如内容亦有违法，仍得对之提起非常上诉。［前大理院非字第一一零号］

据前述事实，本案系经覆审判决，依覆判章程第十一条，并无再送覆判之规定。原判决未经上诉，即已确定。广西第一高等审判分厅，仍依覆判章程第四条第一款为核准之判决，自属违法。首席检察官关于此点，提起非常上告，自有理由。［最高法院一七年（1928年）非字第一号］

解　释

查刑事诉讼律第四百六十条规定，非常上告之管辖权，专属于本院，故无论何审级之判决，其非常上告，均应由总检察长向本院提起。［前大理院六年（1917年）统字第六九一号］

艳电情形，（甲乙均未经原检察官起诉，被处罪刑，仅甲控诉，乙应如何救济？又如前例，甲经判决驳回公诉，确定后能否再提起公诉？乙之判决既经确定，只能依非常上告救济，至甲之判决确定后，仍得提起公诉。［前大理院七年（1918年）统字第七三七号］

既有确定，虽系引律错误，仍应提起非常上告，以资救济。［前大理院七年（1918年）统字第八九一号］

所称违法判决，如检察官以控诉无实益，可于卷到十日后，以非常上告救济。若已提起控诉，审厅仍应依法办理。［前大理院一一年（1922年）统字第一七零五号］

非常上告案，可径送本院首席检察官核办。［最高法院一七年（1918年）解字第二五号］

第四百三十四条 检察官于判决确定后发现其审判显系违法者，应具意见书，将该案卷宗及证据物件送交最高法院首席检察，声请提起非常上诉。

理　由

本条规定提起非常上诉之声请人。提起非常上诉之权，仅属诸最高法院首席检察官。最高法院首席检察官以外各级检察官，均无提起之权。惟检察官应适用一体不可分之原则，虽于提起非常上诉权有所限制，而应负促动最高法院首席检察官行使其权利之义务，则各级法院之检察官，并无歧异。故各级法院之检察官，于判决确定后苟发见审判违法，认为有提起非常上诉之必要时，应即添具意见书，连同该案卷宗及证据物件，送交最高法院首席检察官，声请提起非常上诉。但究应提起与否，最高法院首席检察官握有权衡，自非声请人所得干涉。

第四百三十五条 提起非常上诉，应以书状叙述理由，提出于最高法院。

理 由

本条规定提起非常上诉之程序。即提起非常上诉，一须以书状叙述理由；二须提出于最高法院。盖非常上诉之审理，采书状审理主义，故须以书状叙述理由，若以言词提起，固非法所许，即仅提出非常上诉书状，并未叙述其不服之理由，亦为非常上诉不合法定程式，得为驳斥之原因。非常上诉之管辖法院，为最高法院，故提起非常上诉，应向最高法院为之，与上诉及抗告向原审法院为之者不同，因非常上诉实以统一法令为目的，原审法院绝无调查非常上诉之权能也。

第四百三十六条 非常上诉之判决，不经辩论为之。

理 由

本条规定非常上诉之审判程序。非常上诉，重在解决法律问题，既经最高法院首席检察官附具理由，可连同卷宗及证据物件，以为审查，自无经辩论之必要，故其判决不经辩论为之。

第四百三十七条 非常上诉，准用第四零五条第一项、第二项及第四百零六条关于第三审之规定。

理 由

本条明定非常上诉准用之法规。非常上诉之审理程序，与审理第三审上诉之通常程序，盖无以异，故关于第三审就原审判决中上诉部分之调查，及第三审法院得依职权调查之事项，与依职权调查之得调查事实之各节规定，皆得准用，法避繁复，故设本条。

第四百三十八条 最高法院认为非常上诉无理由者,应以判决驳回之。

文　义

非常上诉无理由者,即认原判决或其诉讼程序无违法之点是也。

理　由

本条规定无理由而非常上诉者之裁判形式。最高法院审理非常上诉之结果,非常上诉为无理由者,应以判决驳斥之。

第四百三十九条 最高法院认为非常上诉有理由者,应分别谕知下列之判决。
一　原审判决系违法者,将其违法之部分撤销,但原审判决不利于被告者,应另行判决。
二　诉讼程序系违法者,撤销其程序。

文　义

非常上诉有理由者,谓原审判决或其诉讼程序系违背法令者是。原审判决系违法者将其违法之部分撤销,例如提起非常上诉理由因原审判决理由内援用不应援用之刑法某条项,则非常上诉判决即应将该条项部分谕知撤销者是。原审判决不利于被告者,应另行判决者,例如某甲犯夺抢罪,原确定判决误为强盗,依刑法第三百四十六条处断,经非常上诉后,应依抢夺罪处断,另行判决是。诉讼程序系违法者撤销其程序者,例如提起非常上诉理由,因原审判决程序中违反证人具结之规定,非常上诉判决,即应将该违法证人具结部分谕知撤销。

理　由

本条规定非常上诉有理由之裁判。非常上诉以纠正违法之确定判决为职责，违法云者，包括违背实体法与程序法而言。本条亦分别规定，其第一款即纠正违背实体法之判决，第二款即纠正违背程序法之判决。

判　例

查刑事诉讼律草案第四百六十二条第二款内开，原判决诉讼程序，系属违法者，撤销其程序等语。是撤销之范围，应以违法部分为限，其他之部分，自可予以维持。〔前大理院四年（1915年）非字第二七号〕

第二审判决三罪俱发之案，经提起非常上告后，认为一重罪不成立，另一罪应依人格法益，论为二罪，则应照常改判，不为不利益于被告人。〔前大理院六年（1917年）非字第五八号〕

按刑事诉讼律草案第四百六十二条第二款原判决诉讼程序系属违法者，撤销其程序。本案依本院统字第六八零号解释，控告审系安徽高等审判厅，该厅认为管辖错误，不予受理，致被告人复向芜湖地方审判厅控告，由该厅为第二审判决，并由安徽高等审判厅为终审判决，其诉讼程序，均属违法，应将原判及第二审之终审诉讼程序，均予撤销。〔前大理院七年（1918年）非字第三九号〕

第四百四十条　非常上诉之判决，除依前条第一款但书规定者外，其效力不及于被告。

理　由

本条规定非常上诉判决之效力，以不及被告为原则。盖非常上诉之目的本在纠正违法判决，以统一法令之适用，兼亦重视被告之利益。故为救济被告之不利，依前条第一项但书规定为被告利益起见而改判者外，被告不受非常上诉之影响。

第六编　再审

（第 441—460 条）

本编规定关于再审之法则。再审者，于受刑或释放之判决确定后，因发见事实上有重大错误，或恐有重大错误再行审判之程序也。夫一事不再理，为刑事诉讼法上之原则，判决既经确定，则不能更有所变更。否则，欲使确定刑罚法令上之权利关系，与世人对于判决之信仰，不綦戞戞乎其难。虽然，若由他方观察之，刑事诉讼以实体真实发见为主义，判决所认定之事实，与真实之事实两相一致，并无违歧，则固适合法律之精神，得保持判决之权威。然其事实之认定，有重大错误，仍须绝对遵守判决之确定力，势必至无辜罹刑，有罪逃罚，非独坠法律之威信，且法律之秩序亦将无以维持。以故于判决之确定力与实体其实之要求，而有调和其冲突之必要，此再审制度之所由设也。

第四百四十一条 科刑之判决确定后,遇有下列情形之一者,为受刑人利益起见,得提起再审。

一　为判决基础之证据,已经确定判决,证明其为伪造或变造者;
二　为判决基础之证言鉴定或通译,已经确定判决,证明其为虚伪者;
三　为判决基础之通常法院或特别法院之裁判,已经确定裁判变更者;
四　因发见确实证据,足认受刑人应受无罪免诉或轻于原审所认罪名之判决者;
五　受刑人已经确定判决,证明其系被诬告者;
六　参与原审判决或前审判决之推事,参与侦查或起诉之检察官,因该案件而犯职务上之罪,其科刑之判决,已经确定者。

文　义

受刑人指经确定判决谕知科刑者而言。受刑人利益云者,即为原确定判决之受刑人求为比较有利益之判决也。为无罪之谕知,固为受刑人之利益,谕知较原确定判决较轻之刑,亦为受刑人之利益。判决基础之证据云者,谓原判决内载事实所凭之证书以及证据物件也。经确定判决证明其为伪造或变造云者,谓所凭证据系出于伪造变造无证据力经确定判决之证明者是。此项确定判决,指原确定判决以外之其他确定判决而言。又其确定判决,指刑事判决而言,民事判决不在其内。举例以明之,如认甲犯恐吓罪判处罪刑确定后,经其他案件,认明对于甲恐吓罪所凭之恐吓信函,系出于乙之伪造,而判决乙犯刑法第一百八十条第二项之诬告罪,其判决且已确定者是。为判决之证言鉴定或通译已经确定判决证明其为虚伪者,即原判决认虚伪之证言鉴定或通译为其实,以为判决之基础,其判决确定后,复因其他刑事确定判决证明前之刑事确定判决所采用之证言鉴定通译,显系虚伪者是。例如原审法院因采甲对于乙之杀人行为属实之证言,致乙受有罪之确定判决，嗣后又因其他之刑事确定判决，证明甲之证言，系属他人贿买伪证者是。为判决基础之通常法院或特别法院之裁判已经确定裁判变更者，举例明之，如甲乙被丙诉为杀丁，甲逃而乙被获，谕知有罪之判决后，甲亦被获，即根据乙之判决以决甲，后乙不服上诉，经上诉审撤销原判之例是。兹所谓通常法院或特别法院之裁判，不限于刑事裁判，即民事裁判，亦包含之。又其裁判为判决或裁定抑为处刑命令，亦非所问。因发见确定证据足认受刑人应受无罪免诉或轻于原审所认罪名之判决者，即原审法院谕知科刑判决后复发见确定证据，或前审判决发见而未经审认，原审审查足以认受刑人应受无罪免诉或轻于原审所认罪名之判决是。受刑人应受无罪之判决者，例如甲被诉杀乙，判决确定后始发见乙尚仍生存者是。应受免诉之判决者，如起诉权已因一定之情形消灭是。轻于原审所认罪名之判决者，例如甲被诉杀尊亲属乙，而判决确定后，发见乙并非甲之尊亲属是。受刑人已经确定判决证明其系被诬告者，如乙被甲诉为杀丙，判决确定后，发见甲系诬告，经确定刑事判决，谕知诬告罪刑者是。因该案件而犯职务上之罪者，如推事检察官对于该案件有意陷害被告而收受被害人贿赂者是。

理　由

本条规定为利益于受刑人之提起再审要件。依本条规定，提起再审，一须对于科刑之确定判决，至其确定之原因，及为判决之审级如何，均非所问。二须为被告之利益起见，否则不得适用本条提起再审。三须具备法定之再审原因，即本条所列六款之情形是。盖六款情形事实上皆有重大错误，应许为受刑人利益起见，为提起再审之理由，藉资救济也。

判 例

所谓他之确定判决者，系指本案确定判决之外，另有他之确定判决，具有反证力者而言。[前大理院五年（1916年）抗字第二四号]

抗告人纯就原确定判决攻击，已与再审条件不符，至未依前刑事诉讼条例第一七八条规定，而为指定辩护人，亦不能据为再审原因。又原审推事并无因该案而犯职务上之罪，故不合于再审法定条件，殊难认为有理由。[最高法院一六年（1927年）抗字第一零号]

查原审并非仅据抗告人自白为判决基础之事实，所谓刑求逼供，仍系就原审确定判决攻击，实与再审条件不符。至抗告人提出之两函件，无论伪证一节，并无此项确定判决，以资证明，且经阿六否认有致函抗告人情事，尤难谓其发现确实证据，足以构成再审原因。[最高法院一七年（1928年）抗字第七号]

本件抗告人因强盗案在原审请求再审，无非以黄某喻某二人之证言，一系贿买而来，一系挟嫌报复，举罗某及凌某为证，姑无论是项人证随时可以串通，而黄某喻某之证言，既未经其他确定判决认为虚伪，按照现行修正刑事诉讼律第四百四十四条第二款规定，自不能据为声请再审之原因。[最高法院一七年（1928年）抗字第八号]

查修正刑事诉讼律第四百四十四条第六款所谓发现得请求再审之确实证据，系指该证据之本体可以直接证明原判决不当，毋待再行调查已属确实足信者而言。若仅提出证人，则未经调查以前，其本体直无何种证明力，与所谓发现直接确实证据，自有未符。[最高法院一七年（1928年）抗字第三十三号]

本件抗告人因意图营利略诱案，前经本院判决驳回上告，按本院为终审法院一经裁决，即为确定，除合于再审条件，得请再审者外，不得提起抗告。[最高法院一七年（1928年）抗字第三十四号]

按之审级制度，本院为终审法院，一经裁判即为确定，除合于再审条件得请求再审者外，不得声明不服。〔最高法院一七年（1928年）抗字第五零号〕

邵某以告诉人之资格，请求再审，核与修正刑事诉讼律第四十八条所列之人，无一相符，自为法所不许。〔最高法院一七年（1928年）抗字第六七号〕

科刑判决确定后，为受刑人利益起见，提起再审，依刑事诉讼法四四一条规定，须具有该条第一至第六各款所列情形之一。本件抗告人向原法院声请再审，其声请理由除声明前经第一审判决因不知上诉程序延误上诉期间外，以共同被告李吴氏等诈财，伊实不知情，因误听李吴氏之教唆，认李海渊为本夫，以致原判认为共犯等情，与上述再审条件，无一相符，原法院认为无再审理由，洵非不合。〔最高法院一九年（1930年）抗字第七四号〕

查科刑判决确定后，受刑人因发见确实证据，固得提起再审，但其所发见之证据，须足以认定受刑人应受无罪免诉或轻于原判所认之罪名，方合于再审条件。本件抗告人因收受贿赂案，于判决确定后，以发见姚某托其代汇存款之条据，向原审请求再审，其所持理由，不外谓该款系姚所存，并非收受贿赂，惟查原判决认定事实，并非以发见赃款为惟一之根据，此项条据即使属实，亦不足为抗告人无罪之证明。〔最高法院一九年（1930年）抗字第七五号〕

声请再审，若仅提出证人，则未经调查以前其本体并无何种证明力，不得谓为可直接证明原判不当之确实证据。〔据最高法院一七年（1928年）抗字第八九号〕

喻郑氏虽系抗告人（即受刑人）之母，但因抗告人业经成年，且未证明有精神丧失或耗弱等症，即不能为其利益而为其法定代理人或保佐人，以请求再审。〔最高法院一七年（1928年）抗字第九四号〕

该抗告人于判决确定后,并未发现确实证据,乃向原审请求再审,自与法定条件不合。[最高法院一七年(1928年)抗字第九五号]

查刑事诉讼法第四百四十一条第四款规定因发见确实证据足认受刑人应受无罪免诉或轻于原审所认罪名之判决者,得提起再审,系指该证据之本体,确实可信,且足以摇动原判决之基础事实者而定,若所提出之文件其本体并无相当之证明力,则与上开之证据,自有未符。再抗告人所提出之电稿,既仅系是报厘局之事,于其有无侵占公款行为,殊属无涉,尤难谓该证据足以构成再审之原因。[最高法院一七年(1928年)抗字第一〇一号]

其请求再审之理由,乃以第一审之判决,未予传证调查为攻击,并未发现确实证据,足指摘原审确定判决之不当,已与再审之条件不符,即不能据为再审原因。[最高法院一七年(1928年)抗字第一一四号]

所谓确实证据,系指该项证据,足以证明原确定判决认定之事实错误,而其证据本身并非虚伪者而言,若证据系自己或他人所伪造,既不得谓为确实,即与再审之要件不符。[最高法院一七年(1928年)抗字第一二三号]

所提出之文件,并非确定之判决,不能据以断定为判决基础之证据,证言有伪造或虚造之嫌疑,亦不能证明原确定判决认定事实之错误,及受刑人有被诬告之情形,核与再审要件不符,即难提起再审。[最高法院一七年(1928年)抗字第一四四号]

刑诉法四四一条列举得提起再审之情形,其第四款载因发见确实证据足认受刑人应受无罪免诉或轻于原审所认定之罪名之判决者,所谓确实证据,必其所发见证据之本体,为确实无疑,足以直接证明原确定判决认定事实之错误,且无俟再为调查者,方得据为请求开始再审之理由，意义至为明了。本件抗告人请求再审，仅提出案外之片面函述各节自不能为摇动原确定判决之根据。[最高法院一九年（1930年）抗字第六四号]

本件抗告人经浙江高等法院判处罪刑，上诉后由本院判决驳回，确定在案。该抗告人向原审法院声请再审，其理由不外谓伊与共同被告之供述，系出于警所之刑求，失主到案供称，傅某未有看见，我们不能冤枉好人，当其被获时又身无一物，既无人证物证，不能据刑逼取供，判处罪刑等情，纯从确定判决前所主张无罪之申辩，核与刑诉法四四一条各款所列之再审条件，无一相符，原法院认为无再审之理，以裁定驳回，洵无不合。[最高法院一九年（1930年）抗字第一零五号]

解　释

民刑两部分同时声请再审，应于再审终结前，中止民事进行，俾免两歧。[最高法院一七年（1928年）解字第一一六号]

查再审之诉，律文上并无只许一次提起之限制，故苟具备再审条件，自可于再审上诉被驳斥后，更行提起。[最高法院一七年（1928年）解字第一五三号]

第四百四十二条　科刑无罪免诉或不受理之判决确定后，遇有下列情形之一者，为受刑人或被告不利益起见，得提起再审。

一　有前案第一款至第三款及第六款情形者；

二　受无罪或轻于相当之刑之判决，而于法院或法院外，自白其犯罪事实者；

三　受免诉或不受理之判决，而于法院或法院外，自述其并无免诉或不受理之原因者。

文　义

被告即指被谕知科刑而未经确定判决者而言。受无罪之判决，即应科刑者而谕知无罪之判决是。受轻于相当之刑之判决，即应科重刑者，而谕知轻刑之判决是。例如甲系预谋杀人而捏供义愤杀人致受轻于相当之刑之判决是。法院外云者，包括一切处所而言，不限公署。受免诉之判决而自述其并无免诉之原因者，谓自述本应科刑而法院谕知免诉之判决是。受不受理之判决而自述其并无不受理之原因者，例如法官误认被告案件欠缺诉讼条件谕知不受理之判决，经被告于法院或法院外，自述其诉讼条件并无欠缺者是。

理　由

本条规定不利益于受刑人或被告之提起再审案件。盖判决之错误或不当，虽于受刑人或被告为有利益，然无以应裁判之精神，必坠法律之威信，故为受刑人或被告不利益起见，得提起再审，法于本条规定其提起再审之各项原因。

判　例

刑事诉讼律草案第四百四十六条，所谓被告人自白者，本以该被告人从前并未自白者为限。若将人殴伤后到案，即行供称是我打的，是已将犯罪事实完全自白，嗣于判决确定后，虽经检察官验明，被害人之伤逾三十日尚未痊愈，因以讯经被告人供称，我所打之人，伤没大好等语，自不得指为本条之自白，即不得据以为再审之原因。〔前大理院六年（1917年）上字第五四三号〕

查本案进行程序，初经县知事采证人甲乙之证言为基础，于民国六年三月十四日宣示堂判，将丙依和奸律科以五等有期徒刑八月，嗣于上诉期间经过后，该县知事以甲乙等证言不实，依对官员施诈术律，处以罚金，虽属引律错误，然此项判决，业经确定自实体上观察，是为判决基础之证言，已因他确定判决证明为虚伪，核与刑事诉讼律草案再理编第四百四十四条第二款相合，本已具备再审之条件。该县知事遂于五月六日将丙另行审判，依强奸律，定为执行无期徒刑，自可认为县知事本其检察职权，为被告人不利益起见所提起之再审。[前大理院七年（1918年）上字第九九七号]

查已确定所科罪刑，如依颁布在后之大赦令应在除免之列，则该罪刑即应归消灭，与仅系刑罚执行完毕，或已不受执行时情形不同，根本上原不发生再审问题，自不得为再审之提起。[前大理院一四年（1925年）抗字第一九二号]

受刑人于判决确定后，须发现有免诉或撤销公诉或较原判决应受轻刑之确实证据，足以指摘其原判为不当，始得请求再审。[最高法审一六年（1927年）抗字第四号]

解　释

再审条件相合时，亦可为被告人不利益起见，请求再审，对于该确定之部分，不得另案起诉。[前大理院七年（1918年）统字第八九一号]

对于法院所为无罪之判决，检察官得于上诉期间中提起上诉。判决如已确定，苟具备法定再审之条件，并得请求再审。[司法院一八年（1929年）院字第一八三号]

第四百四十三条　于第四百四十一第一款、第二款、第五款及第六款情形，而不能开始或续行刑事诉讼者，得以确定判决以外之证明，提起再审；但刑事诉讼因证据不足而不能开始或续行者，不在此限。

文　义

不能开始刑事诉讼者，如于未提起公诉以前被告死亡或其他事由不开始刑事诉讼者是。不能续行刑事诉讼者，如于审判进行中而被告死亡，或其他如大赦逃亡，时效届满等事由，致不能续行刑事诉讼者是。

理　由

本条规定并无确定判决而得证明原判决不当者之再审案件。按提起再审，必须有证明足为再审之原因。据本法之规定，以确定判决为证明者，其类有四，即一为判决基础之证据，须经其他刑事确定判决，证明其为伪造或变造者；二为判决基础之证言鉴定或通译，须经其他刑事确定判决，证明其为虚伪者；三受刑人须经其他刑事确定判决，证明其系被诬告者；四参与原审判决或前审判决之推事，参与侦查或起诉之检察官，须因该案件而犯职务上之罪，其科刑之判决已经确定者。凡此情形，依第四百四十三条之规定，必须有其他确定判决之证明，始得为提起再审之原因。虽实际上存在再审之原因，而因其他之事由，无由得其他刑事之确定判决为之证明时，苟仍不达再审之目的，不免引起苛酷之嫌。故法律特为救济，对于第四百四十一条，设补充之规定，许以确定判决以外之证明，提起再审。惟若因证据不足致不能开始或续行刑事诉讼者，提起再审之根据，根本已不存在，断不能妄测该事实之有无，以定提起再审之能否也。

第四百四十四条　再审于刑罚执行完毕，或已不受执行时，亦得提起。

文　义

已不受执行时者，即因行刑权时效完成、大赦、特赦、宣告缓刑期满未经撤销，及假释期满未经撤销，而不得不执行刑罚之时。

理　由

本条规定提起再审之时期。再审制度原为重视被告利益及发见真实而设，提起时期，别无制限，故无论刑罚之执行是否完毕，或已不受执行之时，均于再审之提起，不生影响。而再审之提起，为受刑人利益抑为不利益起见，亦非所问。惟因大赦或时效完成后，则不许为被告不利益起见，提起再审。

第四百四十五条　提起再审除有特别规定外，应由判决之原审法院管辖之。

案件曾上诉于第二审法院，而就未经上诉之部分提起再审者，由第二审法院管辖之。

案件因第三审法院判决而确定者，除因第三审法院之推事有第四百四十一条第六款情形而提起再审者外，由原第二审法院管辖之。

文　义

特别规定，即指本条第二项及第三项之规定而言。判决之原审法院云者，如第一审为有罪之判决确定者，则以第一审法院为原审法院，若第一审法院所为判决，经第二审撤销改判，或第二审法院所为判决经第三审法院撤销改判者，则应以撤销改判之第二审第三审法院为判决之原审法院。

理　由

本条规定管辖再审之法院。再审案件之管辖，因事实上之便利，以归判决之原审法院管辖为宜。故以由判决之原审管辖为原则。

第二审亦有审理事实之职权，故案件曾上诉于第三审法院，而就未经上诉之部分提起再审者，不由原审法院管辖，而由第二审法院管辖，以求便利。

第三审为法律审，并不调查事实，故虽已经过第三审法院判决确定之案件，亦须由第二审法院管辖。但第三审法院推事对于该案件犯职务上之罪，已经判决确定者，应由第三审管辖。

判　例

查呈准暂行援用之刑事诉讼律草案再理编第四百四十七条第二项规定，就控诉案件中未经控告之部分，请求再审者，亦由控诉审衙门管辖之等语，系指同案共犯中之一人控诉。其未经控诉之人，若经请求再审，应由受理控诉之审判衙门管辖。〔前大理院九年（1920年）抗字第八七号〕

按再审之请求，由原判决之法院管辖之，修正刑事诉讼律第四百四十七条第一项规定至明。所谓原判决云者，自系概括的规定，不限于为实体之裁判而言，在控告法院虽只为程序上之判决，但既因其判决而生确定之效力，则该法院即得为再审之管辖。〔最高法院一七年（1928年）抗字第九〇号〕

解　释

查覆判审判决后，发见有再审之原因者，应归覆判衙门管辖。〔前大理院八年（1919年）统字第九三三号〕

查县知事既兼有检察审判两职权，则无论县署所判刑事案件，系自审理，抑或承审员审理，均得以检察职权提起上诉。对于业经确定之判决，如果合于再审条件，认为应行再审者，亦可径为开始再审之批谕。至再审之案，若应归本县署管辖，自无庸先行呈请上级官厅核示。〔前大理院八年（1919年）统字第一一一三号〕

查第三审法院,将案件发回第二审法院更为审判后,原第一审法院改隶于他法院之事实,并无变更第三审判决之效力。[司法院一八年(1929年)院字第一一三号]

第四百四十六条 为受刑人利益起见之再审,下列各人,得提起之。
一 管辖法院之检察官;
二 受刑人;
三 受刑人之法定代理人保佐人或配偶;
四 受刑人已死亡者其亲属。

文 义

为受刑人起见之再审,即依第四百四十一条所提起之再审。管辖法院之检察官者,即配置管辖再审法院之检察官。

理 由

本条规定为受刑人利益起见之有提起再审权者。本条规定有提起权者,凡有四种。盖检察官代表公益,既经发现错误,自当以权纠正之,此检察官所以提起再审权也。受刑人为关系判决利害最大者,倘判决错误,苦痛滋深,故应有提起再审之权。至若受刑人之法定代理人保佐人或配偶,或受刑人已死亡者其亲属,皆予以提起之权者,实为贯澈再审制度之精神计也。

第四百四十七条 为受刑人或被告不利益起见之再审,管辖法院之检察官及自诉人,得提起之。

文 义

为受刑人或被告不利益起见之再审,即依第四百四十二条而提起之再审。

理 由

本条规定为受刑人或被告不利益起见之有提起权者。检察官为公益之代表,不问受刑人有利益与否,均得提起再审。自诉人在自诉案件之地位,与公诉之检察官同,苟以为原判决对于受刑人或被告失诸宽纵果有理由,亦得提起再审。

第四百四十八条 提起再审,无停止执行刑罚之效力;但管辖法院之检察官,于再审之裁定前,得命停止。

理 由

本条规定提起再审之效力。提起再审,原则上无停止刑罚执行之效力。故虽提起再审,仍得开始或继续执行刑罚,以免抱迂延刑罚执行之目的,滥为再审之提起,而妨确定判决之效力。但管辖法院之检察官,于再审之裁定前,认为宜予停止执行者,得命停止,是为例外。

第四百四十九条 提起再审,应以书状叙述理由,向该管法院为之,并附原审判决之缮本及证据。

文 义

叙述理由,即记明其提起再审之原因事实。

理 由

本条规定提起再审之程式。即提起再审应以书状为之,并应于书状内叙述提起再审之理由。此项书状,应向管辖再审之法院提出。并应附具原审法院判决缮本及证明足为再审原因之证据。各项程式,皆为提起再审之法定程式，不容违背，否则即为提起再审之程序违背规定，应以裁定驳回之。

第四百五十条 再审于裁判前，得撤回之。

理　由

本条规定再审之撤回。撤回再审，亦属当事人所得处分之权利，其理由与起诉及上诉之撤回同。撤回之时期，限于裁判以前，如经裁判，自不许当事人再有此项权限。撤回再审，系抛弃再审提起权之意思表示，故既为撤回后，则嗣后不得以同一之事由，提起再审。

第四百五十一条 再审之提起及撤回，准用第三百六十五条、第三百七十二条、第三百七十四条关于上诉之规定。

理　由

本条明示再审之提起及撤回准用之法则。盖关于在监狱之被告提起上诉之特别程序，及一般舍弃或撤回上诉之程式，或提起舍弃或撤回上诉之通知，与再审之特定人之提起及撤回或通知之程序从同，法避繁复，故设本条。即（一）在监狱或看守所之被告，提起再审者，应经监狱或看守所长官提出书状，不能自作书状者，应由监狱或看守所之公务员代作，监狱或看守所长官，接受书状后，应附记接收之年月日时，转送再审法院。（二）舍弃再审提起权，或撤回再审，应以书状为之，但于审判时，亦得以言词为之。以言词舍弃再审提起及撤回再审者，应记载于笔录，舍弃或撤回再审，自声明之日起，即生效力。（三）再审之提起，或舍弃撤回，再审法院书记官，应从速通知他造当事人。又应注意者，再审权之舍弃刑诉法无明文规定，能否舍弃，学者间意见亦不一，余主张应许舍弃。

第四百五十二条 法院认为提起再审之程序违背规定者，应以裁定驳回之。

文　义

提起再审之程序违背规定者，即谓提起再审不合要件及程式。所谓提起再审不合要件，例如对于不得为提起再审之判决而提起再审，或不向管辖法院提起，或无提起再审权人之提起等情形是。所谓不合程式，例如提起再审不以书状为之，或书状不具理由，或不附原审判决之缮本及证据等情形是。

理　由

本条规定形式的驳回提起再审之裁定。即管辖再审法院首先调查再审之提起，是否合于要件，不背程式，若认为提起再审之程序，系违背规定，应以裁定驳回之。

第四百五十三条 法院认为无再审理由者，应以裁定驳回之。

文　义

无再审理由，即提起人所主张之原因事实，其所附证据不足以资证明者是也。

理　由

本条实质的驳回提起再审之裁定。提起再审，形式上虽不违背提起再审之程序，而于实质上则无理由者，自无为之开始再审之理，仍应以裁定驳回之。

第四百五十四条 法院认为有再审理由者，应为开始再审之裁定。

经前项裁定后,得以裁定停止刑罚之执行。

文　义

有再审理由云者,即谓提起再审人所主张之原因事实,既合于法定条件,而所附证据复足为证明者是也。

理　由

本条规定有再审理由裁判之程式。即法院认为有再审理由者,首应为开始再审之裁定,不得径行开始再审,所以然者,昭慎重也。

开始再审之裁定,不过宣言开始再审程序,于原确定判决之效力无关,故仍应执行以维判决之效用。但为开始再审之裁定后,应进行再审之审理,则原确定判决是否须予撤销,亦在未可知之数,是以法院于为上项之裁定后,得斟酌情形,依自由意思以裁定停止刑罚之执行,此本条第二项之所设也。

第四百五十五条　对于第四百五十二条、第四百五十三条及第四百五十四条第一项之裁定,得于五日内抗告。

理　由

本条规定对于再审之裁定,声明不服之方法。即提起再审之人对于法院认为提起再审不合法而驳回之裁定,及法院认为提起再审无理由而驳回之裁定,或提起再审之他造当事人对于法院所开始再审之裁定,如有不服,均得提起抗告。抗告期间以五日为限。至对于停止刑罚执行之裁定,仅得对于开始再审之裁定,一并抗告,单为停止刑罚执行裁定抗告,非法所许。

判　例

再审案案件，对于法院认为无再审理由而驳回之裁定，得于五日内抗告，为刑诉法四五五条所明定。本件抗告人于判决确定后，声请再审，经原法院认为再审无理由，依刑诉法四五三条裁定驳回，于十九年一月二十四日，送达裁定正本于抗告人，即令不算入第一日，由送达之翌日起算计，至同月二十九日，抗告五日之期限，业经届满，乃抗告人迟至二月三日，始将抗告书状提出于原法院，已逾法定期限五日，其抗告程序，显系违背规定。[最高法院一九年（1930年）抗字第八八号]

第四百五十六条　开始再审之裁定确定后，法院应依其审级之通常程序，更为审判。

文　义

开始再审之裁定确定，即对于开始再审之裁定经抗告而驳回或逾抗告期限不为抗告而确定者是。依其审级之通常程序更为审判者，如系第一审判决之再审，依第一审程序更为审判，第二审判决或第三审判决之再审，依第二审第三审之程序，更为审判是。

理　由

本条规定开始再审后之审判程序。再审系对于确定判决，再为审理，故审理之程序，依其审级之通常程序，至原判决与再审之判决符合与否，自非所问。

第四百五十七条　为死亡之受刑人利益起见，提起再审之案件，毋庸开庭审判，应咨询检察官意见，径行判决。

为受刑人利益起见，提起再审之案件，受刑人于再审判决前死亡者亦同。

依前二项规定所为之判决，不得上诉。

理　　由

本条规定关于为死亡之受刑人利益提起再审审判之程序。案件之再审，应依管辖法院审级之通常程序，更为审判，故须依本法第二编第一章第三节规定之一般法则，进行事实之审理，以为裁判，从而被告不出庭，则原则上不得审判，被告已死亡者，应谕知免诉之判决，以终结诉讼关系。在再审之旨趣，固为纠正原判决之不当，实着重受刑人之利益。所谓受刑人，应不限于生存之受刑人，即受刑人已死亡，亦许为其提起再审，以重受刑人之名誉。然再审应依一般程序，更为审判，则对于死亡之受刑人，无从命其出庭，加以讯问，法律因此对于审判程序，不得不设例外，以资救济，此本条第一项及第二项之所设也。

对于为受刑人利益，提起再审，于判决前受刑人死亡者，及为死亡之受刑人利益提起再审，所为之判决，均不能更为不利益之于受刑人之判决，故以一次审判为止，不许上诉，法于本条第三项，特着明文禁止之。

第四百五十八条　为受刑人或被告不利益起见，提起再审之案件，受刑人或被告于再审判决前死亡者，其再审及关于再审之裁定，失其效力。

理　　由

本条规定关于为受刑人或被告不利益提起再审，受刑人或被告死亡时之效力。凡为受刑人或被告不利益而提起再审者，以其人存在为必要，盖既可以便自为辩护，并可使受刑罚之执行也。故于提起再审前而死亡，自不许提起再审，即提起再审后于再审判决前死亡者，既不存犯罪之主体，亦无再审之必要。其再审及关于再审之裁定，均失效力，究其情状与未提起再审者同。

第四百五十九条 为受刑人利益起见，提起再审之案件，谕知科刑之判决者，不得重于原审判决所谕知之刑。

理　由

本条规定限制再审判决之科刑。盖凡为受刑人利益起见而提起再审，原冀获较轻或不罚之判决，若与以科较重刑之判决，是为利益而提起再审者反罹不利，揆之为受刑人利益而许再审之旨，实不相符，故设本条规定，以限制之。

第四百六十条 为受刑人利益起见，提起再审之案件，谕知无罪之判决者，应将该判决书刊登公报，或其他报纸。

理　由

本条规定公示于再审之无罪判决书。盖前虽被有罪确定判决，经再审而获昭雪，则以前所受名誉之损害，不可不有恢复方法，法律因此设定本条。

第七编 简易程序

（第 461—475 条）

本编规定简易程序之法则。通常审判程序，手续繁重，动须时日，但期真实之发见，保裁判之信用，自不能删繁就简草率从事。其义浅显，要无多言。惟轻微案件，案情明了，则不经通常审判程序，以期速结而免拖累，于实际上亦非无便利存焉，法律因此设定本编。

第四百六十一条 最重本刑为六月以下有期徒刑、拘役或专科罚金之案件，具有下列情形之一者，法院得因检察官之声请，不经通常审判程序，径以命令处刑。

一　犯罪事实，据现存证据，已属明确者；

二　被告于侦查中自白者。

前项命令，对于其他之必要处分，得一并为之。

理　由

本条规定径以命令处刑之要件。依本条规定，其要件一须最重本刑为六月以下有期徒刑、拘役或专科罚金之案件，二须犯罪事实据现存证据已属明确，或被告于侦查中自白者。盖非轻微案件，关系公益，至为重大，固必须依通常审判程序，即属轻微案件，而犯罪事实现存证据，尚未明确，或被告于侦查中并未自白者，则罪刑攸关，故亦不得弃繁就简，涉于粗疏。案件之是否按照简易程序办理，固由法院自由裁断，虽经检察官声请，苟认为于法不得以命令处刑或因其他情形，不宜以命令处刑者，仍适用通常程序审判之。而法院得不经通常审判程序，径行命令处刑者，要以有检察官之声请为前提，故如无检察官之声请，纵使法院以为案情轻微简单，以命令处分为简当时，亦不得依简易程序办理。

法院为处分命令时，对于其他之必要处分，如命令羁押谕知缓刑、没收等之必要处分，均得一并为之。

解　释

处刑命令，既限于轻微案件，方得适用，而按照处刑命令暂行条例（已失效）第一条规定，又系因检察官之声请，则处刑纵有出入，亦无再许检察官声明异议之必要。[前大理院一一年（1922年）统字第一六八七号]

第四百六十二条 检察官声请以命令处刑者,应以书状记载下列事项:
一 被告之姓名性别、年龄、籍贯、职业、住址;
二 犯罪之日时处所;
三 犯罪之证据;
四 犯罪之行为及应适用之法条。
前项声请,以起诉论。

理　由

本条规定声请命令处刑之程式。检察官声请以命令处刑者,应以书状记载被告之姓名、性别、年龄、籍贯、职业、住址,犯罪之日时处所,犯罪之证据,与犯罪之行为及应适用之法条。此项记载,其关于犯罪者,较之起诉书状,尤须详明,以便法院审查,而期迅速处分。至若以言词为声请,自非法之所许。第二项规定声请之效力,以命令处刑之声请,其效力与起诉同。纵经法院审查仍适用通常程序审判,亦无庸检察官再行起诉。

解　释

查处刑命令暂行条例(已失效)第二条第一项各款内,并无如第六条第一项第三款之规定,是检察官声请以命令处刑之书状内,无庸指定刑期或金额,本甚明白。惟检察官侦查案件,亦有注意及科刑标准条例(已失效,即刑法第七十六条所列之事项),第一条所定各称情形,因而确信该案被告人应量处某刑者,斯时自不妨附列其意见于书状之后,以备简易庭推事参酌办理。[前大理院一零年(1921年)统字第一五一八号]

检察官声请以命令处刑之前,应否传讯被告人,应由检察官酌量办理。被告人已到案,仍得依简易程序起诉。[前大理院一一年(1922年)统字第一六八零号]

第四百六十三条　检察官声请以命令处刑案件，经法院认为于法不得以命令处刑，或因其他情形不宜以命令处刑者，仍适用通常程序审判之。

文　义

不得以命令处刑，即不合于第四百六十一条规定之条件也。不宜以命令处刑者，即虽合简易程序办理之条件，但因其他情形，不宜以处刑命令者是。

理　由

本条为对于命令处刑之声请定法院之处置办理。即法院对于检察官声请以命令处刑之案件，如认为合法，且以命令处刑为有实益时，固得不经通常审判程序，以命令处刑。然如认为不合法，不得以命令处刑，或因其他情形，不宜以命令处刑者，仍应适用通常程序，进行审判，以昭慎重。

解　释

检察官依简易程序起诉案件，应否仍依通常程序办理，简易庭得自行认定，既无须移交，亦无须附加理由。[前大理院一一年（1922年）统字第一六八零号]

处刑命令暂行条例第五条，所称案件应处五等有期徒刑，或因其他情形，认处刑命令为不当者云云，系指法定主刑，虽系五等有期徒刑以下之刑，而审判衙门认为应处五等有期徒刑，或另有其他情形，认命令处刑为不当者而言。[前大理院一一年（1922年）统字第一六八七号]

第四百六十四条 法院于认定事实有必要时，得传讯被告，或调查其他证据。

理　由

本条规定传讯调查之例外。盖以命令处刑之案件，非证据明确，却已经被告自白，故得不适用通常程序，依书面审理，更无庸传讯被告或调查证据。但法院于认定事实有必要时，则为求发见真实起见，应得讯问被告并调查证据。此项讯问及调查程序，仍依法律所定之通常办理，所不俟论。

解　释

处刑命令暂行条例第三条，简易庭推事于认定事实有必要时，得传讯被告人或调查其他证据，则简易庭推事，自不得以被告人未到为理由，即改依简易程序审判。[前大理院一一年（1922年）统字第一六八零号]

第四百六十五条 法院于检察官声请以命令处刑案件，应即处分，不得逾二日。

前项案件，因认定事实，须传讯被告或调查证据时，得延期处分，但至迟不得逾五日。

理　由

本条规定法院处分之期限。命令处刑，原期案件速结而免拖累。故法院于检察官声请以命令处刑案件，应即处分，不得逾二日。但有时须传讯或调查者，则非略予延期不可，惟仍不得逾五日之限制，以贯澈简易之旨趣。

第四百六十六条 处刑命令,应依一定简略方式,记载下列事项:
一 被告之姓名、性别、年龄、籍贯、职业、住址;
二 犯罪之日时处所;
三 犯罪之行为及适用之法条;
四 应科之刑罚,及必要之处分;
五 命令处刑之法院,及年月日;
六 自接收处刑命令之日起,五日内,得声请正式审判。
前项处刑命令,应由命令处刑之推事,署名盖章。

理　由

本条规定处刑命令之程式。处刑命令,依简略之程式,不取如判决书之复杂,其程式须有一定,故设本条,明示其规。

第四百六十七条 处刑命令,应以正本送达于当事人;但当场交付本人者,以送达论。
被告于接收前项处刑命令之日起五日内,得向命令处刑之法院,声请正式审判,不得径行上诉。

文　义

声请正式审判云者,即请求依通常程序审判之意。

理　由

本条规定处刑命令之送达。处刑命令内容如何,应使当事人知晓,故须以正本送达于当事人。当场交付本人者,送达之目的,即已达到,无庸更为送达。

处刑命令,固期速结,但不可徒偏速结,而不顾被告利益,故被告如不服处刑命令者，当有救济方法，即于接收之日起五日内，得向命令处刑之法院，声请正式审判。处刑命令，原非正式裁判，纵有不服，只可声请正式审判，不得径行上诉。又此项声请程式，法律虽并无特别规定，自应以书状为之，惟当场谕知命令者，得以言词为之。

解　释

未将正本送达之处刑命令，被告人无论何时，均得声明异议。[前大理院一零年（1921年）统字第一五二六号]

处刑命令如经被告人声明异议，仍应由地方审判厅简易庭另为正式第一审之审判，故以明文特定声明异议之期间。[前大理院一一年（1922年）统字第一六八七号]

对于处刑命令，不能提起上诉，即使处刑错误，或不当，依刑事诉讼法第四六七条第二项，非被告不得声请正式审判。[司法院一八年（1929年）院字第一六九号]

第四百六十八条　被告得舍弃声请权。

理　由

本条规定声请正式审判权之舍弃。声请正式审判，非被告之义务，乃其权利，声请与否，任其自由。更设本条，明示其旨。

解　释

舍弃上诉权，如能证明非出本意，即属无效，除逾期外，毋庸声请回复，舍弃声明异议之声明权亦同。[前大理院一零年（1921年）统字第一五二六号]

第四百六十九条 正式审判之声请,于第一审判决前,被告得撤回之。

理 由

本条规定正式审判声请之撤回。声请权既属被告之权利,在未声请前固得舍弃,声请之后,亦得撤回。因撤回而确定处刑命令。但撤回须于第一审判决前为之,以杜取巧之弊,而维诉讼秩序。

第四百七十条 舍弃声请权,及撤回声请,应以书状向命令处刑之法院为之;但当场交付命令正本或审判时,得以言词为之。

以言词舍弃声请权或撤回声请者,应记载笔录,舍弃声请权或撤回声请者,丧失声请权。

理 由

本条规定舍弃及撤回声请权之程式及其效力。舍弃声请权及撤回声请,应向命令处刑之法院为之,盖正式审判,仍属于命令处刑之法院也。无论舍弃或撤回,均须用书状,惟当场交付命令正本或审判时,得以言词为之。

以言词舍弃声请权或撤回声请者,应记载笔录,以资证明,而免遗忘。声请权一经舍弃或撤回,则不得再行声请,以免权利之行使永不确定,而棼诉讼之程序。

第四百七十一条 正式审判之声请,经认为违背法律上之程式,或其声请权已丧失者,应以裁定驳回之,此项裁定,得于五日内抗告。

文 义

违背程式者,即与声请之法定程式不合也。声请权已丧失者,指逾越声请权行使之期限或舍弃声请权或撤回声请,致声请权归于丧失者是。

理　由

本条规定正式审判声请不合法之驳回。法院认正式审判之声请，系违背法律上之程式或已丧失其声请权者，自不能准其所请，应以裁定驳回。被告对于驳回声请之裁定，不无利害关系，故于五日内，得行使抗告之权利。

第四百七十二条　正式审判之声请，经认为合法者，应依通常程序审判，不受处刑命令之拘束。

理　由

本条规定正式审判声请合法者法院愿为之程序。即正式审判之声请为合法时，法院应依通常程序进行审判。前所为处刑命令之法院及为正式审判之法院，均系同一，即由为原处刑命令之推事为正式审判，亦无不可。处刑命令于正式审判判决前，虽不失其效力，但不受处刑命令之拘束，应自程序及实体二方面为独立之审判，故正式审判所认定犯罪事实与处刑命令之所认定，纵使不相符合，固无关系，即于正式审判较处刑命令所定刑罚，更科以重刑，亦无不可。

第四百七十三条　声请正式审判之案件，被告经传唤无正当理由不到者，得不调查证据，径以判决驳回之。

理　由

本条为以判决驳回声请正式审判之规定。即法院对于声请正式审判案件之被告，经传唤无正当理由而不到案者，可不待调查证据，径以判决驳回其声请。因被告既自抛弃行使防御权之权利，自不必再予保护，故可不待調查证据而为判决，其得不待陈述而为驳回判决，尤不待言。惟被告虽经传不到，径为驳回判决与否，亦由法院斟酌情形定之，苟认为有传讯被告或调查证据之必要，不径为驳回判决，仍予传讯或调查证据，自无不可。

第四百七十四条 声请正式审判之案件，于谕知判决后，处刑命令，即失其效力。

理　　由

本条规定处刑命令之消灭。即为处刑命令之法院，因正式审判之声请，依通常程序审理为之判决时，处刑命令，当然失其效力，无庸为废弃原命令之谕知。至该判决与原命令所认定之事实，或科刑，是否相同，固非所问。而该判决嗣后曾否确定，亦与原命令之消灭，毫无影响。

第四百七十五条 处刑命令已经过声请期间或丧失声请权者，与确定判决有同一之效力；驳回声请之裁判，已经确定者，亦同。

理　　由

本条规定处刑命令之效力。处刑命令之效力，因确定而发生，确定之原因，即：一、被告对于处刑命令已逾第四百六十七条第二项所定之五日期间，而未声请正式审判者；二、声请正式审判之权，因舍弃或撤回丧失者；三、经声请因不合被裁定驳回而该裁定逾抗告期间复经确定者。凡有上列原因之一，处刑命令即因之确定。

处刑命令确定时，与确定判决有同一之效力，故因处刑命令之确定，该案件之起诉权即归消灭，不得更为侦查起诉。否则，提起诉追，法院应为驳回起诉之裁判。唯有再审或非常上诉之原因时，得准用再审及非常上诉程序之规定处理。

解　释

处刑经执行，而未如期声明，则此项命令，即与确定判决有同一之效力。[前大理院一零年（1921年）统字第一五二六号]

第八编 执行

（第476—505条）

执行者，谓具体现实确定裁判内容之行为也。裁判既为以认定或创设消灭诉讼法上之权利关系或刑罚法上之法律关系为目的之诉讼行为，则关于认定或创设消灭此法律关系为目的之宣言，苟不使之具体实现，不得谓已达其目的。例如因科刑之判决，而确定国家刑罚权之存在及其范围，然其所确定之刑罚，对于受刑人若不现实执行，即不得谓已达刑事诉讼之目的。此执行制度所由成立也。执行之范围甚广，凡判决裁定处刑命令及其他处分之执行，皆包含之，原非仅限于刑罚之执行，惟在实际上，要以刑罚之执行为多。

本编规定关于刑事裁判执行之法则。盖裁判之效力，刑罚权之实施，不有执行，何由表现。而诉讼程序，亦终结无由，此执行之重要，已如前述，固无待赘矣。顾执行之道，不得其宜，纵令法律完备，裁判公平，仍属虚文，非但未能收法律之效果，且将坠落法律之威信。故关于执行之程序，应有规定，爰设本编。

第四百七十六条 裁判于确定后执行之，但有特别规定者，不在此限。

理　由

本条规定裁判执行之时期。凡裁判不问其为判决裁定，抑为命令，皆有执行力。而裁判之执行，有施用强制处分者，有不然者，例如谕知科刑判决之执行，逮捕羁押之执行，撤销保释责付裁定之执行，缓刑撤销裁定之执行，及对于证人鉴定人等命赔偿费用裁定之执行等，及其他以限制人自由之裁判执行，皆属于前者。至如无罪不受理免刑缓刑及谕知驳回公诉管辖错误等裁判之执行，或保释责付等裁定之执行，则属于后者。无论何种裁判，概以确定后执行为原则，而裁判因迄于不得以上诉或抗告之方法声明不服之状态时，始生确定。但在例外，有得于确定前执行之裁判，例如羁押保释扣押，或扣押物发还之裁定等，虽许抗告，但不因抗告之提起，当然停止执行之裁判。是又执行于裁判确定后即须为之，是为原则，然亦有不依此原则者，如死刑之执行，非待司法部覆准，不得执行是也。

令

查刑罚非于审判确定后，不得执行，如未经过上诉期间而被告人又未舍弃上诉权，当然不能执行其刑罚。该县所举上诉前缴纳罚金及折易罚金情形，均属法所不许。如该县确有此种事实，其误收之罚金，虽已贴用印纸，仍应予以发还。[前司法部一二年（1923年）指令第九四一六号]

第四百七十七条　执行裁判，由谕知该裁判之法院之检察官指挥之，但其性质应由法院或审判长指挥者，不在此限。

因上诉抗告之裁判，或因撤回上诉抗告而应执行下级法院之裁判者，由上级法院之检察官指挥之。

前二项情形，其卷宗在下级法院者，由该法院之检察官指挥执行。

文　义

裁判之性质应由法院或审判长指挥者，如审判中拘提羁押搜索勘验等之处分或裁定之执行是也。因上诉抗告之裁定而应执行下级法院之裁判者，谓上级法院以判决驳回上诉或以裁定驳回抗告，因而确定下级法院之裁判应予执行也。因撤回上诉抗告而应执行下级法院之裁判者，谓因撤回上诉或抗告而确定下级法院之裁判，应予执行也。卷宗在下级法院者，如已将卷宗发回下级法院等情形是。

理　由

本条定裁判执行之指挥者。指挥裁判执行，法律为保全推事公平裁判之地位，不使担负审判以外之事务，又使检察官有敏速执行之便益，故视裁判之执行，为司法行政处分，指挥执行之职，由检察官负之。但裁判之性质，应由法院或审判长为之者，则是例外。此第一项之设也。

指挥裁判之执行，以由谕知该裁判之法院之检察官为原则，然检察官乃上下一体，故为实际上之便利，凡因上诉抗告之裁判，或因撤回上诉抗告，而应执行下级法院之裁判者，由上级法院之检察官指挥。此第二项之设也。

诉讼卷宗，如在上诉法院，由上诉法院之检察官指挥执行为便。如在下级法院，则由下级法院之检察官指挥执行较为敏速，此第三项之设也。

判　例

传厅问话，不能视为刑诉律草案第四九五条第一项之执行命令，

即不能谓于时效完成前已有相当之执行行为，为发生刑律第七十五条时效中断之效力。[前大理院七年（1918年）抗字第四七号]

解　释

刑罚执行命令，即指挥执行裁判之命令，自不得与裁判歧异，管狱员发现执行令，有与裁判不符时，应即呈请该管长官核夺。[前大理院九年（1920年）统字第一二四零号]

私诉裁判，仍应依刑事诉讼条例第四百八十六条（即本法本条）之原则，由检察官指挥执行。[前大理院一二年（1923年）统字第一八二五号]

查前北京临时执政赦令与国府法令抵触，在各省区隶属国府领域后，自不能援用。惟从前检察厅如已依当时法令，处分免予执行，其处分仍属有效。[最高法院一七年（1928年）解字第一七零号]

刑法第一百八十五条、第三百三十二条所载担负登报之费用，及刑事诉讼法第九十五条、第一百十三条所载赔偿之费用，均系关于刑事之制裁，自可由检察官执行。[最高法院一七年（1928年）解字第二四一号]

就自诉案件执行裁判，仍应由谕知该裁判之法院之检察官指挥之，与公诉案件，并无区别。[司法院一八年（1929年）院字第一六一号]

第四百七十八条　指挥执行，应以书状为之，并附裁判书或笔录之缮本或节本。

理　由

本条规定指挥执行之程式。指挥执行，关系至重，如仅用言词指挥，恐不免贻误。故本条规定必用书状，并附裁判书或笔录之缮本节本，以资证明，而昭慎重。

第四百七十九条 二以上之主刑之执行，除罚金外，应先执行其重者；但有必要时，检察官得命先执行他刑。

理　由

本条规定二以上之主刑执行之次序。对同一被告须执行二以上之主刑，性质上不得同时执行之，应明定其次序，此本条所由规定也。例外则检察官得从事宜，暂缓执行重刑，先执行其他刑罚，亦无不可。

第四百八十条 谕知死刑之判决确定后，检察应速将该案卷宗，送交司法部。

理　由

本条规定死刑申报之程序。人之生命，一经剥夺，回复无由，故死刑为刑罚中之最重者，不可不郑重其程序。刑法于第五十三条，特规定死刑非经司法部覆准，不得执行，诚以受刑人恐有请求特赦或提起再审并非常上诉之原因，且示郑重也。于刑事诉讼法，则设本条规定。

第四百八十一条 死刑经司法部覆准后，应于文到三日内执行之。

理　由

本条规定司法部覆准后死刑执行之期间。应执行死刑者，于司法部覆准后，若历久不执行，匪特徒耗国家之经费，且增囚人之痛苦，实际上毫无实益。故应于文到三日内执行之。

令

查现行法制,抗告无停止执行裁判之效力。该被告对于第三审判决提起抗告显非合法。审核原状内容亦并无足以停止执行之理由,江苏高等法院首席检察官竟为暂缓执行之呈请,在法律上既无根据,且违背本部覆准执行之命令,殊属不合。仰即转饬依法执行,具报备核。[前司法部一七年(1928年)指令最高法院首席检察官第一三六〇号]

第四百八十二条 执行死刑,应由检察官莅视,并命书记官在场。

执行死刑,除经检察官或监狱长官之许可者外,不得入行刑场内。

理 由

本条规定死刑执行之程式。检察官为指挥执行官吏,执行死刑,应须莅视。书记官为制作文件者,亦应在场。

死刑公开执行,义取威吓,非惟无警戒效力,且足以助长残忍之风,故法取密行主义,在刑法第五十三条第一项,定有明文,在本法则设本条第二项之规定。

第四百八十三条 执行死刑时,应由在场之书记官,制作笔录。

笔录应由检察官及监狱长官署名盖章。

理 由

本条为死刑执行笔录之规定。执行死刑时,应由在场之书记官,制作笔录,以便稽考。笔录记载事项,法律虽无其规定,但记载为明了执行状况所必要之事项,属事之当然。笔录并须由检察官及监狱长官,署名盖章,昭示慎重而明责任。

第四百八十四条 受死刑之谕知者,如在心神丧失之时,于其痊愈前,由司法部命令停止执行。

怀胎妇女受死刑之谕知者,于其生产前,由司法部命令停止执行。

依前二项规定停止执行者,于其痊愈或生产后,非有司法部命令,不得执行。

理　由

本条规定停止死刑执行之情形。盖罹心神丧失者,不能了解行刑之义,如仍执行,有戾行刑之本旨,且使不能为最后之遗言。刑止一身,固不能罪及无辜之胎儿,法律重视人道,故设本条。

第四百八十五条 受徒刑或拘役之谕知,而有下列情形之一者,依检察官之指挥,于其痊愈或该事故消灭前,停止执行。

一　心神丧失者;

二　怀胎七月以上者;

三　生产未满一月者;

四　现罹疾病,恐因执行而不能保其生命者。

理　由

本条规定停止自由刑执行之情形。本条规定亦为重视人道主义而设。盖心神丧失者不能了解行刑之义,已如前条所述。怀胎七月以上及生产未满一月者,为重视孕妇产妇卫生,及胎儿之安全计,故得停止执行。至现罹疾病恐因执行而不能保其生命者,则为合行刑之本旨,及保护受刑人生命法益,故亦列为停止执行之原因。至停止执行之时期,当然以该受刑人疾病痊愈或事故消灭时为止,届时应由检察官指挥继续执行。

解　释

停止执行，为裁判之执行上所不可缺之制度，自可援用该草案各本条程序办理。至县知事既兼审检职权，自能受理此项申请，径予准许，但仍应呈报上级监督机关。〔前大理院五年（1916年）统字第五二五号〕

刑事诉讼律第四八七以下各条，关于受谕知徒刑拘役者之停止执行，既应由检察官指挥或许可，则有检察权之县知事，自可准照办理。〔前大理院一一年（1922年）统字第一七一九号〕

查刑事诉讼法第四百八十五条之规定，自指未受执行者而言，若已在执行中，而有该条所列各款情形时，应由监狱长官依照监狱规则第六十六条及第六十七条各规定呈请监督官署许可后保外医治或移送病院，其在外或病院之日数，仍算入刑期内。〔司法院一八年（1929年）院字第八七号〕

吸食鸦片之人，因年已衰老或吸食成瘾，于徒刑执行中烟瘾发作，恐其变成不治之重症，且在监狱内不能施适当之医治者，得依监狱规则第六十六条，及禁烟法第十一条末段之规定，移送医院，限期戒烟，在院期间，仍算入刑期之内。但烟瘾发作，在未执行之前者，应依刑事诉讼法第四百八十五条第四款，及禁烟法第十一条末段之规定办理。〔司法院一九年（1930年）院字第二四三号〕

第四百八十六条　依前条第一款及第四款情形，停止执行者，检察官得将受刑人送入病院，或其他适当之处所。

理　由

本条规定依前条停止刑罚执行者之保护处分。无论心神丧失及其他疾病，疗养诊治，自以专门病院为宜。孕妇产妇，看护需人，留置监狱，必多窒碍，自应送入病院或其他适当之处所，藉资调护。法律为受刑人利益计，故设本条。

第四百八十七条 受死刑徒刑或拘役之谕知，而未经羁押者，检察官于执行时应传唤之，传唤不到者，应发捕票。

其因具保停止羁押，经传唤执行而不到者，检察官并得为没入保证金之处分。

受刑人不服前项之处分时，得声请该管法院撤销或变更之。

文　义

捕票谓命拘束受刑之谕知者之身体，即为执行刑罚强制到案之书面也。没入系行政处分，无刑罚性质，与没收不同。

理　由

本条规定受刑人未经羁押者之传唤逮捕。受死刑徒刑或拘役之谕知，而已经羁押者，直得执行刑罚。若未经羁押者，须为拘押之手续。盖受死刑之谕知者，于未执行前，须拘禁于监狱。自由刑则于监狱内执行之。是以本条规定未经羁押者，检察官于执行时，应传唤之，传唤不到者，应发捕票。

受刑人前经具保停止羁押，经传唤执行而不到者，检察官应发捕票外，并得收入其保证金，盖以违反忠实之义务，而与以制裁也。

没入保证金之处分，关系受刑人之财产。如有不服，法亦许声请该管法院撤销，或变更其处分。

第四百八十八条 受死刑徒刑或拘役之谕知者，如已逃亡或有逃亡之虞者，得不经传唤，径发捕票。

理　由

本条为前条之例外规定，而定不经传唤径发捕票之情形。受死刑、徒刑或拘役之谕知者，如已逃亡，或有逃亡之虞者，如仍须先经传唤而后逮捕，则已逃亡者，更难弋[①]获，有逃亡之虞者，反促逃亡，故得不经传唤，径发捕票。

第四百八十九条　捕票应记载下列事项：
一　受刑人之姓名性别及其他足资辨别之特征；
二　谕知之刑名及刑期；
发捕票之检察官，应于捕票署名盖章。

理　由

本条规定捕票之程式。即于捕票上应记明受刑人之姓名性别，与其他足资辨别之特征，及谕知之刑名刑期。发捕票之检察官，于该捕票上并应署名盖章，以昭慎重。

第四百九十条　捕票之效力，与拘票同。

理　由

本条规定捕票之效力。拘提为侦查审判所行之强制，捕票则为执行刑罚而强制，原因虽非一绪，效力固无殊异。爰设本条，明示其旨。

第四百九十一条　执行捕票，准用执行拘票之规定。

---

① 弋（yì）：用带着绳子的箭来射鸟。

理　由

本条规定执行捕票准用之法则。即执行捕票，准用执行拘票之规定，故凡第四十六条至四十八条及第五十四条至第五十八条等，关于执行拘票之规定，于捕票之执行，应得准用。盖由前条规定与拘票有同一效力而生当然之结果也。

第四百九十二条　罚金、罚锾、没收、没入及追征裁判，应依检察官之命令执行之。

罚金追征，得就受刑人之遗产执行。

检察官之命令与有执行力之债务名义，有同一之效力。

第一项、第二项之执行，准用执行民事裁判之规定。

理　由

本条第一项规定罚金等之裁判之命令执行者。对于死刑自由刑之命令执行者，法已明定其规，对于罚金等裁判，应由何人命令执行，亦须有明文，以便援用。故本条之规定，亦依检察官之命令执行，以归一致。至罚锾没入追征三种，皆非刑罚，惟与为财产刑之罚金没收之裁判从同，均系就财产执行，特一并于本项规定之。

第二项受刑人死亡时执行之方法。刑罚止及被裁判者一身为原则，如受刑之谕知者，于判决确定后死亡，则犯罪主体，既不存在，刑罚之效力，自归消灭。但对于财产刑，则属例外。盖生命刑自由刑，因受刑人死亡，无可执行，而财产刑，则受刑人之遗产，非不可执行，故设本项规定，以贯澈科刑之目的。

第三项规定检察官命令之效力。罚金罚锾①没收没入②及追征之裁判，依检察官命令，以为执行，务使完成裁判之目的。此命令之效力，与有执行力之债务名义从同。

第四项规定准用之法则。本条第一第二两项规定，皆关于财产之执行，故准用执行民事裁判之规定。

解　　释

罚金强制执行之程序，应依刑事诉讼法第四百九十二条，准用执行民事裁判之规定办理。[司法院一八年（1929年）院字第一四号]

科处罚金之判决，未定易科监禁之期间，如不能执行罚金时，应由检察官声请同级法院依照刑法第五十五条第三项前半之规定裁定之。[司法院一八年（1929年）院字第八〇号]

第四百九十三条　没收物件，检察官应处分之。

理　　由

本条及次条为处分没收物之规定。本条定没收物之处分，属于检察官职务权限。没收物件，检察官应处分之，故检察官对于没收物件为绝对的违禁物，或有发生危险之虞者，须为破坏或废弃之处分，其他之物件，依竞卖或其他适当方法，归入国库。

---

①　罚金：财产刑之一，对没收言，亦主刑之一。罚锾：诉讼法上之处分之一，即对于证人、鉴定人等违背义务时所施之金钱处分也。郑竞毅：《法律大辞书》，商务印书馆2012年，第1609页

②　没收：从刑之一种，对褫夺公权言，乃附加于主刑所科之一种财产刑。没入：刑诉法上之处分之一，即被告经保释停押后，受传唤无正当理由不到者，检察官可以不经裁判而直接加以没入之处分。

第四百九十四条 没收物件，于执行后三月内，由权利人声请发还者，除应破毁或废弃者外，检察官应发还之。

没收物件，已竞卖者，遇有前项声请应给予竞卖所得之原价。

理　由

本条规定对于没收物有权利者之发还声请权。没收为刑罚之一种，受刑人以外，没收之效力，自不能及，故被没收裁判之物，受刑人以外有权利者时，没收虽经执行，仍得声请发还没收物。但其声请期间，如无限制，则没收执行之效果永不确定，殊非适宜。本条定没收物于执行后三月内，得由权利人声请发还。而应破毁或废弃之没收物，则任何人不得主张其权利。

没收物件已竞卖后，经权利人声请发还时，既不能交付原物，则应给予竞卖所得之原价，是以有第二项之规定也。

第四百九十五条 伪造或变造之物件于发还时，检察官得变更其形状，或于伪造变造之处，加以标示。

理　由

本条规定伪造或变造物之处分。凡属伪造物变造物裁判上均得没收之，惟其伪造或变造，止属物之一部者，不得全部没收，须发还之。惟裁判上若对于伪造变造之物，不为确定，而发还其人，实有妨害交易安全之虞，故须依适当之方法，变更其形状，或于伪造变造之处，加以标示，以期明确而免流弊。

判　例

查被告人所执挖补涂改之官契，虽应还给，然其中关于伪造部分，仍应由审判衙门，依刑律第四十八条第二款，宣告没收，再由执行衙门依刑事诉讼法草案执行编第四百九十八条，表示其伪造之处还给之，方为合法。[前大理院七年（1918年）上字第六零一号]

第四百九十六条 扣押之物件，若应受发还之人所在地不明，或因其他事故不能发还者，检察官应布告之。

自布告之日起六月内，无人声请发还者，以其物件归属国库。

虽在前项期限内，其无价值之物件，得废弃之，不便保管者，得命竞卖，而保管其所得之原价。

文　义

不便保管者，如需费过巨之饲养动物及易于腐败之食品是。

理　由

本条规定扣押物不能发还时之程序。扣押物而不没收者，须发还权利人，然受发还者所在地不明，或因其他事故不能发还者，则为发还催告方法，检察官应布告之，权利人应于布告日六月内声请发还，如经过法定期间而无声请发还时，声请发还权即归消灭，其扣押物属诸国库。

在布告后六月之期间内，虽应保管其扣押物。但其扣押物无价值者得废弃之，或不便保管者，得命竞卖，而保管其所得之原价。声请发还时，得交付之，以代扣押物。是此等规定，皆为实际上之便利也。

第四百九十七条 缓刑之谕知应撤销者，由受刑人所在地或其最后住所地之地方法院检察官，向该法院声请之。

地方法院遇有前项声请，应于询问被告或其原审代理人之意见后裁定之。

对于前项裁定，得于五日内抗告。

理　由

本条规定撤销缓刑谕知之声请及其裁定。撤销之要件，于刑法第九十一条规定之。如合于撤销条件，应由受刑人所在地或其最后住所地之地方法院检察官向该法院声请。地方法院应于讯问被告或其原审代理人之意见后，为之裁定。撤销缓刑之裁定，于受刑人不利，故得于五日内抗告。

第四百九十八条　依刑法第六十七条应更定其刑者，或依刑法第七十二条及第七十三条，应依第七十条第三款至第五款之规定，其应执行之刑者，由就该案犯罪事实最后判决之法院之检察官，向该法院声请之。

法院遇有前项声请时，应于询问被告或其原审代理人之意见后裁定之。

对于前项裁定，得于五日内抗告。

文　义

犯罪事实最后判决之法院者，指最后审理事实谕知判决之法院。例如在子地犯甲罪，经子地地方法院判处罪刑，未及执行，逃入丑地更犯乙罪，由丑地地方法院审判，该丑地地方法院，即为犯罪事实最后判决之法院。

理　由

本条规定定刑之声请及其裁定。盖依刑法第六十七条之规定，裁判确定后发觉为累犯者，依前条之规定，更定其刑。又据刑法第十二条、第七十三条之规定，并合论罪之有二裁判以上者，或已经处断而各罪中有受赦免者,均应依第七十条第三款至第五款规定,定其应执行之刑。关于此等情形,以由该案件犯罪事实最后判决之法院之检察官声请,并由该法院以裁定裁判,较为便捷,故于本条规定定刑之声请及其裁定。此项裁定,于被告利害关系之重大,与前条之裁定同,故为裁定之先,应询问被告或其原审代理人之意见。经裁定后,如有不服,并许抗告。

判　例

于判决确定之后,未经释放以前,应认为尚在执行时,则凡在更定其刑之日期内,均不得谓之未决羁押。此种更定其刑之决定,未经确定以前之日期,亦应通算于后定刑期之内,此系检察官指挥执行之权限,非有异议时,无待审判衙门之干涉。[前大理院五年(1916年)抗字第四零号]

俱发罪之判决,与累犯罪之判决,经各别确定后,能否以决定谕知其应执行之刑,法无明文规定。但刑律第二十五条实总括俱发与累犯而言。刑律第二十一条、第二十四条之情形,当然包含在内。呈准暂行援用之刑事诉讼律草案第四百八十条,关于刑律第二十一条或第二十四条之情形,既许于判决确定后,以决定其应执行之刑,则刑律第二十五条俱发与累犯互合之际,其判决经各别确定者,亦得以决定谕知其应执行之刑,自不待言。[前大理院九年(1920年)抗字第六七号]

查阅卷宗,仅有检察处依刑事诉讼法第四九八条规定声请定执行刑之声请片,足征并非提起上诉。原审不依刑诉法第四九八条第二项规定之程式办理,竟列检察官为上诉人,据以进行二审之审判,将第一审判决撤销,更为判决,其诉讼程序尤属显然违法。[最高法院一九年(1930年)非字第一一零号]

解　释

依刑事诉讼法第四百九十七条第二项及第四百九十八条第二项询问被告，非经检察官请求，毋庸其莅庭。［司法院一九年（1930年）院字第二五四号］

第四百九十九条　依刑法第五十四条第二项，应免服劳役者，或依刑法第五十五条第六项，应令服劳役者，由指挥执行之检察官命令之。

理　由

本条规定免服劳役或命服劳役之命令。按刑法第五十四条第二项规定徒刑及拘役之囚犯令服劳役，但得因其情节免服劳役。又第五十五条第六项规定易科监禁于监狱内附设之监禁所执行，得令服劳役，究竟应否免服劳役及令服劳役，均由指挥执行之检察官决定而命令之，因关于免服劳役或命劳役，亦属刑之执行也。

第五百条　依刑法第五十五条第二项罚金应易科监禁者，由指挥执行之检察官命令之。

理　由

本条规定罚金易科监禁之命令。按刑法第五十五条规定，被谕知科处罚金期满而不完纳者，强制执行，其未完纳者，易科监禁。此项易科监禁，亦属刑之执行，故于本条规定，由指挥执行之检察官命令之。

第五百零一条　罚金易科监禁者，准用执行徒刑或拘役之规定。

理　由

本条规定罚金易科监禁执行之程序。易科监禁，为罚金刑之执行方法，而非自由刑之执行。然拘束本人之身体自由，则与自由刑之执行无异。故易科监禁之执行，依执行自由刑之法则，实为适当，此本条所由设也。

第五百零二条　当事人对于科刑裁判之解释，有疑义者，得向谕知该裁判之法院，声明疑义。

文　义

对于科刑裁判之解释有疑义者，即对于科刑判决不明了其主文之意义者，是例如关于刑期之起算点，与其计算方法，及执行刑之种别，有疑义之时是也。

理　由

本条规定当事人声明疑义权。当事人对于裁判抱有疑义，应许其声明，与以裁定，用昭大公而释疑惑。此种声明之要件，一须于科刑裁判之解释有疑义时，始得为之，故对于无罪免诉不受理管辖错误等裁判，虽有疑义，仍不得为声明。二须向谕知该裁判之法院为之。至此项声明权之主体，以当事人为限，故检察官、自诉人、被告，均得行使此项权利。

第五百零三条　受刑人以检察官执行之指挥，为不当者，得向谕知该裁判之法院，声明异议。

理　由

本条规定受刑人之声明异议权。检察官之指挥执行裁判，如受刑人就刑之执行本身或其方法，认为不当，应许其向谕知该裁判之法院，声明异议，以资保护，而昭慎重。

第五百零四条　声明疑义或异议，应以书状为之。

声明疑义或异议，于裁判前，得撤回之。

疑义或异议之声明及撤回，准用第三百六十五条及第三百七十二条关于上诉之规定。

理　由

本条规定疑义或异议之声明及撤回之程式。即当事人声明疑义，或受刑人声明异议，均应以书状为之。疑义或异议之声明，于法院未经裁判以前，无论何时，均得撤回。疑义或异议之声明及撤回程序，与声明上诉及撤回上诉相类，故准用第三百六十五条及第三百七十二条关于上诉之规定。

第五百零五条　法院接受疑义或异议之声明，应于咨询检察官后裁定之。

对于前项裁定，得于五日内抗告。

理　由

本条规定对于声明疑义或异议之裁判。法院接受疑义或异议之声明，应咨询检察官，依书面审理，而调查声明之当否，如认为无理由，即应为驳回之裁定，有理由即须以裁定阐明裁判之意义，或取销变更检察官所指挥执行之处分。原来疑义及异议之声明,非有纯粹之刑诉性质存乎其间,然就本条规定,须咨询检察官,且许抗告,以成一种诉讼形式者,盖昭慎重也。

第九编　附带民事诉讼

（第 506—513 条）

　　本编规定关于附带民事诉讼之法则。犯罪有侵害公益者，亦有同时并侵害私人之权利者。于后之情形，则国家与犯人间发生刑罚法令上之法律关系，同时被害者之私人与犯人之间，发生私法上之法律关系。国家代表机关之检察官，对于犯人得请求确定其刑罚权，因犯罪而权利被侵害之私人，则有请求保护私权之权利。此种保护私权之请求，得独立提起民事诉讼为之，或依附带公诉之方法为之，任诸被害者自由选择。法律承认私法上之请求，得附带于刑事诉讼解决者，揆其宗旨，约有四端：利用诉讼资料一也；免除重复程序二也；减轻诉讼费用三也；预防裁判抵触四也。故其诉讼虽属民事性质，亦许其于同一原因之刑事诉讼程序提起，设定本编。

第五百零六条 因犯罪而受损害之人，于刑事诉讼程序，得附带提起民事诉讼，对于被告及依民法负赔偿责任之人，请求回复其损害。

文　义

因犯罪而受损害之人，不仅指刑法上犯罪客体而言。例如扶养义务人被杀害，其被害者因死亡丧失人格，虽无由以自己生命被侵害为原因，求私法上之救济，但扶养权利人得主张因扶养义务人之被杀，断绝扶养之途，蒙财产上之损害，提起附带民事诉讼。依民法负赔偿责任之人，如被告继承人等是。回复损害，即使恢复未损害前之状况也，不仅财产关系，如因身体、自由、名誉所被损害，均得请求赔偿，以为回复。

理　由

本条规定附带民事诉讼之当事者。附带民事诉讼之客体，即基于犯罪所生之损害之私法上之法律关系也。故得提起诉讼之人，不限于刑法上犯罪主体，而诉讼之被告，亦不限于公诉之被告，并及依民法负赔偿责任之人。

判　例

附带私诉，其性质原系民事诉讼，现行法例，不过为便利起见，特许被害人附带于公诉提起私诉，并许其于公诉第二审判决前，得随时附称提起。故刑事被害人于告诉后，不问刑事原案系属于何级审判衙门，即以发生罪刑之诉讼原因，对于刑事被告人中之一人或数人或其继承人，径向第一审民事审判衙门，另案提起民事上之请求者，即系当事人自舍弃其便利，要非为现行法例所不许。〔前大理院四年（1915年）抗字第八九号〕

刑事被害人，虽得以私诉原告人资格，对于公诉被告人，请求回复损害，但其得行请求之范围，应以公诉事实所生之损害为限。〔前大理院六年（1917年）私诉第一号〕

刑事被害人因回复其所受身体自由或名誉之损害，亦得请求相当之赔偿。〔前大理院七年（1918年）私诉上字第一号〕

私诉暂行规则第一条所称回复损害，不专指财产上之损害而言。〔前大理院八年（1919年）私诉上字第六号〕

私诉暂行规则第一条规定，刑事被损害人因回复损害，得对于公诉被告及其他关系人，提起附带公诉之私诉云云。是因刑事被告人之犯罪行为而受有损害者，为回复损害起见，于法自可提起附带私诉。故私诉之是否成立，要以其所损害，是否与公诉犯罪同一原因所生之结果为断，其损害之为直接间接，在所不问。审判衙门不能因其并非公诉直接被害之人，即认其私诉为不合法，而不予受理。〔前大理院一一年（1922年）上字第五号〕

损害之发生，若因被害人于责任原因事实之构成，亦有过失者，应将其过失与加害人之过失，加以斟酌，决定相对人之赔偿责任。〔前大理院一四年（1925年）上字第八三二号〕

所谓因犯罪而受损害者，第一要受有损害，第二要其损害系因于人之犯罪而受者。换言之，即受害原因之事实，须即系人之犯罪事实也。本属同一事实，关于刑事责任一经审明，关于民事负责之原因亦相因而解决，故从便利上许因其事实而受损害之人，附带于刑事之诉提起民事之诉。若事实显可划分，刑事诉讼程序中所诉追而审理者为彼，提起民事诉讼所要求认定者又为此，则不特许附带提起民事诉讼所期之便利，无从实现，且与附带诉亦为诉之意义，显不相蒙。〔前大理院一五年（1926年）上字第四一号〕

按附带私诉之请求，系被害人对于刑事被告人因其犯罪行为直接所生之损害时，始得为之。本件被上告人施某等以上告人窃取其所有之坟树向两审呈递诉状，请求抄录及呈诉人证人各项到庭所需川资等费用，具状请求赔偿。但此项请求，纯属诉讼所生之费用，既非因上告人犯罪行为直接所生之损害，自不应在附带私诉请求赔偿范围之内。[最高法院一七年（1928年）上字第三一五号]

查上告人等是否构成犯罪，在公诉部分既未审究明白，业经本院撤销原判决，发还更审。上告人等究系刑事上应负损害赔偿之责，抑仅民事上契约关系，应负将人找回之义务，尚难遽断。[最高法院一七年（1928年）上字第三二一号]

上告人究竟有无私擅捕禁之犯罪行为，既未经第一审公诉判决明确认定，则因捕禁所发生之损害，应否由上告人负赔偿责任，即属无法断定，第一审竟单独就私诉部分谕明堂代判，原审亦未加纠正，均不合法。[最高法院一七年（1928年）上字第三五二号]

查私诉暂行规则第一条，刑事被损害人因回复损害，固得对于公诉被告人及其他关系人，提起附带公诉之私诉，但检察官为刑事原告，对于私诉本无干涉之权，乃上告人因被损害人所受之附带私诉判决，向本院提起上告，其程序自属不合。[最高法院一七年（1928年）上字第三九六号]

上诉人应否对史伍氏负赔偿责任，自以上诉人有无伤害史伍氏为断。现在刑事部分，业经本院撤销，更判决发回更审，真正事实如何，尚未确定，则上诉人在民事法上应否负赔偿责任，自难遽定。[最高法院一七年（1928年）上字第四九零号]

解　释

附带私诉，不能由被告人提起。婚姻预约之有无，非查明不能为刑事判决者，刑庭当依刑事诉讼程序，调查此种事实，以为判决之资

料，无移送民庭之必要。此等调查事实之行为，亦不能强名之曰私诉。[前大理院三年（1914年）统字第一九零号]

查法院编制法第九十条第二款，检察官于刑事以外之案件，虽得依法令为公益代表人，实行特定事宜。然依照法令，若另有主管衙门，并未定明检察官因辅助起见，得为其代表人向司法衙门，为民事诉讼行为者，自可毋庸为之代理。来函所述情形：某机关官员，因犯刑律第三百八十六条之罪，致国家受财产上之损害，经检察官提起公诉，某机关在受理公诉之审判衙门，并未请求回复损害，亦未在检察厅为该项之请求，检察官对于该案有无提起附带私诉之权限。该管检察厅检察官尽可注意该管行政官署，促其派人代行私诉，以尽维持公益之责，至提起附带私诉一节，查照上开法文，似有未协。[前大理院五年（1916年）统字第四五三号]

查是否侵吞租课及应由何人请求赔偿，纯系民事讼争，并可由被害人附带于公诉以私诉主张。至赔偿之费如何处分，既非讼争事项，司法衙门尽可不问。[前大理院八年（1919年）统字第九三零号]

自以甲说为是。

附带私诉与独立私诉之区别，甲说，在公诉中附带提起私诉者，谓之附带私诉。在公诉外独立提起私诉，或在公诉中附带提起而公诉宣告无罪及免诉或专关于私诉之控告上告者，谓之独立私诉。乙说，在公诉外依据公诉事实，独立提起私诉者，谓之独立私诉，在公诉中附带提起私诉者，谓之附带私诉，不因公诉宣告无罪及免诉，或专关于私诉之控告及上告，而变更其诉之性质。此二说究以何说为当？如以甲说为当，设第一审公诉有罪而第二审或终审宣告无罪者，能否在第一审谓之附带私诉，适用公诉程序，在第二审或终审，即变为独立私诉，改用民诉程序。所论结果，亦无不合。惟一方有公诉案，一方另自提起诉讼，于民事有所请求者，则为纯然之民事诉讼，无所谓独立私诉。[前大理院八年（1919年）统字第一一三六号]

第五百零七条 附带民事诉讼之赔偿损害责任,依民法定之。

附带民事诉讼之诉讼程序,准用刑事诉讼法,刑事诉讼法无规定者,准用民事诉讼法。

理 由

本条规定附带民事诉讼之准据法。第一项明定附带民事诉讼应适用之实体法。附带民事诉讼,其性质纯系民事诉讼,故附带民事诉讼之赔偿损害责任,依民法之规定。

第二项明定附带民事诉讼应适用之程序法。附带民事诉讼之诉讼程序,依刑事诉讼法,盖为省略诉讼程序,以图便利,而合附带之旨,但刑事诉讼法无规定者。则可适用民事诉讼之诉讼程序,因附带民事诉讼之本质原为民事诉讼,于不背反刑诉附带特质限度,即与本编规定不抵触之范围内,自可准用民事诉讼法之规定也。

判 例

附带私诉之原告人,无妨委任代理人出庭。[前大理院三年(1914年)刑事附带私诉上字第二九七号]

解 释

查私诉暂行规则第十四条所称私诉,当然不包含独立私诉言。独立私诉,除有特别规定外,应准用民事诉讼法规办理。[前大理院四年(1915年)统字第二四一号]

第五百零八条 附带民事诉讼,应于刑事诉讼起诉后第二审辩论终结前提起;但第一审辩论终结后,第二审提起上诉前,不得提起。

理　由

本条规定附带民事诉讼提起之时期。盖附带民事诉讼，为省略诉讼程序，图当事人之便利，并利用公诉证据，节省劳费及时间起见，故许于刑事诉讼起诉后，第二审辩论终结前，不问系属于第一审或第二审皆得随时提起。

惟此项时期应有限制，即第一审辩论终结后第二审提起上诉前，不得提起。盖因第一审公诉部分辩论既经终结，不能就附带民事诉讼部分，再开辩论。而公诉判决后，是否提起上诉，此时无由推测，倘并不上诉，则民事诉讼，更无所谓附带。故在第一审辩论终结前，不提起附带民事诉讼，而嗣后欲提起者，应于公诉部分上诉后为之，方为适当。

判　例

凡因犯罪受害之人，固得附带于公诉而提起私诉，若仅仅发见犯罪嫌疑，并未经检察官提起公诉，即无附带私诉之可言。[前大理院七年（1918年）私诉上字第三八号]

解　释

私诉管辖，应从所附带之公诉，虽在千元以下上告案，仍应送院。[前大理院六年（1917年）统字第五七零号]

提起附带私诉，按照私诉规则，既许被害人向受理公诉之第二审衙门为之，则第一审漏未判决之私诉，被害人如不向原审请求补充审判，径向第二审有所请求者，当然可由受理公诉之第二审衙门，并案判决。[前大理院八年（1919年）统字第一九五五号]

第五百零九条　附带民事诉讼，应与刑事诉讼同时判决；但有必要时，得于刑事诉讼判决后判决之。

理　由

本条规定附带民事诉讼之判决。附带民事诉讼以与刑事诉讼同时判决为原则，后于刑事诉讼判决为例外。盖民事诉讼既附带于刑事诉讼，同时审理，其判决亦应与刑事诉讼同时为之，以省诉讼程序。但有时刑事诉讼业已辩论成熟，而附带民事诉讼尚须调查者，盖须绝对遵守同时判决之原则，则刑事诉讼之判决反因附带民事诉讼而延滞，故本条确立同时判决之原则而外，又设但书，俾审判官有酌量之余地。

判　例

按附带民事诉讼，应与刑事诉讼同时判决，但有必要时，得于刑事诉讼判决后判决之，刑事诉讼法第五百零九条，已明有规定。抗告人告诉章引绪将其媳章建娥价卖与余宗脊为妻，原县于本案公诉审理中遽为裁定谕令章建娥著抗告人领回，是于刑事诉讼未判决之前，先为附带民事诉讼之执行，被告章引绪等向原法院提起抗告，经原法院撤消原庭谕，尚无不合。〔最高法院一七年（1928年）抗字第一七零号〕

第五百十条　法院认附带民事诉讼为繁杂应归民事法院受理者，不问诉讼程度如何，得移送该管民事法院审判。

理　由

本条规定因附带民事诉讼繁杂之移送。盖附带民事诉讼制度之设，原冀省略程序，便利进行。然有时附带民事之诉讼关系，异常复杂，调查审理，颇费周章，而认为应归民事法院受理为宜者，则刑事法院得将附带民事诉讼移送该管民事法院审判。至其移送时期，不受诉讼程序之限制，无论在刑事诉讼辩论终结前后，均得为之。附带民事诉讼经移送民事法院后，即失其附带之性质，而为独立之民事诉讼，其应适用民事诉讼法之规定，所不待言。

判　例

按私诉暂行规则规定，刑事被害人赴受理公诉之刑事庭，提起附带私诉后，该刑事庭虽得于必要时以决定移送于该管之民事庭，而其所谓该管者，自系指管辖该公诉之同一审判衙门而言。[前大理院九年（1920年）抗字第一二五一号]

按附带民事诉讼，应与刑事诉讼同一诉讼程序，故如刑事诉讼系属地方管辖，则附带民事诉讼，亦应属地方管辖，即令依其诉讼标的之金额或价额，应属初级管辖，仍不能因此变更。嗣后移送管辖民事法院审判时，亦同。[前大理院一四年（1925年）上字第七三三号]

附带民事诉讼，无论其诉讼标的之金额或价额如何，其事物管辖，应与刑事诉讼相同，即送民事庭审理后，亦不因之变更。[前大理院一四年（1925年）上字第二零三二号]

解　释

刑事诉讼条例，既许因犯罪而受损害之人，提起附带民事诉讼，则民事管辖及普通审级之规定，自无适用余地。如果认为案件繁难，仅得移送同法院之民事庭审判。[前大理院一二年（1923年）统字第一八三七号]

第五百十一条　刑事诉讼谕知无罪免诉或不受理之判决者，得将附带民事诉讼移送管辖民事法院审判。

理　由

本条规定因刑事诉讼谕知无罪免诉等判决时对于附带民事诉讼之移送。盖刑事诉讼谕知无罪免诉或不受理之判决，则附带民事诉讼已失附带之性质，而为独立民事诉讼，故于此时，刑事法院得将该诉讼移管辖民事法院审判。

判　例

附带私诉，当然向刑事案件系属之审判衙门为之。至刑事如经宣告免诉或无罪者，对于私诉部分之判决，仍得独立上诉，而由上级审判衙门受理之。［前大理院二年（1913年）上字第二零八号］

附带私诉之进行程序，及上诉之存在与否，不受公诉结果之拘束，故有刑事被告人受无罪之宣告，而私诉仍得继续进行者，此所谓独立私诉是也。［前大理院二年（1913年）刑事附带私诉上字第一号］

第五百十二条　因犯罪发生之民事诉讼，由民事法院受理者，于刑事诉讼起诉后，判决确定前，应停止其诉讼程序。

理　由

本条规定附带民事诉讼与刑事诉讼之关系。因犯罪发生之民事诉讼，而由刑事法院受理者。恐因审理机关之不同，事实之认定，不免有所冲突。故法律规定受理该诉讼之民事法院，应于刑事诉讼起诉后确定前，停止其诉讼程序。

第五百十三条　刑事判决所认定之事实，以关于犯罪之证明及责任者为限，有拘束附带民事诉讼或独立民事诉讼之效力。

文　义

独立民事诉讼者，谓在公诉中附带提起民事诉讼而公诉宣告无罪及免诉，或专对于民事诉讼提起上诉者是也。

理　由

本条亦规定附带民事诉讼与刑事诉讼之关系。盖刑事判决所认定之事实，其关于犯罪之证明及责任，若无拘束附带民事诉讼或独立民事诉讼之效力，则有时不免与公诉之基础事实相抵触，而失坠审判之威信矣。

判　例

私诉判决之基础事实，不能与公诉判决认定之事实，显相抵触，故如因窃盗罪请求返还赃物者，自以刑事被告人之窃盗事实，能否证明，为先决问题。[前大理院七年（1918年）刑事附带私诉上字第三四号]

关于犯罪证明及犯罪责任之事实，又经本院于公诉部分认为尚未查明，则上诉人等，究竟应否负赔偿责任，与其责任之限度如何，即属难定。[前大理院一三年（1924年）上字第一九号]

刑事判决所认定之事实，关于犯罪之证明及责任，虽有拘束民事诉讼之效力，但在民事诉讼，如原告所主张之损害，实因于他项事实，无论有无犯罪行为，仍须发生者，则被告即令在刑事诉讼成立犯罪，而在民事诉讼，究难谓其即应负赔偿之责任。[前大理院一四年（1925年）上字第八四七号]

查附带私诉原则上，应以公诉判决之事实为基础。本件原审判令上告人等偿还损失，但上告人等对于被上告人应否负赔偿之责任，自以上告人等有无搬取被上告人家财物之行为为断。现公诉部分业经本院撤销原判，发回更审，是公诉事实，既未确定，则上告人在民事法上应负责任如何，自亦难以遽断。［最高法院一七年（1928年）上字第三一七号］

查上诉人串通女子沈某设成局骗，假令沈某嫁与被上诉人为妻，诈取身价一百七十五元，业于刑事判决依法证明认为事实，依刑事诉讼法第五百十三条，有拘束本件附带民事诉讼之效力。上诉人既因犯罪而令被上诉人受有损害，本于侵权行为之民事条理，自应负赔偿责任。［最高法院一七年（1928年）上字第五百零二号］

附带民事诉讼原则上应以刑事诉讼判决之事实为基础。［最高法院一七年（1928年）上字第五二四号］

解　释

查刑事判决所认定之事实，以关于犯罪之证明及责任者为限，固有拘束附带民事诉讼或独立民事诉讼之效力，如果民事审理中发见犯罪事实之不真确，惟有指示受刑人依刑事诉讼法第四百四十一条所列情形，提起再审，以为救济。［最高法院一七年（1928年）解字第一九八号］

附带民诉于刑庭裁判者，应先准用刑诉法，无庸缴纳审判费用，若移送民庭后，则成为独立之民事诉讼，自应一律缴纳审判费。［最高法院一七年（1928年）解字第二二九号］

徐朝阳先生学术年表[*]

1905 年（光绪三十一年）
  出生于浙江永康县城，字鸣昌。
1918 年
  永康县立第一高等小学（今大司巷小学）毕业，考进省立七中。
1922 年
  高中（四年制）毕业，就读北京大学法律系。
1927 年
  著《中国古代诉讼法》，由商务印书馆出版。
1929 年
  著《中国刑法溯源》、《中国诉讼法溯源》（初版），均由商务印书馆出版。
1930 年
  北京大学法律系毕业，获法学士学位。后入上海商务印书馆任编辑。
  著《中国亲属法溯源》，由商务印书馆出版。
1932 年
  日寇进犯上海，商务印书馆被炸，故返回故里浙江永康。
1933 年
  出任永康县中学第十六任校长。兼教公民、法律两课。

---

[*] 本表由段陆平编制。

《中国诉讼法溯源》再版,由商务印书馆出版。

1934 年

四月,《刑事诉讼法通义》初版,旋于是年七月再版,均由商务印书馆出版。

1935 年

受浙江警校校长赵龙文聘请,赴该校任教官,后调任南京中央警校教官。

1937 年

受阮毅成之召,出任浙江省政府民政厅视察,巡视各县,宣传抗日,鼓舞民心,振奋士气。

后又受李默庵将军之邀,担任陆军第 32 集团军总司令部军法处上校处长。

1945 年

抗战胜利,辞去军职,在上海开办律师事务所。

1979 年

逝于上海。

法制现代化初期的刑事诉讼

——《刑事诉讼法通义》导读

段陆平[*]

一

中国现代意义上的刑事诉讼法，源于清末变法改制。鸦片战争后，特别是20世纪初八国联军攻占北京，促使清廷逐渐意识到变法图强的必要性，学习西方法制成为不二选择。1902年，清廷颁布"修律"上谕，迈出法制现代化变革的步伐，中国承袭了数千年的"民刑不分、诸法合体"的法律体制开始瓦解，刑事诉讼法也正式以独立的法律部门出现。中华民国成立后，国家处于动乱频发、军阀混战的状态，客观上难以制定统一的刑事诉讼法律。直至1928年，南京国民政府完成全国一统，公布《刑事诉讼法》，第一部通行全国的刑事诉讼法典方得以出现。[①] 这一时期，随着刑事诉讼法与宪法、民法、刑法、行政法及民事诉讼法等法律部门作为主干内容的"六法全书"的构建，现代法律体系从而得以在中国初步确立。也正是从彼时起，中国法律文化才真正迈出了具有现代意义的步伐，踏上了与世界

---

[*] 广州大学公法研究中心助理研究员，法学博士。
[①] 1928年《刑事诉讼法》公布之前的中华民国时期，南有广州军政府于1921年3月公布实施的《刑事诉讼律》，北有北京政府1921年11月颁布施行的《刑事诉讼条例》。

法律文化逐渐交融的重要历程。①

　　1928年《刑事诉讼法》是中国法制史上第一部以法命名的刑诉法典，也是一部名副其实的现代型刑诉法典。该法"博采成规，旁稽外制"，引进了当时世界上较为先进的现代刑事诉讼理论、制度与技术，也是对清末民初多部刑事诉讼法律（草案、律或条例）的继承、发展和超越。在该法中，现代刑事司法的基本理念得到了较为充分的体现。比如，该法摒弃了"有罪推定"的传统，确立了以保障当事人权利为核心的现代诉讼理念；采用无罪推定原则、审判公开原则、司法独立原则等；在制度层面，引入陪审制度、回避制度、辩护制度等一系列现代刑事诉讼制度。

　　1928年《刑事诉讼法》共分九编：第一编总则、第二编第一审、第三编上诉、第四编抗告、第五编非常上诉、第六编再审、第七编简易程序、第八编执行、第九编附带民事诉讼。与先前的几部刑事诉讼法律（草案、律或条例）相比，该法在篇章结构、内容及形式上，均显得更为协调与合理。例如，与1921年名义上的国家政权，北京政府公布施行的《刑事诉讼条例》相比，1928年《刑事诉讼法》删除了"诉讼费用编"，增加了"简易程序编"、"附带民事诉讼编"。不管是基于理论逻辑的合理性，还是从实践需求上来看，这样的篇章结构与内容安排无疑都更为恰当。"诉讼费用编"的设立实际上仍带有私人追诉主义的印记，删除该编，显然更为契合刑事诉讼活动实行国家追诉主义的基本定位及要求，从而可以杜绝私人追诉主义"应诉之罪而不诉，或不应诉而诉"的弊端。② "简易程序编"、"附带民事诉讼编"的增加，则大大提升了刑事诉讼的灵活性和务实性，特别是刑民

---

① 武树臣等：《中国传统法律文化》，北京大学出版社1994年版，第598页。
② 参见夏勤著：《刑事诉讼法要论》，郭恒点校，中国政法大学出版社2012年版，第12页。

诉讼程序的互补，扩充了《刑事诉讼法》的适用范围，使得法典的张力在某种程度上得以增强。

1928年《刑事诉讼法》对中国后世特别是我国台湾地区的刑事诉讼法律制度的影响是颇为深远的。耶鲁大学法学院中国法研究中心前任研究员魏天熙（Timothy Webster）曾指出："作为中华民国刑事诉讼法制的正式源头，该法典确立的基本制度框架，迄今依然影响着中国台湾地区的刑事诉讼制度与实践。"应当承认，1928年《刑事诉讼法》所体现的保障人权的现代司法理念，如侦查权的司法控制、公设辩护人制度等，至今也值得我们高度重视和探讨。以公设辩护人制度为例，1928年《刑事诉讼法》第170条规定："初级或地方法院管辖的第一审之案件，于起诉后，未经选任辩护人者，审判长认为有为被告置辩护人之必要时，得依职权指定公设辩护人为其辩护。其最轻本刑为五年以上有期徒刑者，应依职权指定之"。这是南京国民政府在刑事法律援助中采用的基本制度。虽然受客观时局限制，公设辩护人制度未能有效施行，其象征意义胜于功能实现，但不可否认，该制度仍体现了民国时期对被告人辩护权的重视。① 相较而言，现行《刑事诉讼法》在刑事法律援助中并未设立公设辩护人制度，而是采取指定辩护方式。2012年修改《刑事诉讼法》时，扩大了指定辩护的范围，将应负刑事责任的精神病人犯罪案件与可能判处无期徒刑的案件纳入法律援助范围。这一修改虽然具有进步意义，但当时即有学者通过实证研究明确指出，这一进步的实践作用相当有限，并建议应建构起针对可能判处十年以上有期徒刑的重罪案件或普通程序审理的刑事案件法律援助制度，长远看甚至可考虑将其普适化。② 显而易

---

① 吴羽："南京国民政府刑事法律援助制度研究——以公设辩护人制度为中心"，载《大连海事大学学报（社会科学版）》2015年第5期。

② 左卫民："中国应当建构什么样的刑事法律援助制度"，载《中国法学》2013年第1期。

见,与南京国民政府 1928 年《刑事诉讼法》将最轻本刑为五年以上有期徒刑者纳入法律援助范围的规定相比,现行《刑事诉讼法》在保障被告人权利方面仍然有一定差距,未来未尝不可在充分考虑各项因素、条件成熟的情形下建构公设辩护人制度,并进一步扩大适用范围,从而更为全面地实现《刑事诉讼法》保障人权的基本价值目标。[①]

当然,我们也应注意,以 1928 年《刑事诉讼法》为基石的南京国民政府时期的刑事诉讼法制虽然在形式上基本实现了现代化,但其内在精神上仍然某种程度地存在向中国传统刑事诉讼制度的回归。[②]不过,我们对此也不应过于苛责,徘徊于传统与现代之间的此种矛盾,乃是中国法制现代化进程的一个基本特征,时至今日依然在刑事诉讼法的制度变革中偶有体现。

二

与清末变法改制的展开相伴随,特别是及至 1928 年《刑事诉讼法》颁布,通过学习、借鉴和吸收日本、德国等国刑事诉讼法学理论,中国现代刑事诉讼法学也得以诞生。整体而言,在 20 世纪 20—40 年代这一时期,中国的刑事诉讼法学处于初步发展与成长期。在此过程中,郑保华、夏勤、陈瑾昆、孙绍康、康焕栋、徐朝阳、戴修瓒、蔡枢衡等法学家及其相应的作品起了重要作用。这批法学家对现代刑事诉讼制度中的一系列理论与实践问题均进行了有益的探索和研究,现代刑事诉讼法学的理论体系得以初步建立,到 20 世纪 40 年

[①] 参见谢佑平、吴羽:"刑事法律援助与公设辩护人制度的建构——以新《刑事诉讼法》第 34 条、第 267 条为中心",载《清华法学》2012 年第 3 期。

[②] 刘敏:"传统性与现代性:南京国民政府刑事诉讼模式论略",载《法制现代化研究》(第三卷),南京师范大学出版社 1997 年版。

代，中国的刑事诉讼法学终于初步形成一个较为完整的理论体系。①

与夏勤（1892—1950）、蔡枢衡（1904—1983）这些著名法学家、法律家相比，徐朝阳的身份与名气或许稍显暗淡，这可从其经历中窥见一斑。徐朝阳毕业于北京大学法律系，后入上海商务印书馆任编辑。1932年"一·二八"事件后，日寇进犯上海，商务印书馆被炸，徐朝阳返回故里。1933年初出任永康县中学校长，兼教公民、法律两课。1935年受聘任浙江警校教官，后调任南京中央警校教官。1937年出任浙江省政府民政厅视察。后又担任陆军第32集团军总司令部军法处上校处长。抗战胜利后辞去军职，在上海开办律师事务所。显然，徐朝阳更像是一位默默奉献的基层法律工作者。但是，即便经历较为平淡，也无法掩盖其在学术上的重要贡献。特别是在商务印书馆工作前后，徐朝阳勤于治学，出版了《中国古代诉讼法》（1927年）、《中国刑法溯源》（1929年）、《中国亲属法溯源》（1930年）、《中国诉讼法溯源》（1933年）及《刑事诉讼法通义》（1934年）等著作。其中，《中国诉讼法溯源》一书影响巨大，迄今为止，国内一些法学院校仍将此书列为诉讼法学研究生的必读书目。正因如此，许章润教授曾将徐朝阳列为中国近世五代法学家中的第二代之一。他们接受了现代西式法律教育，面对新问题，秉持新理念，尝试新范式，整个法学面貌为之一变，真正纯粹法学意义上的中国学术传统，滥觞于此。②

《刑事诉讼法通义》是徐朝阳学术生涯较为后期的著作。从内容上来看，徐氏所著《刑事诉讼法通义》是对1928年南京国民政府颁布的《刑事诉讼法》的逐条评注，当然并不仅限于此。除在绪论部分

---

① 参见陈瑞华："二十世纪中国之刑事诉讼法学"，载《中外法学》1997年第6期；何勤华："中国近代刑事诉讼法学的诞生与成长"，载《政法论坛》2004年第1期。

② 参见许章润："书生事业 无限江山——关于近世中国五代法学家及其志业的一个学术史研究"，载《清华法学》2004年第1期。

简要探讨了刑事诉讼法的意义、主义、地位、效力与解释外,该书在本论部分按照刑事诉讼法典顺序,一条一条地往下排列、注解,先解释条文中的术语文义,再阐述立法理由,最后梳理并附录中华民国最高法院(1927年以前称为"大理院")所作的判决例、解释例以及相关法令。显然,作为一本解释《刑事诉讼法》条文的著作,该书对于司法实践部门、法律的入门教育而言均具有重要价值。

该书虽然大部分内容是法律条文的整理与汇编,但也有一些值得肯定的理论阐述。比如在绪论部分,徐朝阳明确指出了程序法与实体法之间密不可分的关系:"仅有刑法而无刑事诉讼法,则刑法所规定之刑罚权不能确定与实行,故得谓刑事诉讼,乃行使刑罚权法律上所不可缺之条件。是即刑事诉讼法与刑法有如何密切之关系,至为明了,所不待述。"这与民国时期另一位法学大家夏勤的论述不谋而合:"法有实体与程序之分,实体法犹车也,程序法犹轮也。轮无车则无依,车无轮则不行。故国家贵有实体法,尤贵有程序法。"都充分肯定了程序法的重要性。而本论部分,在解释每一个条文时,徐朝阳都将自己的理论积累和实务知识融入进去,从而使得本书在通俗性形式下也蕴含了相对比较丰富的刑事诉讼法理论内容。

从更为现实的层面上来看,徐氏《刑事诉讼法通义》一书,或者说商务印书馆点校并重新出版该书,不仅具有充实法制史和部门法学研究材料的意义,更重要的价值或许还在于,可以提醒当下的刑事诉讼法学研究者应当更为重视注释法学或法解释学研究方法的运用。

最近若干年以来,关于刑事诉讼法学研究方法转型的问题越来越受关注,其中一个引人注目的现象是许多主张转型的学者青睐实证研究,实证方法似有席卷之势,注释法学或法解释学方法受到一定程度的忽视。但一些以实证研究为特色的刑事诉讼法学者其实也指出,转型并不意味着替代,各种研究方法之间不是非此即彼,而是多元竞争关系。因此，即便主张实证研究方法，也不意味着要否定或摒弃注释法学、法解释学方法的运用，而是倡导多种研究范式并存甚至共用，形成百花齐放、百家争鸣局面。① 更为重要的是，注释刑事诉讼法学的研究能够直接产出解决中国问题、推进中国法治进步的知识产品，是立法者撰写法律条文、执法者严格执法、司法者依法作出判决的直接根据，理应成为刑事诉讼法学者必须加以熟练掌握的基本方法。② 事实上，2012 年《刑事诉讼法》修改后，针对具体条文的法解释学研究论文及著作已有一定增量，③ 但目前看来，在后修法时代的当下，面对实践中适用刑事诉讼法存在的诸多疑惑，我们运用注释法学或法解释学方法产生的学术作品似乎仍显不够。因此，我们也期待《刑事诉讼法通义》的重新勘印对此有所助益吧。

---

① 左卫民："法学实证研究的价值与未来发展"，载《法学研究》2013 年第 6 期。
② 陈卫东："从刑诉法修改看刑诉法学研究方法的转型"，载《法学研究》2012 年第 5 期。
③ 相关代表性成果如万毅：《微观刑事诉讼法学——法解释学视野下的〈刑事诉讼法修正案〉》，中国检察出版社 2012 年版；万毅："'曲意释法'现象批判"，载《政法论坛》2013 年第 2 期；张建伟："刑事诉讼司法解释的空间与界限"，载《清华法学》2013 年第 6 期；汪海燕："刑事诉讼法解释论纲"，载《清华法学》2013 年第 6 期；汪海燕："'立法式'解释：我国刑事诉讼法解释的困局"，载《政法论坛》2013 年第 6 期；杨文革："刑事诉讼法上的类推解释"，载《法学研究》2014 年第 2 期；程雷："刑事诉讼法第 73 条的法解释学分析"，载《政法论坛》2013 年第 4 期；程雷："非法证据排除规则规范分析"，载《政法论坛》2014 年第 6 期；等等。

《中国注释法学文库》编后记[*]

"法学作为一种学术型态,其重要的构成要素是法律注释学,这是区别于哲学、文学、美学、经济学等其他人文学科的重要特点。法律注释学虽然早在古代即已产生,如古代罗马的私法注释学、古代中国的刑法注释学等,即使在没有法典的中世纪英国,也产生了法律注释学即判例法注释学。"[①] 注释法学是世界法学研究共同的样态。

中国古代法学就价值层面,具有无神论和现实主义精神,其法学理论的思辨精神淡薄,理论层次不高。从文献上讲,中国古代法学资料十分广泛,如《易经》《尚书》《周礼》《左传》《国语》《论语》《孟子》《荀子》《墨子》《老子》《庄子》《商君书》《慎子》《申子》《韩非子》《吕氏春秋》《历代刑法考》,还有正史列传、循吏列传、酷吏列传,《食货志》、私人文集,奏议及类书、丛书中的有关部分都与法学有关。[②]

从辞源上讲"由于法学的概念是近代海禁打开以后,从西方输入的文化范畴,在古代是没有的,因此,传统律学就可以说是中国古代特定历史条件下的法学。"[③] 所以,古代中国并没有出现正式定名的法学,有的是实质意义上的法学,即中国古代的律学。律学讲求"法

---

[*] 由王兰萍执笔。原文标题为"中国法学中的注释法学"。
[①] 何勤华:《法律近代化考论》,载《法律文化史谭》,商务印书馆2004年,第281页。
[②] 同上。
[③] 张晋藩:《清代律学及其转型》,载《律学考》,商务印书馆2004年,第413页。

条之所谓"①，与中国传统学术习惯和研究范式相一致，字词意的考据是学术的基础。从这个意义上说，古代的中国就已经产生了与近代法学意义同一的律学。两千多年来，对法律的研究大都驻足于如何准确地注释法律、诠解法意、阐明法律原则，形成了以注释律学为主要代表的传统律学。中国古代的注释法学，以注释律学为载体，是以注释国家的制定法为特征。注释的宗旨，在于统治者设定的框架下，准确注释法律条文的含义，阐明法典的精神和立法原意，维护法律在社会生活中的统一适用。②

在这个意义上说中国古代的注释法学，即律学，经过漫长的发展阶段，大致分为如下：传统注释律学的发端是以商鞅变法，改法为律和以吏为师为起始。西汉引经解律是注释律学的早期阶段。东汉章句注释到晋律解是律学的奠基阶段。《唐律疏议》的出现标志着注释律学的发展阶段，这一阶段显著特点是唐代以官定的律疏取代私家注律，强调法律解释的国家权威性。注释律学自宋代至元代逐渐衰微。明代是专制主义极端强化的时期，是注释律学振兴和复苏的时期，产生了著名的注释律学大作，如彭应弼《刑书据会》、陆柬《读律管见》、王肯堂《律例笺释》等。到清代注释律学又达到了鼎盛，历两百年不衰，直到20世纪初西学东渐而来的近代法律转型，建立中国近代法律体系止，清代的注释法学，在注释方法、注释内容和注释风格上，更达完备性、规范性，成为传统注释律学的最终成熟形态。③

---

① 武树臣：《中国古代的法学、律学、吏学和谳学》，载《律学考》，商务印书馆2004年，第11页。

② 何敏：《从清代私家注律看传统注释律学的实用价值》，载梁治平编：《法律解释问题》，中国政法大学出版社1999年，第323页。

③ 同上书，第325页。

中国传统法学到 19 世纪晚期经历着中华法系的死亡与再生,[①] 在此基础上产生了中国近代的注释法学。19 世纪末 20 世纪初,中国社会面临亘古大变,甲午战败、辛丑条约,到日俄战争,竟让外国人（俄国、日本）在我们的国土上开战,自己倒成了坐上观的看客![②] 在这样的屈辱历史背景下,1901 年慈禧太后发布新政诏书,中国传统社会开始自上而下地发生近代化转型。转型最烈在于宪政改革、官制改革,建立起了中国近代的国家官僚机构。1905 年慈禧发布预备立宪诏书,至此,清末以宪政改革为龙头的变法修律、近代化运动进入高潮。1908 年钦定宪法大纲出台,确立宪法上的君主立宪政体。这年慈禧与光绪相继谢世,转年进入宣统年,这场近代化改革依然继续,大量的近代法律法规均在这一时期纷纷颁布。据统计,从光绪二十七年（1901 年）到宣统三年（1911 年）,整个清末"新政"十年,清政府发布新法律涉及宪政、司法、法律草案、官职任用、外交、民政、教育、军政、财政、实业、交通、典礼、旗务、藩务、调查统计、官报、会议等十多类,法规数量达 2000 余件,[③] 这一期间既是清政府没落的回光返照,也真实地开启了中国社会的法律近代化。

中国近代法学以移植西方法学,尤其是法德法系的六法为主干,输入西方法治文明的观念、制度与原则,这些涵括世界法律文明的内容包括：

第一,法律的渊源或是人类的理性（自然法）,或是全体人民的共同意志（制定法）,它是社会正义的体现；

[①] 何勤华：《中国古代法学的死亡与再生》,载《法律文化史谭》,商务印书馆 2004 年,第 300 页。

[②] 王涛：《大清新法令 1901—1911》点校本总序,商务印书馆 2010 年。

[③] 商务印书馆编译所编纂：《大清新法令》(1901—1911),何勤华等点校,商务印书馆 2010 年。

第二，人的天赋的自然权利不可剥夺；

第三，国家或政府是人们之间通过协商、订立契约的产物，因此，国家或政府若不能保护人民，人民就有权推翻它；

第四，必须用法律来治理国家，哪里没有法治，哪里就肯定不再有政府存在；

第五，立法权是最高的权力，具有神圣性，但它不能侵犯公民的生命和财产；

第六，法律的主要目的是保护私有财产；

第七，法律制定后必须坚决执行；

第八，法律面前人人平等；

第九，法律与自由相联系，没有法律也就没有自由；

第十，一切拥有权力的人都容易滥用权力，因此，必须用权力或法律来制约权力。①

中国近代法学走上移植、继受西方发达国家法律文明的路子，学习途径是最初传教士从事法律教育、创办团体、刊物开始传播法律知识；② 清末政府积极推动，张之洞、袁世凯、刘坤一保举，经钦定的修律大臣沈家本、伍廷芳，③ 政府开办修订法律馆，派"五大臣出洋考察政治"，系统地组织翻译西方法学著作，都是中国近代法学迅速成长起来的重要原因。西方法律文化的传播，除大量的汉译法律类图书出版之外，还有对清末立法成果注释、解释的部门法律著作出版，鉴此，中国近代注释法学在这一背景下出现。

---

① 何勤华：《法学近代化论考》，载《法律文化史谭》，商务印书馆2004年，第289页。
② 何勤华：《传教士与中国近代法学》，载《法律文化史谭》，商务印书馆2004年，第321页。
③ 王兰萍：《政治家的引领作用》，载吴玉章等主编：《西方法律思想史与社会转型》，中国政法大学出版社2012年，第311页。

百年后的今天，当我们回顾中国近代法学时，尚存几点思考：

第一，西法传入是中国官方自上而下积极推动的，西方是一套全新的法律系统，与中国传统法学截然不同，要让人们知悉部门法的具体内容，以及这套知识体系的优点，解释法条、阐发法理之著作成为西法东渐最基本的读物。

第二，考据、注释之方法是中国固有的治学方法，中国学人信手拈来，中国本土的考据之法与从继受西法知识系统交互对接，使中国近代法学呈现出翻译西法著作与注释法学著作两分天下之势。

第三，此时的注释法学，无论阐释哪种部门法，其核心价值反映西方法律文明的精神，如民主、自由、平等，权力制衡，司法独立，私权自治等，这些理念产生于欧洲近代化过程中民族国家建立、反对封建特权之中，这一历程是人类文明进步发展的必经之路，它为中国社会由专制走向法治奠定了理论基础。清末政府推动的中国法律近代化，其思想层面的意义，对于百年后依然进行中的法制现代化有诸多的启示与历史的借鉴意义。

第四，研究中国法学，按照学术流派梳理，有中国新分析法学派，如民国时期以吴经熊为代表，[1] 确少有关注中国注释法学派。但是，不容忽视的是中国近代的注释法学研究成果真正体现了中国法学本土化与国际化初次尝试，所产生的碰撞、吸纳、排异、融汇，至今都是不过时的研究课题。因为，中国社会的现代化包括法律现代化依然是国家文明建设的当代话题。

为了梳理这些历史上曾经的、现在尚显支离破碎的中国注释法学，我们着手整理出版《中国注释法学文库》，纳入本次出版计划的

---

[1] 端木恺：《中国新分析法学简述》，载吴经熊、华懋生编：《法学文选》，中国政法大学出版社 2003 年，第 231 页。

书目主要集中于中国近代的注释法学。在众多著作中遴选孟森、秦瑞玠、张君劢、郑竞毅等的注释著作。如孟森的《地方自治浅说》、《咨议局章程讲义》、《省咨议局章程浅释》、《咨议局议员选举章程浅释》，张君劢的《中华民国民主宪法十讲》，郑竞毅的《强制执行法释义》上、下，汪文玑的《现行违警罚法释义》，徐朝阳的《刑事诉讼法通义》，秦瑞玠的《大清著作权律释义》，敦常编辑的《票据法原理》等著作。另外，对于中国古代经典进行法学意义上的阐释之作，我们也纳入其中，如张紫葛、高绍先的《〈尚书〉法学内容译注》等。当然，百年前的法律文献，保存十分不易，且不少图书馆索要高价，难以借阅，这些制约了《文库》版本选择，目前远未达到涵盖法学的全部基本法、再现六法面貌，今后随这一出版项目的继续，我们将逐步扩大收书范围，以期全面概观中国近代注释法学原貌。